Mit einem Vorwort von

BEAR GRYLLS

DAVE PEARCE

outdoor & survival

DIE BESTEN ÜBERLEBENSTECHNIKEN IN DER WILDNIS

AUS DEM ENGLISCHEN VON TINA BLASE

Delius Klasing Verlag

INHALT

Vorwort

Der Schlüssel zum Überleben liegt in einer Kombination aus bestimmten Fähigkeiten, Einfallsreichtum und Entschlossenheit. Nur wenige Männer verfügen in dem Maße über diese Qualitäten wie Dave Pearce.

Dieses Buch schöpft aus Daves umfangreichem Erfahrungsschatz. Es ist sowohl leicht zu erfassen als auch leicht anzuwenden. Wer die Ratschläge und Anweisungen befolgt, wird auch unter härtesten Bedingungen überleben.

Ich bin mit Dave in fast alle Ecken der Welt gereist. Gemeinsam haben wir einige wirklich unangenehme Situationen durchstanden. Die hier beschriebenen Techniken sind realitätserprobt. So manches Mal mussten wir ernsthaft ums Überleben kämpfen – und oft haben wir eher gelernt, wie man etwas nicht macht, als wie man es macht. Aber das ist es, was das Überleben ausmacht: improvisieren, adaptieren, bewältigen.

Ob jemand lebend aus der Wildnis zurückkehrt oder nicht, hängt vor allem von der richtigen Einstellung ab. Was das angeht, hat der Bestmögliche dieses Buch verfasst.

Bear Grylls

Einleitung

Viele Menschen – mich eingeschlossen – gelangen an ihre Grenzen und darüber hinaus, um Notsituationen bewältigen zu können. Es gab Momente, die sich lebensbedrohlich anfühlten. Das Gefühl der Todesangst kann ganz plötzlich auftreten oder sich über Stunden oder Tage aufbauen, bis man es klar realisiert. Solche Zeiten habe ich besonders intensiv erlebt – man spürt die Entschlossenheit, unbedingt überleben zu wollen und sucht einen Weg aus der Gefahr. Es wird einem bewusst, was wirklich wichtig ist. Oft bin ich von außergewöhnlichen Menschen bei meinen extremen Unternehmungen begleitet worden. Innerhalb unserer Teams konnten innere Stärke, Cleverness, Entschlossenheit, Demut und Freundschaft gedeihen. Diese Werte, die ich in schwierigen Zeiten von tollen Menschen gelernt habe, tragen mich durch mein Leben. Und damit meine ich beileibe nicht nur die riskanten, lebensbedrohlichen Situationen, mit denen ich konfrontiert war und es immer wieder bin.

Ich betrachte mich nicht als professionellen Überlebenskünstler. Aber durch viele schöne, furchtbare, erbauliche und schlimme Erfahrungen habe ich den Wert von Erfahrung, Wissen und einem klaren Kopf schätzen gelernt. Und sie haben mich Respekt gelehrt vor sämtlichen extremen und anspruchsvollen Umgebungen.
Die Natur folgt einer gewissen Ordnung. Sie gilt es zu verstehen, nur dann kann man mit ihr in Einklang kommen. Ich liebe die Großstädte dieser Welt und besuche sie gern, aber als Geschäftsmann wäre ich vermutlich nicht überlebensfähig. Es ist mein Mangel an entsprechender Fachkenntnis, der mir dies verwehrt. Mit etwas mehr Wissen könnte ich mich vielleicht durchschlagen. Umgekehrt meiden bestimmt viele die Wildnis, weil sie sich in ihr nicht zurecht finden. Mein Wunsch ist, dass dieses Buch genügend Kenntnisse vermittelt, um mehr Menschen den Weg in die Natur zu eröffnen.

Ich hatte das große Glück und das Privileg, mit wunderbaren, erfahrenen Menschen zu reisen und gemeinsam schwierige Situationen zu durchstehen. Viele Lektionen, die ich von ihnen gelernt habe, werden mir mein Leben lang nützlich sein. Diesen Menschen bin ich ewig dankbar.

Im Laufe meiner Erfahrungen habe ich einen Leitsatz gefunden, der sich in allen Survival-Situationen anwenden lässt. Ich habe daraus einen Leitsatz entwickelt. Selbst heute rufe ich ihn mir jedesmal dann in Erinnerung, wenn ich vor einer neuen Herausforderung stehe:

Handele aktiv, sei effizient und anpassungsfähig!

Über den Autor

Dave Pearce ist ein ehemaliges Mitglied der Royal Marines. Er ist als Berater für Film und Fernsehen gefragt und hat mit den Outdoor-Größen Bruce Parry und Bear Grylls gearbeitet. Daves größte Bergsteigerleistung war die Besteigung des Mount Everest über dessen anspruchsvolle Nordseite im Mai 2003.

• WEISE WORTE •

Ich erinnere mich an die allererste Nacht, die ich im Dschungel verbracht habe. Zuvor hatte ich schon viele Nächte in der Wildnis der Berge verbracht, aber diese Erfahrung war anders. Ich hatte keinerlei Dschungelkenntnisse und glaubte, überall seien Schlangen, Spinnen, Ameisen, Moskitos und anderes stechendes, beißendes Krabbelgetier. Sämtliche Sinne waren in Alarmbereitschaft, und ich habe in dieser Nacht in meiner schlecht gebauten Hängematte kein Auge zugetan. Ich erinnere mich daran, dass unser Guide so friedlich aussah. Er hat gar nicht erst versucht, die Ameisen von seiner Hängematte fernzuhalten. Ich habe ihn gefragt, wie er in dieser Umgebung so entspannt sein konnte. Er sagte: »Du musst großes ›Glück‹ haben, um jemals von etwas Giftigem oder Großem gebissen zu werden. Die Wahrscheinlichkeit, ein solch beeindruckendes Tier zu sehen, liegt nur bei zehn Prozent. Wilde Tiere und Reptilien ziehen einfach weiter, außer sie werden bedroht oder bedrängt, also vermeide das. Hier gibt es mehr Augen, die uns beobachten, als wir jemals sehen werden. Je mehr du dich wehrst, desto schlimmer wird es.« Mittlerweile schlafe ich im Dschungel ganz hervorragend.

Handeln Sie aktiv

Nehmen Sie die Zügel in die Hand, lassen Sie sich nicht hängen. Behalten Sie vor allem einen klaren Kopf. Vorausschauend handeln bedeutet, die Initiative zu ergreifen. Ohne Aktionen werden Sie keine Ergebnisse erzielen. Ein Schutzunterstand baut sich nicht von selbst und einen Rettungsplan entwirft auch niemand anderes, wenn Sie es nicht tun. Wärme oder Feuer entstehen nicht durch bloßes Herumsitzen. In einer Gruppe können Sie aktiv handeln, indem Sie für einen positiven Teamgeist sorgen, den Zusammenhalt und die Entschlusskraft stärken.

Angst und Panik können die ersten Reaktionen auf eine entstandene Notlage sein. Aber sie sind nichts weiter als Gefühlszustände. Geht man die Probleme aktiv an, kann Angst umgewandelt werden und als überlebenswichtige Antriebsfeder fungieren. Panik lässt sich transformieren in Konzentration. Aktiv handeln bedeutet nicht, herumzurennen wie ein kopfloses Huhn. Ein solches Huhn wird nicht überleben; tatsächlich ist es schon tot.

Ergreifen Sie jede Gelegenheit, die sich bietet. Gute Ranken beispielsweise sind für alle möglichen Dinge nützlich!

Sammeln Sie Ihre Gedanken, Machen Sie eine Bestandsaufnahme Ihrer Situation. Entwerfen Sie einen Plan, aber bleiben Sie flexibel bei dessen Umsetzung.

Seien Sie effizient

Fast jede Umgebung bietet die zum Überleben notwendigen Ressourcen. Es gilt, sie zu Ihrem Vorteil zu nutzen, ebenso wie die Ausrüstung, die Sie dabei haben. Alles, was Sie dabei haben, ist von Vorteil und sollte entsprechend wertgeschätzt werden.

Nutzen Sie alle zur Verfügung stehenden Dinge und Materialien. Ich erinnere mich an einen Fall, als mein Kommandotrupp gezwungen war, ein paar Tage und Nächte im Freien zu überleben – mit nichts weiter als ein paar Kleidungsstücken auf der Haut. Die Nächte waren kalt und nass. Wir bauten ein Überdach, drängten uns darunter zusammen und polsterten den Boden und unsere Kleidung für eine bessere Wärmeisolierung mit Farn und Gras aus. Wir mögen etwas übergewichtig ausgesehen haben, aber uns war warm!

Wenn Sie irgendwo »Schiffbruch« erlitten haben, vergrößern Sie mit allen Mitteln den »Fußabdruck« Ihres Standorts. Sorgen Sie für die Basis Ihres Überlebens: Wasser, Rettung, Schutz, Essen, Feuer und Navigation. Die Reihenfolge ist abhängig von den jeweiligen Bedürfnissen und der Umgebung. Effizienz befördert Erfolg.

Seien Sie anpassungsfähig

Möglichkeiten für Rettung, Nahrung, Wasser, Schutz, Feuer oder Navigation können sich mitunter sehr überraschend bieten. Halten Sie sich bereit und nutzen Sie ihre Chancen und die sich bietenden Gelegenheiten.

Vielleicht müssen Sie auch Zeit oder Entfernungen überbrücken, um an die genannten Grundelemente zu gelangen, dann ist dies Teil Ihres Überlebensplans. Zögern Sie nicht, der Lohn ist Ihr Überleben. Sollten Sie sich in einer Survival-Situation wiederfinden, fangen Sie sofort an, Ihre direkte Umgebung nach den Grundelementen zu durchsuchen, um Ihr Überleben zu sichern. Womöglich bietet sich frühzeitig eine Chance und Ihr Erfolg mildert den anfänglichen Schock.

Teamwork verbessert Ihre Chancen. Eine Person wird nie alle Probleme allein lösen können. Ein gut funktionierendes Team kann weit mehr erreichen und die Überlebenschancen erhöhen.

Anpassungsfähige verzweifeln nicht, sie kultivieren ihre Chancen.

Wenn Sie sich verirren

Es kann passieren, dass Sie auf Reisen die Orientierung verlieren oder sich an einem ungeplanten Ort wiederfinden. Orientierungslosigkeit kann sehr beängstigend wirken. Bevor Sie bewusst eine Extremtour antreten, teilen Sie daher jemandem Ihre Reiseroute mit. Sogar in einer vertrauten Umgebung sollten Sie dies tun. Nehmen Sie ein voll aufgeladenes Mobiltelefon mit und lassen Sie es aus, bis Sie es brauchen. Gleichen Sie unterwegs regelmäßig Ihre Position mit einer Karte ab. Gehen Sie äußerst sorgsam mit Karte und Kompass um, sie sind wertvolle und unverzichtbare Ausrüstungsgegenstände.

Sollten Sie ohne Kompass und Karte unübersichtliches Gelände betreten, markieren Sie Ihren Weg. So können Sie ihn zurückverfolgen bis zu der letzten bekannten Position. Solche Markierungen basieren auf dem Prinzip, das Natürliche unnatürlich aussehen zu lassen. Zum Beispiel, indem Sie:

- Steinmännchen aufhäufen.
- Kleine Bäume auf Brusthöhe abknicken, sodass Sie ins Auge fallen und die frische Bruchstelle sichtbar ist.
- Große Blätter umdrehen, sodass die hellere Unterseite mit dem dunklen Boden der Umgebung kontrastiert.
- Große Stücke Rinde von lebenden Bäumen schneiden.
- Kerben in Bäume schneiden.
- Markierungsstäbe oder -zeichen platzieren, soweit vorhanden.
- Landmarken einstudieren. Zum Beispiel: besonders große Bäume, Flusskreuzungen, auffällig geformte Hügel oder Berge, Wasserfälle oder große Felsen.

Kennzeichnen Sie Ihren Wegverlauf beispielsweise durch umgedrehte Blätter.

Sogar in der Weite der Arktis kann man sich ausgezeichnet an der Sonne orientieren.

Machen Sie Ihre Markierungen so, dass Sie diese leicht entdecken, wenn Sie den Weg zurückgehen möchten. Kerben Sie zum Beispiel die Rinde eines Baumes auf dessen Rückseite ein.

Verlassen Sie sich nicht auf Markierungen, die durch das Wetter beeinflusst werden. Zeichen im Schnee etwa schmelzen nach einiger Zeit.

Falls Sie sich verirren:

- STOPP! Laufen Sie nicht planlos umher – dadurch verschlimmern Sie Ihre Lage und verstärken Angstgefühle. Sparen Sie Ihre Energie.
- Sollte das Wetter zu Ihrer Orientierungslosigkeit geführt haben, bauen Sie sich einen Schutzunterstand und warten Sie ab, bis die Bedingungen sich verbessern.
- Wenn Sie Ihren Weg markiert haben, folgen Sie ihm zurück bis zu Ihrer letzten bekannten Position.
- Nutzen Sie die in Kapitel 2 beschriebenen Orientierungstechniken.
- Sind Sie in einer Gruppe unterwegs, sollte jeder einzelne versuchen, seine Position zu bestimmen, sodass anschließend eine »Durchschnittsangabe« ermittelt werden kann.
- Falls möglich, begeben Sie sich zu einem höher gelegenen Aussichtspunkt, um sich einen Überblick zu verschaffen. Dies kann auch ein Baum sein.

BASIS-AUSRÜSTUNG

Ausrüstung und Kleidung sind von entscheidender Bedeutung fürs Überleben, egal ob bei heißesten oder kältesten klimatischen Bedingungen. Sobald Sie draußen unterwegs sind, ist Ihr Körper beständigen Angriffen ausgesetzt. Kurzfristig halten wir das gut aus, aber wenn Sie für eine längere Zeitspanne in der Wildnis sind, sieht das anders aus. Deswegen sollte jeder, der sich in die Natur begibt, die wichtigsten Dinge wissen: Welche Auswirkungen haben extreme Bedingungen auf unseren Körper? Wie kann man sich besser schützen? Welche Materialen, Stoffe und welche Ausrüstungsgegenstände können Schutz bieten? Sie sollten in der Lage sein, bei der Ausrüstung zwischen »wichtig« und »unwichtig« unterscheiden und gegebenenfalls improvisieren zu können.

Basisausrüstung

Es ist eine knifflige Aufgabe, für eine Reise oder Expedition die beste Ausrüstung zusammenzustellen. Das Überleben in anspruchsvollen Umgebungen hängt von einer möglichst optimalen Ausrüstung und von den natürlichen Ressourcen ab.

Überdenken Sie hinsichtlich Ausmaß und Art Ihres Gepäcks zunächst die Grundfaktoren:

- **Budget** – Können Sie ausgeben, was Sie müssen? Expeditionsdauer – wie lange planen Sie, unterwegs zu sein?
- **Art der Expedition** – Reisen Sie zu Fuß, motorisiert über Land oder per Boot?
- **Reiseziel** – Würden Sie Thermo-Unterwäsche mit in den Dschungel nehmen oder löchrige Zelte in die Arktis?
- **Wetterbedingungen** – Wie wechselhaft sind die Bedingungen vor Ort?

Die Ausrüstung sollte vor allem einfach und funktional sein.

- **Teamgröße** – Manche Ausrüstungsgegenstände können von mehreren Leuten genutzt werden.
- **Medizinische Versorgung** – Intern oder extern. »Extern« meint die Rettungskräfte bzw. medizinische Versorgung vor Ort in einem Land, »intern« die medizinische Ausrüstung, die Sie mitführen. Verfügen Sie über die Kenntnisse, Ihre Ausrüstung richtig anzuwenden?
- **Fitness** – Je fitter Sie sind, desto länger und abgeschiedener kann Ihre Reiseroute sein. Beide Faktoren beeinflussen wiederum Ihre notwendige Ausrüstung.

Denken Sie jedoch nicht, Sie könnten viel mehr Gepäck tragen, nur weil Sie fit und einigermaßen erfahren sind. Ich habe schon fähige, sehr gut trainierte Leute leiden sehen, weil sie sich zu viel Gewicht aufgeladen hatten und zu schnell sein wollten. In der Arktis zum Beispiel würden Sie dadurch ins Schwitzen kommen. Zu starkes Schwitzen kann Ihrem Körper in kalten Umgebungen jedoch zu viel Körperwärme entziehen und zu Hypothermie, also gefährlicher Unterkühlung, führen.

Unsere Vorfahren kamen auch ohne moderne Hilfsmittel mit extremen Witterungsverhältnissen zurecht. Sie verfügten lediglich über Naturmaterialien pflanzlicher oder tierischer Art.

Heutzutage gibt es spezielle Outdoor-Ausrüstung für jede erdenkliche Umgebung. Naturfasern werden nur noch wenig genutzt, synthetische Materialien sind vielseitiger und leichter. Dennoch muss Ihre Ausrüstung nicht immer unbedingt auf dem neuesten Stand sein. Moderne Teile sind manchmal auch nicht effektiver oder robuster als die unserer Vorfahren.

Wenn Ihre Ausrüstung Ihrer Lebenserhaltung dienen soll, sollten Sie folgende Regeln beachten:

- **Schutz** – Ihre Kleidung und Ausrüstung sollte Ihnen Schutz vor den jeweiligen Witterungsverhältnissen Ihres Reiseziels bieten. Manche Materialien funktionieren unter speziellen Bedingungen besser als andere.
- **Widerstandsfähigkeit** – Kleidung und Ausrüstung muss über lange Zeiträume extremen Belastungen standhalten, auch ohne repariert oder richtig gewaschen werden zu können.
- **Multifunktionalität** – Ausrüstungsteile, die unterschiedlich eingesetzt werden können, sind effektiv und reduzieren das Packgewicht. Zum Beispiel kann man aus einer Isomatte aus komprimiertem Schaumstoff ein Stück herausschneiden und als Unterlage für den

Das »Zwiebelprinzip«: Damit Sie in kalten Umgebungen möglichst wenig schwitzen, sollten Sie nur wenige dünne Schichten anziehen. Bei Bedarf ergänzen Sie weitere Lagen.

Kocher nutzen, wenn er auf Eis und Schnee aufgestellt werden muss. Sie können aber auch Einlegesohlen daraus anfertigen oder ein Signalfeuer mit dem leicht brennbaren Schaumstoff entzünden.

- **Gewicht** – Moderne Kleidung und Ausrüstung ist mit der Zeit deutlich leichter geworden. Wählen Sie leichte Teile, aber gehen Sie keine Kompromisse bei der Widerstandsfähigkeit, Effektivität oder Schutzfunktion ein. Mit zu vielen schweren, ineffektiven Ausrüstungsgegenständen können Sie nicht gut »funktionieren«.
- **Simplizität** – Reißverschlüsse, Riemen oder Ähnliches stellen immer auch mögliche Schwachstellen dar. Ausrüstung und Kleidung soll ihren Zweck erfüllen, nicht mehr und nicht weniger.

• WEISE WORTE •

Ich habe einmal drei Monate in Grönland verbracht, wo wir Robert Scotts Expedition zum Südpol nachstellten. Es herrschten klimatische Bedingungen wie in der Antarktis, und unser Team hat Scotts damaligen Expeditionsstil genau nachempfunden: Unsere Schuhe, Schlafsäcke und Handschuhe waren aus Rentierfellen gefertigt. Wir trugen Tweedhosen und schliefen in Segeltuch-Zelten mit Bambusgestänge. So überdauerten wir Monate in eisiger Kälte und Stürmen. Unsere Film-Crew war derweil mit modernster Ausrüstung und Verpflegung ausgestattet. Einmal tobte drei Tage lang ein so starker Sturm, dass wir kaum unsere Canvas-Zelte verlassen konnten. Unser einziger Schaden war am Ende ein kleiner Riss in einer Zeltwand. Die modernen Zelte hingegen hatte der Sturm komplett zerstört. Und sogar bei Temperaturen von minus 50 °C haben wir nie wirklich stark gefroren.

Das Survival-Kit

Halten Sie es einfach, klein und verpacken sie es wasserdicht. Beim Militär haben wir unser Notfallpack zum Beispiel in einer Tabakdose aufbewahrt, deren polierte Deckelinnenseite als Signalspiegel fungierte. Die wichtigsten Gegenstände sind:

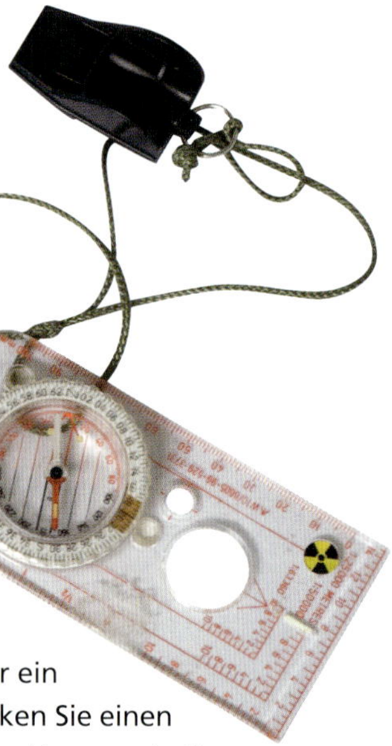

- **Kompass** – Auch wenn Sie sowieso einen Kompass oder ein GPS-Gerät dabei haben, packen Sie einen zweiten, kleinen und leichten Kompass in Ihr Survival-Kit. Wählen Sie ein Basismodell, das lediglich die Himmelsrichtungen anzeigt. Es muss nicht unbedingt zur Navigation per Karte geeignet sein, sondern nur der groben Richtungsorientierung dienen. Am besten ist ein flüssigkeitsgefüllter Kompass. Versichern Sie sich, dass sich die Nadel frei bewegen kann.

- **Feuerstarter (auch Funkenstahl)** – Er funktioniert auch bei Regen, wenngleich das Feuer geschützt werden muss. Entfernen Sie nach dem Kauf die Schutzfarbe. Der Stahl ist im Grunde sogar verzichtbar, da auch mit einem Messer Funken an dem Feuerstarter erzeugt werden können.

- **Kondom** – Mit Kondomen kann Zundmaterial trocken gehalten oder eine Verletzung (insbesondere am Finger oder Zeh) abgedeckt werden. Auch zum Transportieren von Flüssigkeit (bis 1,5 l) eignet sich ein Kondom, ebenso kann man eine kleine Schleuder damit bauen.

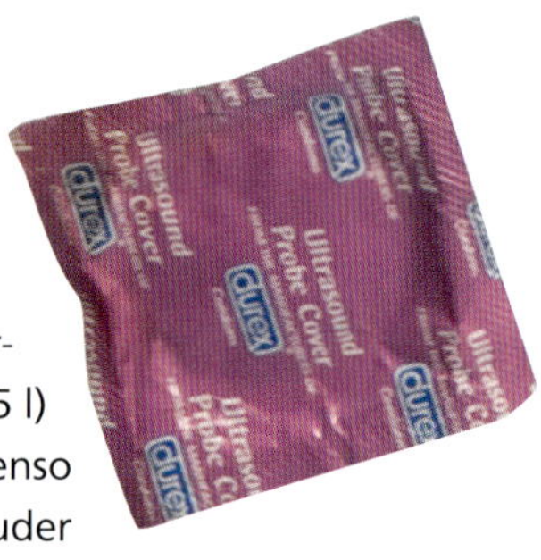

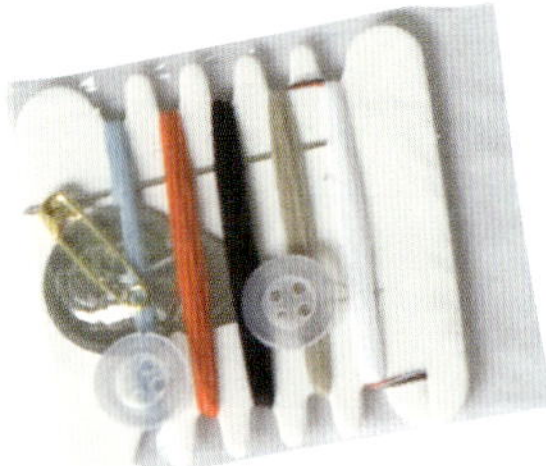

- **Nadel und Faden** – Mit wenig Garn kann viel repariert werden, und man kann Schlingen für kleine Fallen daraus fertigen. Mit Nadeln können Splitter entfernt werden, bevor sie das Gewebe infizieren, oder man kann sie als Haken nutzen. Es ist sogar möglich, eine Nadel magnetisch aufzuladen, sodass sie nach Norden zeigt.
- **Kleine Kerze und Streichhölzer** – Kerzen sparen wertvolle Streichhölzer ein. Einige Tropfen Wachs auf den Streichholzkopf imprägnieren diesen gegen Feuchtigkeit (kratzen Sie das Wachs ab, bevor Sie das Streichholz entzünden). Kerzen sind nützlich, um Feuer in Gang zu bringen und spenden Licht, sollten Sie welches brauchen.

- **Tampons** – Sie sind wasserfest verpackt, bis die Plastikfolie entfernt wird. Die komprimierte, feine Watte gibt gutes Zundmaterial ab. Dank ihres eigentlichen Zwecks, Flüssigkeit aufzunehmen, eignen sich Tampons außerdem als Wundkompressen.
- **Rasierklingen** – Ein oder zwei Rasierklingen sind nützlich für medizinische Zwecke oder zum Häuten, Ausweiden oder für feine Schneidearbeiten. Kleben Sie die Klingen zum Schutz ab und schneiden Sie nur Materialien oder Gewebe damit, die sie nicht zu schnell abstumpfen. Dadurch halten die Klingen länger. Falls nötig, fertigen Sie eine Holzhalterung für sie.
- **Drahtsäge** – Damit können Sie Knochen, Holz und andere Materialien durchtrennen. Äste mit einem Durchmesser von 10 bis 12 cm sollten kein Problem darstellen, sofern es sich nicht um sehr hartes Holz handelt. Die Drahtsäge kann außerdem als Falle benutzt werden, indem man ein Ende durch den Ring am anderen Ende fädelt.

- **Signalpfeife** – Mit einer lauten Pfeife können Sie die Aufmerksamkeit auf sich lenken oder andere Gruppenmitglieder orten. Eine Plastikpfeife rostet nicht. Die Reichweite der Pfeife variiert je nach Gelände und Witterung, beträgt an einem klaren Tag bei freiem Blick jedoch etwa einen Kilometer.
- **Angelhaken und Sehne** – Nehmen Sie kleine bis mittlere Haken mit. Damit können Sie auch schon mittlere bis größere Fische fangen, während große Haken ausschließlich für große Fische funktionieren. Die Schnur ist außerdem für Fallen oder Wundnähte zu gebrauchen.
- **Draht** – Dünner, flexibler Messingdraht ist vielseitig einsetzbar, hauptsächlich jedoch gut für Fallen. Nehmen Sie

so viel wie möglich mit und schneiden Sie ihn in verschiedene Längen. Haben Sie immer mindestens ein längeres Stück von einem oder zwei Metern dabei.

- **Fallschirmschnur/Paracord** – Ist extrem nützlich! Je mehr Sie dabei haben, desto besser. Fallschirmschnur kann für Fallen, Befestigungen (z. B. des Unterstands) und Reparaturen verwendet werden. Die einzelnen Fäden der Schnur können herausgelöst und als Angelsehne oder für Alarmanlagen genutzt werden. Paracord ist sehr reißfest und hat eine Bruchfestigkeit von etwa 250 kg. Wählen Sie Schnur in den Tarnfarben schwarz oder grün.
- **Vergrößerungslupe** – Eine kleine Linse hilft beim Feuermachen (zumindest bei Sonnenschein) und bei der Versorgung von Wunden. Viele Kompasse haben eine integrierte Lupe zum Kartenlesen. Mit solchen Lupen habe ich mehrfach Feuer gemacht. Es braucht etwas Geduld, bis das gebündelte Licht genug Hitze entwickelt, aber es funktioniert.
- **Stirnlampe oder Mini-Light** – Moderne Stirnlampen sind leicht, kompakt und leistungsstark. Sie sind nützlich für die Fortbewegung bei Nacht, für das Jagen in Höhlen und als Signallampe. Für das Survival-Kit eignen sich besonders kleine Lampen in Fingergröße, die mit Uhrenbatterien (Knopfzellen) bestückt werden können. Lithiumbatterien sind zwar teurer, funktionieren aber am besten und längsten. Viele Stirnlampen brauchen andere Batterien – je stärker die Lichtquelle, desto mehr Energie benötigt sie. Nehmen Sie Ersatzbatterien mit und bedenken Sie, dass Kälte deren Lebensdauer reduziert.

- **Wundnahtstreifen** – Diese Pflaster brauchen sehr wenig Platz und sind sehr hilfreich, um Wunden zu verschließen und Infektionen vorzubeugen. Nehmen Sie mindestens 20 Stück mit.

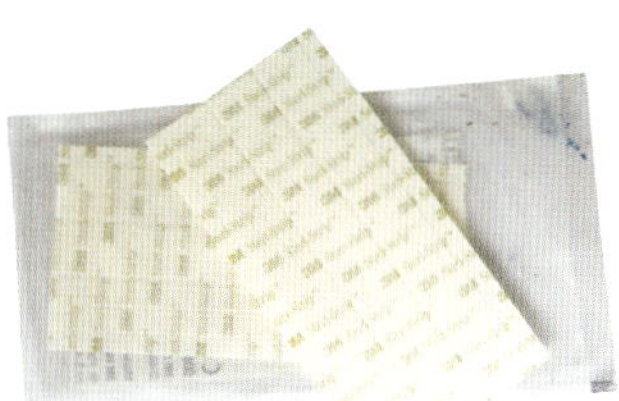

Extras

Modifizieren Sie Ihr Survival-Kit je nach Reiseziel und individuellen Bedürfnissen. Die zuvor aufgeführten Gegenstände sind obligatorisch für alle Umgebungen und Situationen. Weitere nützliche, aber nicht essenzielle Ausrüstungsgegenstände sind etwa:

- **Wasserfester Notizblock und Stift** – Nützlich zum Erinnern, Planen und Skizzieren.
- **Höhenmeter und Barometer** – Viele Outdoor-Uhren bieten diese Funktionen und arbeiten meist sehr genau. Für gewöhnlich müssen sie an einem Punkt Ihrer Reise mit einer bekannten Höhe kalibriert werden. Da die Uhren die Höhenangabe meistens vom Luftdruck ableiten, können sie unter wechselhaften Wetterbedingungen weniger zuverlässig arbeiten.
- **Global Positioning System (GPS)** – Sehr genau, aber wie andere komplexe Ausrüstungsgegenstände auch wenig widerstandsfähig.
- **Kabelbinder und Klebeband** – Nützlich zum Fixieren und Reparieren. Nehmen Sie Kabelbinder, die wiederverwendbar sind.
- **Blechbecher** – Sie können daraus trinken und essen oder darin kochen.
- **Plastiklöffel** – Dies ist das einzige Besteckteil, das Sie brauchen, denn ein Messer haben Sie sowieso dabei.
- **Sonnenbrille** – Achten Sie auf einen hohen Lichtschutzfaktor. Vor Streulicht schützen Rundumblenden am besten.
- **Kopfbedeckung** – Ein Sonnenhut oder eine Kappe schützen Gesicht und Kopf – insbesondere, wenn Ihr Haar nicht (mehr) so voll ist.
- **Lippenschutz und Sonnencreme** – Lippen sind sehr empfindlich, tragen Sie daher regelmäßig einen wirksamen Schutz auf. Verwenden Sie außerdem ein Sonnenschutzmittel für Kopf, Schultern, Nacken und andere exponierte Hautareale. Aggressive Sonneneinstrahlung in heißen Umgebungen oder auch in Schnee und Eis kann Sonnenbrand an den erstaunlichsten Stellen des Körpers verursachen – ich habe mir zum Beispiel bereits die Haut in den Nasenlöchern oder hinter den Ohren verbrannt.

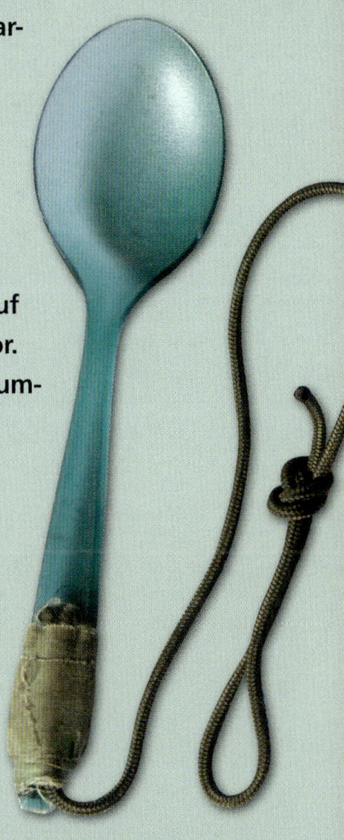

Rucksäcke

Wählen Sie einen Rucksack, der sich für die Umgebung eignet, in der Sie sich bewegen werden. Halten Sie es möglichst einfach, wie mit all Ihren Ausrüstungsgegenständen. Ein paar Außentaschen können nützlich sein, um tagsüber unkompliziert auf Gegenstände wie Kompass und Karte, Wasser, Essen oder Regenschutz zugreifen zu können. Die Innentasche bleibt der Ausrüstung für die Nacht vorbehalten – Zusatzkleidung, Kocher, Erste-Hilfe-Set und weitere Nahrungsmittel.

Der Rucksack sollte gerade groß genug sein, um das Notwendigste fassen zu können. Einen größeren Rucksack werden Sie nur mit zusätzlichem Gepäck auffüllen, das Sie wahrscheinlich gar nicht brauchen. Testen Sie, ob der Rucksack bequem und richtig sitzt. Er sollte eher hoch aufragen als zu niedrig sitzen. Ein zu tiefer Schwerpunkt wird Sie sonst zwingen, sich zu weit vornüber zu neigen – eine ineffiziente und unbequeme Haltung.

Kompass, Survival-Kit und Multifunktionsmesser sollten immer schnell zur Hand sein.

Verstauen Sie ein paar Nahrungsmittel so, dass Sie tagsüber leicht herankommen.

Weniger wichtige Ausrüstung kann tief unten im Rucksack verschwinden, aber die Regenschutzkleidung sollte zuoberst liegen.

Feuerzeuge – wenn Sie schon welche mitnehmen, packen Sie gleich zwei ein – sind immer wichtig.

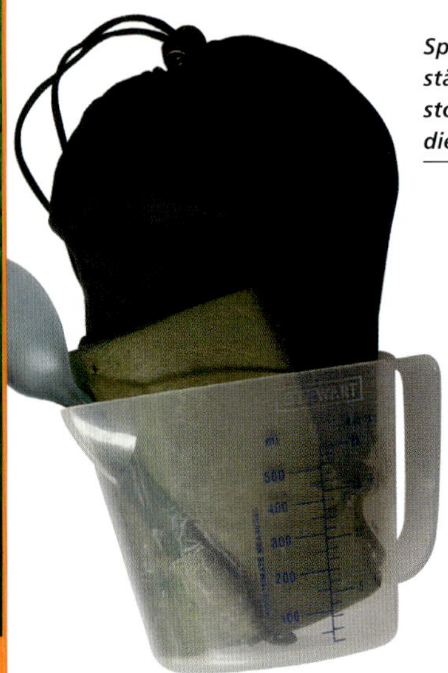

Sperrige Gegenstände und Brennstoff gehören in die Außentaschen.

Den Rucksack richtig packen

Üben Sie, Ihren Rucksack gut und effizient zu packen, Sie werden es nicht bereuen!

- Packen Sie die leichtesten Gegenstände ganz nach unten, schwerere in die Mitte oder weiter nach oben. Wenn Sie das meiste Gewicht unten oder seitlich verstauen, wirkt sich das ungünstig auf Ihre Körperhaltung aus.
- Schützen Sie alles vor Wasser und Feuchtigkeit, unabhängig von dem Klima – es kann sogar in der Wüste mal regnen. Verpacken Sie die Gegenstände einzeln oder mit anderen zusammen in wasserdichten Beuteln (Kleidung etwa kann zusammen in einen Beutel, der Schlafsack in einen eigenen). Verwenden Sie verschließbare Beutel von guter Qualität, keine Plastiktüten.
- Ausrüstung, die Sie tagsüber brauchen, gehört in die Außentaschen. Verpacken Sie auch diese wasserfest, wenn notwendig.
- Verstauen Sie Brennstoff in einer Außentasche.
- Nutzen Sie den Raum Ihres Rucksacks effizient, lassen Sie möglichst keine Hohlräume entstehen.
- Befestigen Sie nichts außen am Rucksack: Es kann sich unterwegs lösen und verloren gehen. Da Sie nur das Notwendigste dabei haben, können Sie sich keine Verluste leisten.

Toilettenpapier sollte schnell erreichbar sein.

Sie sollten wissen, wo Ihre Stirnlampe verstaut ist – die Dunkelheit kann sehr plötzlich hereinbrechen.

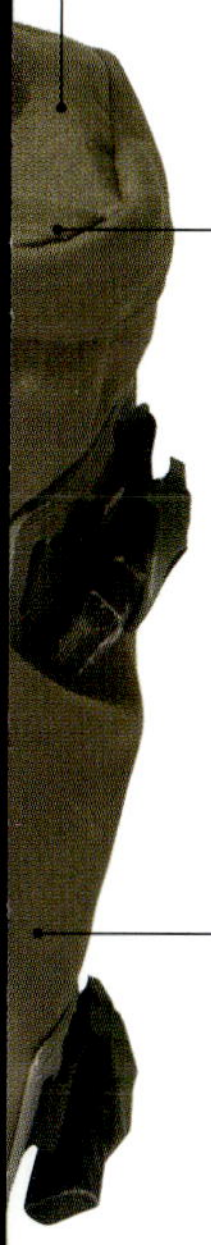

Haben Sie Wasser, Erste-Hilfe-Set und Toilettenartikel griffbereit.

Wasserbeutel

Die Beutel in Weinkartons sind sehr robust und geben gute Wasserbehälter ab.

Wasser ist in jeder Umgebung eine der wichtigsten Ressourcen. Ohne Wasser sterben Sie schnell. Wählen Sie einen guten, robusten Wasserbeutel. Nehmen Sie mehrere Behältnisse mit, insbesondere in feucht-heißen Klimazonen. Ein Durchschnittsmensch braucht wenigstens vier Liter am Tag, um fit zu bleiben. Ihr Beutel sollte eine große Öffnung haben, damit Sie ihn leicht auffüllen können, wenn Sie unterwegs auf eine Wasserquelle stoßen.

Isolieren Sie Ihre Behälter in kalten Gegenden gegen Frost. Ich habe schon öfter Leute über eingefrorene Trinkschläuche fluchen hören. Durch den geringen Durchmesser des Schlauchs gefriert das Wasser darin sehr schnell – und Sie tragen Wasser mit sich herum, das Sie nicht trinken können. Umwickeln Sie den Schlauch daher mit Tape, wie es auch für die Griffe von Tennis- oder Squashschlägern verwendet wird.

Solche Wasserbeutel sind gut, haben aber dennoch ihre Schwachstellen.

Schutzdächer

Ein Dach über dem Kopf bietet in jedem Klima Schutz gegen die Elemente; oft rettet es gar Leben.

Zelte

Zelte bieten den besten Rundum-Schutz. Moderne Zelte sind leicht und widerstandfähig, stellen aber dennoch ein bedeutendes Zusatzgewicht dar, was getragen werden muss. Nach einer Weile muss das Zelt womöglich repariert werden – Reißverschlüsse können verschleißen, Löcher entstehen oder Stangen verbiegen –, und dies kann sich unterwegs als schwierig erweisen. Ihr Zelt sollte einen integrierten Boden haben sowie ausreichend Stauraum.

Ein leichtes Zelt kann auch unter extremen Bedingungen einen gewissen Schutz bieten, aber hüten Sie sich vor minderer Qualität.

Ponchos (Tarps)

Ponchos können Schutz gegen Wind und Regen bieten, sofern sie ordentlich aufgestellt und an den Seiten fixiert werden. An einem gut gewählten Ort, der bereits einen natürlichen Schutz nach oben und zu den Seiten bietet, kann der Poncho auch Schlagregen und stärkeren Wind abschirmen. Kaufen Sie Ponchos, die sich zusammenknöpfen oder -klippen lassen.

Während meiner Zeit beim Militär musste ich in der Lage sein, wochenlang nur mit einem Poncho als Schutzdach auszukommen. Es war immer unbequem, unerfreulich und anstrengend, und die Nächte konnten sehr lang und feucht sein. Doch dieser so rudimentäre Schutz war für eine absehbare und kurze Zeitspanne ausreichend.

Tatsächlich sind Poncho-Biwaks vielseitig. Sie sind leicht, unkompliziert zu packen und sehr schnell zu errichten, falls es das Gelände erlaubt:

- Sie können flach auf dem Boden ausgebreitet werden, sodass Sie einfach darunter kriechen können. Stellen Sie den Poncho in einem leichten Winkel auf, dann kann der Regen ablaufen. Oder hängen Sie den Poncho mittig mit einer Leine an etwas Erhöhtem auf, etwa einem Ast.
- Eine Seite kann oben an einer Erhebung, die andere am Boden fixiert werden. So haben Sie einen natürlich

Ponchos bieten einen einfachen und schnellen, jedoch begrenzten Schutz.

Richtig befestigt und platziert kann eine Hängematte einen trockenen und bequemen Unterschlupf abgeben.

verstärkten Schutz und ein geneigtes Dach, an dem der Regen abläuft.

- Spanngummis können den Aufbau beschleunigen und die Konstruktion flexibel machen.
- Mit ein paar Zeltstangen von jeweils etwa einem Meter Länge können Sie auch in baumlosen, flachen Gegenden einen guten, zeltartigen Unterstand errichten. Stellen Sie Stangen an jedem Ende des Ponchos auf und stecken Sie Ecken und Seiten mit sechs bis acht Heringen bzw. Pflöcken fest.
- Bauen Sie Ihren Unterschlupf nicht in einer Bodenvertiefung auf. Sollte es regnen, wird sich darin Wasser sammeln.
- Wenn Sie zu zweit unterwegs sind, klippen Sie Ihre Ponchos zusammen, um ein größeres Areal abzuschirmen.

Nachteile:

- Ponchos bieten keinen Rundumschutz.
- Sie spenden keine zusätzliche Wärme und sind daher in kalten Gegenden von sehr begrenztem Nutzen.
- Starker Wind ist sehr unangenehm, da der Poncho zu den Seiten offen ist.
- Es ist schwierig, komplett trocken zu bleiben, insbesondere bei Schlagregen.
- Sie eignen sich nur für eine Person, außer Sie verbinden zwei Ponchos miteinander.
- Insekten und andere Tiere werden kaum abgehalten.

Hängematten

In dschungelartigen Umgebungen bieten sie den besten Schutz, da es wichtig ist, nachts Abstand zu den Lebewesen am Boden zu gewinnen. Hängematten wiegen wenig und lassen sich einfach aufbauen. Oft verfügen Sie über eine integrierte Dachplane, die ebenfalls an den Bäumen befestigt werden kann. Falls nicht, nutzen Sie dafür Ihren Poncho. Regengüsse im Dschungel haben es in sich!

• WEISE WORTE •

Oft habe ich schon mit mehr Personen im Zelt übernachtet, als vom Hersteller empfohlen. Um Gewicht zu sparen und schneller vorwärts zu kommen, haben wir zu dritt ein Zweipersonenzelt benutzt. Das kann für eine begrenzte Zeit durchaus funktionieren.

Schuhe

Zustiegsschuhe sind bequem, bieten aber den Knöcheln keinen Halt und Schutz.

Eins habe ich beim Militär von den vielen »Märschen« durch unterschiedlichste Gegenden gelernt: Ohne gesunde Füße kommt man nirgendwo hin. Passen Sie auf Ihre Füße auf; sie werden es Ihnen danken und Sie an viele Orte bringen.

Es gibt etliche gute Stiefel auf dem Markt, und doch müssen eine Menge Leute einen langen Leidensweg durchschreiten, bis sie die für sie passenden Schuhe gefunden haben. Laufen Sie Ihre Schuhe gut ein, bevor Sie damit auf lange Reisen gehen, insbesondere wenn große Strecken zurückgelegt werden. Achten Sie darauf, dass die Sohle den nötigen Halt bietet. Vibram-Sohlen greifen auf jedem Untergrund gut, auch auf nassem Fels.

Es gibt für alle möglichen Umgebungen und Zwecke spezielle Schuhe, suchen Sie sich ein geeignetes Paar raus. Je nach Einsatzbereich gilt es verschiedene Kriterien zu bedenken:

Arktis

Kaufen Sie die Stiefel anderthalb Nummern zu groß. Dadurch können Sie zwei Paar Socken und eine zusätzliche Thermo-Einlegesohle verwenden. Achten Sie auf eine gute Vibram-Sohle. Ein unkompliziertes Schnürsystem erlaubt eine schnelle und einfache Handhabung, auch mit Handschuhen. Bequemer, wärmer und wasserdichter werden die Stiefel durch eine doppelte Zunge. Sie sollten die Knöchel gut stützen und möglichst steigeisenfest sein.

Hohe Zungen halten den Schlamm ab.

Ein grobes Stollenprofil gibt Halt auf schlammigem und nassem Untergrund.

Integrierte Gamaschen halten den Schnee draußen und die Wärme drinnen.

Innenschuh und dicke Isolationsschicht.

Dschungel

Achten Sie auf einen hochgezogenen Schaft zur Stützung der Gelenke und seitliche Belüftungslöcher, durch die auch eingedrungenes Wasser abfließen kann. Dschungelstiefel sind am Schaft oft aus weichem, behandelten Canvas. Dadurch können sie eng geschnürt werden, Insekten und andere Plagegeister kommen nicht hinein, dennoch bleibt so die Bewegungsfreiheit erhalten.

Das Sohlenprofil presst Matsch zu den Seiten heraus, sodass der Schuh besseren Halt auf dem Untergrund findet. Seien Sie jedoch gewarnt: Auf nassem Fels greifen Dschungelstiefel nicht gut, und sie sind völlig ungeeignet zum Klettern. Im Dschungel verrotten die meisten Dinge sehr schnell, pflegen Sie das Leder Ihrer Schuhe daher gut.

Sogar Wüstenstiefel sollten einen hohen Knöchelschutz haben.

Wüste

Ein über die Knöchel reichender Schaft und weiches Wildledermaterial machen einen guten Wüstenstiefel aus. Achten Sie darauf, dass die Sohle ausreichend steif ist und die Schuhe zum Schutz gegen eindringenden Sand dicht anliegen.

Die ausgepolsterte Knöchelpartie sitzt bequem und stützt.

Qualitativ hochwertiges Schnürsystem.

Vibram-Sohlen sind an diesem Zeichen zu erkennen.

Gemäßigte Zonen

Hier eignen sich Stiefel aus Leder oder Synthetikgewebe. Achten Sie stets auf eine gute Unterstützung der Sprunggelenke und auf Vibram-Sohlen.

Salzwasser verschleißt Schuhe sehr schnell. Wenn Sie längere Zeit am oder auf dem Meer verbringen, pflegen Sie Ihre Schuhe daher sorgfältig.

Socken

Die Wahl der richtigen Socken ist sehr wichtig. Ungeeignete Socken aus dem falschen Material werden Sie leiden lassen. Tragen Sie niemals Nylonsocken, egal in welcher Umgebung. Sie verursachen Reibung und dadurch Blasen. Auch Wärme spenden sie kaum. Greifen Sie zu langen, gepolsterten Wollsocken. Sie bieten die besten thermischen Eigenschaften.

Ich trage im Dschungel oder in der Wüste stets nur ein Paar solcher Wollsocken. Sie sind bequem und funktionieren. Im Dschungel werden Sie häufig nasse Füße haben, wählen Sie also Socken, die sich auch nass angenehm tragen.

Dicke Wollpolster speichern Wärme.

In extremer Kälte trage ich gern ein dünnes Paar Socken auf der Haut und darüber zwei Paar dick gepolsterter Wollsocken. Das Zwiebelprinzip funktioniert auch für die Füße gut – es speichert warme Luft zwischen den einzelnen Schichten und transportiert Schweiß von innen nach außen. Die Schicht direkt auf der Haut bleibt so nahezu trocken.

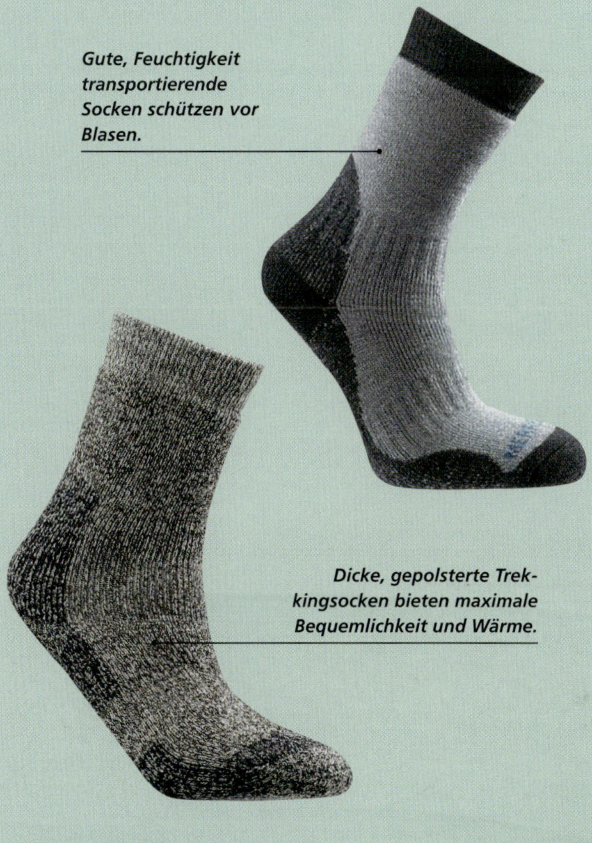

Gute, Feuchtigkeit transportierende Socken schützen vor Blasen.

Dicke, gepolsterte Trekkingsocken bieten maximale Bequemlichkeit und Wärme.

Kleidung

Suchen Sie Ihre Bekleidung je nach Reiseziel nach den folgenden Prinzipien aus:

Extreme Kälte

- Wählen Sie Naturfasern und Fleece.
- Wenden Sie das Zwiebelprinzip an, sodass warme Luft zwischen den verschiedenen Schichten gespeichert werden kann. Fünf dünne Lagen sind besser als zwei dicke.
- Keine zu enge Kleidung. Sonst kann sich keine warme Luft in den Zwischenräumen halten.
- Tragen Sie gute Thermo-Unterwäsche.
- Ein guter Windschutz als äußerste Bekleidungsschicht reduziert die Auskühlung.
- Tragen Sie einen Hut oder eine Mütze. Viel Körperwärme wird über den Kopf verloren.
- Handschuhe sollten ebenfalls windabweisend sein. Durch die Handgelenke fließt sehr viel Blut in die Hände, sie müssen daher durch Handschuhe und Oberbekleidung ebenfalls gut geschützt sein.

Zwiebelprinzip

Erste Lage
Dünne, angenehme Naturfasern, die die Feuchtigkeit nach außen transportieren. Dazu gehören auch Socken.

Mittlere Lage
Locker sitzende, luftdurchlässige Schicht; etwas dicker als die erste Lage. Gepolsterte Socken.

Äußere Lage Unterkörper
Locker sitzende, wind- und wasserdichte Hose. Idealerweise mit Reißverschlüssen an beiden Hosenbeinen, sodass sie mit Schuhen angezogen werden kann.

Äußere Lage Oberkörper
Robust, windabweisend und atmungsaktiv. Sollte gut passen.

Regenschutz
Locker sitzende, wind- und wasserdichte Jacke mit großer Kapuze und gut erreichbaren Reißverschlusstaschen.

Erste Lage

Mittlere Lage

Dschungel

- Tragen Sie lockere, luftige Kleidung, sodass die Luft Ihren Körper umströmen kann.
- Achten Sie auf reißfeste, robuste Materialien. Canvasartige Stoffe sind am besten.
- Alle Bündchen sollten eng verschlossen werden können, um unerwünschte Eindringlinge draußen zu halten.
- Die Kleidung sollte schnell trocknen. Sie werden nass werden!

Wüste

- Tragen Sie lockere, luftige Kleidung, sodass die Luft Ihren Körper umströmen kann.
- Wählen Sie Farben, die das Licht reflektieren.
- Nehmen Sie warme Kleidung für nachts mit. Wüstennächte können sehr kalt sein.
- Tragen Sie eine gute Kopfbedeckung, die auch Nacken, Ohren und Nase vor der Sonne schützt.

Schnelltrocknende Materialien sind ratsam.

Äußere Lage Unterkörper

Äußere Lage Oberkörper

Regenschutz

Schlafsäcke

Es gibt eine Vielzahl unterschiedlichster Modelle auf dem Markt, die zur Wahl stehen. Die Füllung besteht entweder aus Daune (z. B. von Ente oder Gans) oder aus Kunstfaser (z. B. Polyester-Hohlfasern).

Mit einem guten Packbeutel lässt sich der Schlafsack auf Minimalgröße komprimieren. Dennoch sollten Sie ihn so oft wie möglich lüften. So kann er durchtrocknen und die Füllung bleibt »bauschiger«.

Die meisten Schlafsäcke weisen die Jahreszeiten aus, für die sie geeignet sind. Manche sind lediglich für eine Jahreszeit gefertigt, andere für vier Jahreszeiten, inklusive Winter. Schlafsäcke für extremere Unterfangen geben an, welchen Temperaturbereich sie abdecken.

Natur- vs. Kunstfaser

Naturfaserfüllungen

Vorteile:

- **Wärmer als Kunstfaserfüllungen.**
- **Leichter.**
- **Geringeres Packmaß.**
- **Komfortabler.**

Nachteile:

- **Verlieren feucht ihre Funktion.**
- **Trocknen schlecht.**
- **Die Daunen können an die Ränder rutschen, sodass einige Stellen wenig/kaum noch gefüllt sind.**
- **Muss für optimale Performance oft gelüftet werden.**
- **Ein Riss im Stoff kann zu einem Zelt voller Federn führen.**

Kunstfaserfüllungen

Vorteile:

- **Die Füllung verrutscht nicht; keine »kalten Stellen«.**
- **Pflegeleicht.**
- **Wärmen auch feucht.**
- **Ein Riss im Stoff führt nicht zu einem Zelt voller Kunstfasern.**

Nachteile:

- **Größeres Packmaß.**
- **Weniger komfortabel.**

Große Kapuze, um den Kopf zu bedecken.

Kordelzüge zum Verschließen von Lücken.

Robuster, abgedeckter Reißverschluss, nur über die halbe Länge des Schlafsacks.

Kleine, vernähte Kammern sorgen für eine gleichmäßige Wärmeleistung.

Großzügiges Fußteil, damit Luft an die Füße kommt und Wärme gespeichert werden kann.

Der Schlafsack kann durch einen Biwaksack als Schutzhülle und eine Isomatte für mehr Komfort und Wärme ergänzt werden. Biwaksäcke haben ein geringes Gewicht und Packmaß, sind in sehr trockenen Gegenden aber eigentlich überflüssig. Auch eine komfortable Isomatte mag aufgrund natürlicher Polstermaterialien vor Ort unnötig erscheinen, ist bei kalten Temperaturen aber äußerst wichtig, denn ein Großteil der Körperwärme geht sonst über den Boden verloren. Vermeiden Sie es, zu viel feuchte Luft in eine aufblasbare Matte zu pusten; die Feuchtigkeit könnte später gefrieren.

In einem kalten bis extrem kalten Klima sind Ihre Überlebenschancen ohne ein wärmendes Schlafsystem sehr begrenzt. Es stellt Ihre einzige Möglichkeit dar, auszuruhen und sich aufzuwärmen, gehen Sie also achtsam damit um.

Verpflegung

Die Verpflegung ist ein entscheidender Faktor für Leistungsfähigkeit und Moral, insbesondere bei anspruchsvollen Unternehmungen. Ihr Reiseziel beeinflusst Ihre Einkaufsliste. »Feuchtes« Essen zum Beispiel wird bei Temperaturen unter null Grad gefrieren. In dem Fall brauchen Sie Brennstoff zum Auftauen und Kochen. Entsprechend sinnvoller sind hier dehydrierte Lebensmittel oder Trockennahrung. Berücksichtigen Sie individuelle Ernährungsbedürfnisse, Gewicht, Größe und Alter. Ergänzen Sie ein paar extra Leckerbissen für Moral und Abwechslung.

• WEISE WORTE •

Wie schon zuvor erwähnt, bin ich einmal Teil einer Expedition gewesen, die für eine Fernsehproduktion Robert Scotts verhängnisvolle Reise zum Südpol nachgestellt hat. Wir durchquerten dafür das Grönland-Eis mit einer Ausrüstung und Verpflegung, wie sie 1911 genutzt wurde. Das beinhaltete Pemmican als Hauptmahlzeit, eine extrem fetthaltige Mischung, die so schwer zu essen und verdauen war, dass sie viele Teamkameraden würgen ließ. Wir haben uns fast drei Monate lang davon ernährt. Tagein tagaus Pemmican zu essen, verlangte uns einiges ab; Freude auf das Abendessen kam eher selten auf.

Die Ernährungspyramide

Die Ernährungspyramide gibt an, welche Mengenverhältnisse unterschiedlicher Lebensmittelgruppen für eine gesunde Ernährung empfohlen werden.

In einer Survival-Situation werden Sie so etwas nicht finden, aber stecken Sie einen kleinen Vorrat als »Stimmungsaufheller« ein. Sie spenden nur kurzzeitig Energie.

Schokolade und Süßigkeiten sind Luxus und stehen nicht im Fokus. Sie repräsentieren die Spitze, nicht die Basis der Pyramide.

Gefangenes Wild, Nüsse und Eier enthalten Protein.

In einer Survival-Situation können Sie Früchte, Pflanzen und Wurzeln ernten, um sich mit Vitaminen und Kohlenhydraten zu versorgen. Nehmen Sie dennoch so viel wie möglich mit.

Hafermehlprodukte sind lange haltbar. Sie sind meistens leicht und geben eine gute Kohlenhydratquelle ab. Sie stellen die Basis der Ernährungspyramide dar.

Nudeln sind auch eine gute Kohlenhydratquelle.

Schneidewerkzeug

In einer Survival-Situation ist ein Messer unschätzbar wertvoll. Ein Messer, welcher Art auch immer, erleichtert die meisten Arbeiten wesentlich und erhöht die Überlebenschancen. Beim Packen für eine Expedition, Reise oder ein Abenteuer denke ich meist zuerst an ein Messer. Es sollte stets in Griffweite sein, besonders in extremen Umgebungen. Ich nehme fast immer nur ein einziges Messer mit, aber dieses Messer hüte ich wie meinen Augapfel. »Have a knife, save a life.« (dt.: »Ein Messer kann Leben retten.«)

Nur im Dschungel würde ich zusätzlich zu einem kleineren Messer noch eine Machete tragen. In den Bergen bevorzuge ich ein Multifunktionsmesser mit Zange. Sie hilft beim Einstellen von Steigeisen und Tourenski oder beim Öffnen eingefrorener Karabiner.

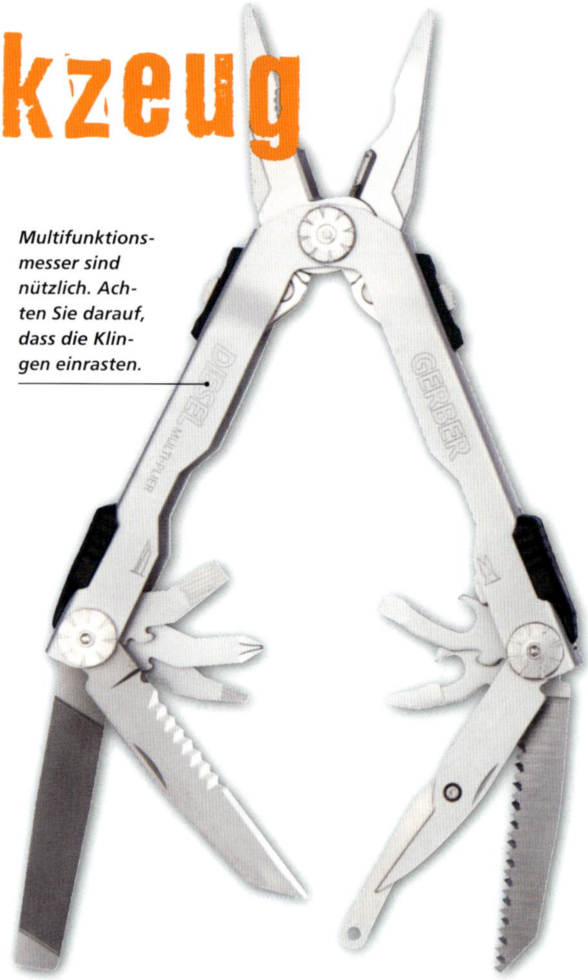

Multifunktionsmesser sind nützlich. Achten Sie darauf, dass die Klingen einrasten.

Ein Messer wählen

Es gibt viele Messer auf dem Markt. Nehmen Sie Abstand von riesigen Klingen oder zu vielen Funktionen: Sie verschleißen bei anhaltendem, intensiven Gebrauch meist schnell – und was nützt Ihnen in einer Survival-Situation ein Korkenzieher? Oft taugen schlichte Messer am besten, wählen Sie ein robustes, funktionelles, das lange scharf bleibt. (s. S. 29). Eine mittellange Klinge reicht für

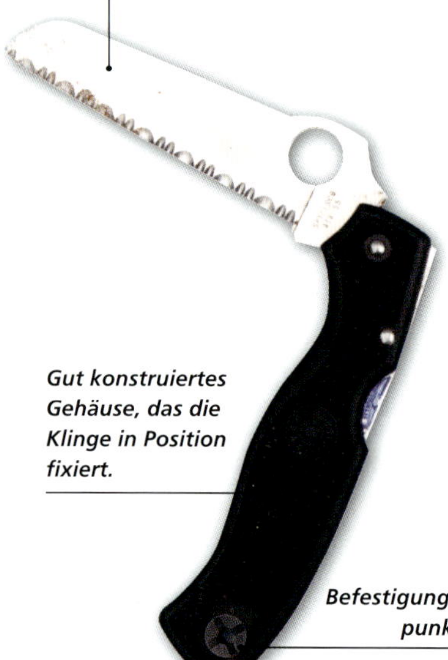

Wellenschliff – gut zum Seilschneiden.

Gut konstruiertes Gehäuse, das die Klinge in Position fixiert.

Befestigungspunkt.

Gute, solide Klinge, die nicht so schnell rostet.

Gut geformter Griff, der angenehm und fest in der Hand liegt.

Schutzscheide, in der das Messer sicher verwahrt werden kann.

MACHETE/PARANG

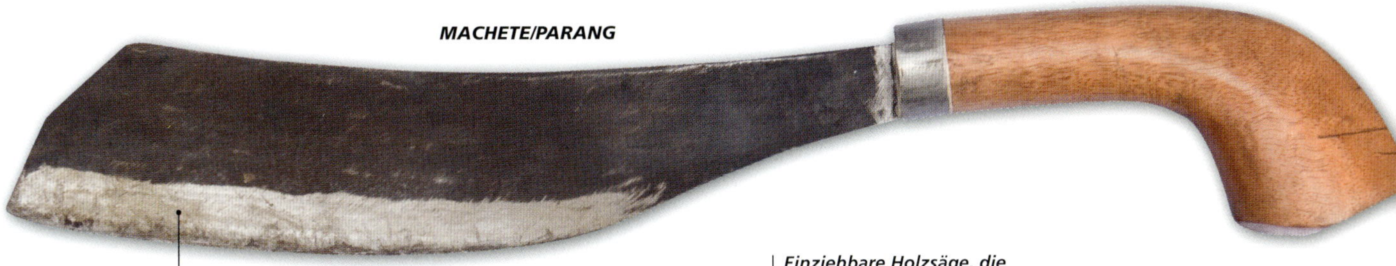

Achten Sie auf einen guten, scharfen Schliff.

Einziehbare Holzsäge, die sich feststellen lässt. Gut für mitteldicke Äste (ca. 10 cm dick).

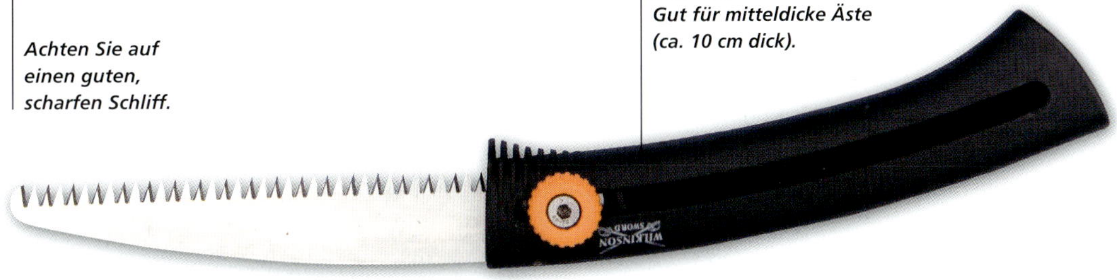

die meisten Tätigkeiten aus. Aber jedes Messer ist besser als keins.

Prüfen Sie, ob das Messer gut in der Hand liegt, bevor Sie es kaufen. Das ist wichtig, da Sie durch den andauernden Gebrauch Blasen bekommen können. Klappmesser haben den Vorteil, dass sie sicher verstaut werden können. Aber dadurch sind sie gleichzeitig auch schwächer, da die Klinge nicht bis in den Griff reicht. Achten Sie darauf, dass die geöffnete Klinge einrastet – einige tun es nicht und können während des Gebrauchs umklappen und ernsthafte Verletzungen verursachen.

Das Messer sollte sicher geöffnet und geschlossen werden können, und ein gummiertes Gehäuse ist meist besser als Plastik. Die Klinge sollte sich zudem leicht ausklappen lassen, da dies mit kalten Händen schwierig sein kann. Achten Sie darauf, dass das Messer einen robusten Befestigungspunkt für einen Gurt hat. Feststehende Messer brauchen eine gute Scheide, in der sie gesichert werden können.

Eine Klinge mit partiellem oder komplettem Wellenschliff ist manchmal nützlich, um einen Fisch zu entschuppen. In einer Survival-Situation werden Sie jedoch nicht nur Fisch essen, und Sie brauchen ein Messer, das alles schneiden kann. Seile oder faserige Pflanzen durchtrennt eine Wellenschliffklinge wiederum gut, aber sie ist in der Wildnis schwer zu schleifen. Eine Miniatursäge ist eine praktischere Lösung, insbesondere für den Fall, dass Äste und Bäume zersägt werden müssen. Doch auch wenn Sie eine Miniatursäge mitnehmen, brauchen Sie zusätzlich ein Messer.

Falls Sie sich im Dschungel bewegen, ist neben dem Messer eine Machete oder ein Parang essenziell. Am besten kaufen Sie diese vor Ort im jeweiligen Reiseland. Optimal sind Holzgriffe, für die Klinge reicht eine Länge von 30 cm aus. Die Form dient dem Handschutz, denn der Kontaktpunkt der Klinge mit dem zu bearbeitenden Objekt sitzt tiefer als die Hand. Mit mehr Feingefühl lässt sich die Machete an der schmalen Stelle dicht neben dem Griff einsetzen.

Klingen aus rostfreiem Stahl korrodieren nicht so schnell, lassen sich aber weniger scharf schleifen als andere Metalle (s. Kapitel 3 zum sicheren Gebrauch von Messern).

WARNUNG!

Es obliegt der Eigenverantwortung jedes Reisenden, sich über die jeweils geltenden Waffengesetze zum Besitz und Gebrauch von Messern zu informieren. Nicht jeder scharfe Gegenstand ist illegal, und die Messer, die es für die in diesem Buch beschriebenen Zwecke braucht, sollten gegen keine Gesetze verstoßen. Gehen Sie in jedem Fall besonnen vor, wenn Sie Messer für die Survival-Praxis und für extreme Umgebungen erwerben. Ein Springmesser etwa – im Vereinigten Königreich verboten – ist untauglich für jegliche Survival-Situation. Auch mit einer 30 cm langen Klinge gehen Sie nicht auf Nahrungssuche im örtlichen Wald. Benutzen Sie Ihren gesunden Menschenverstand.

DEN WEG FINDEN

Es ist von entscheidender Bedeutung, den eigenen Standort zu kennen und ermitteln zu können. Dabei kommt es nicht darauf an, die Position auf den Meter genau zu bestimmen. Doch eine zuverlässige Orientierungsfähigkeit und Kenntnis der Himmelsrichtungen ist unverzichtbar und kann im Zweifelsfall Leben retten. Sich orientierungslos zu fühlen, kann psychisch belastend sein und dazu führen, dass man sich unnötig körperlich verausgabt. Es besteht ein enger Zusammenhang zwischen der Natur und ihrer räumlichen Ausrichtung. Fangen Sie an, ein Gefühl für diese Beziehung zu entwickeln. Wir sind von zahllosen Anhaltspunkten umgeben. Befassen Sie sich eingehend mit Landkarten und lernen Sie, wie man einen Kompass benutzt. Das wird Ihr Orientierungsvermögen verbessern, Sie können künftige Reisen besser planen und den geplanten Kurs beibehalten. Von Ihrer Fähigkeit, den richtigen Weg zu finden, hängt womöglich Ihr eigenes Überleben oder das Ihres Teams ab!

Umgang mit Karten

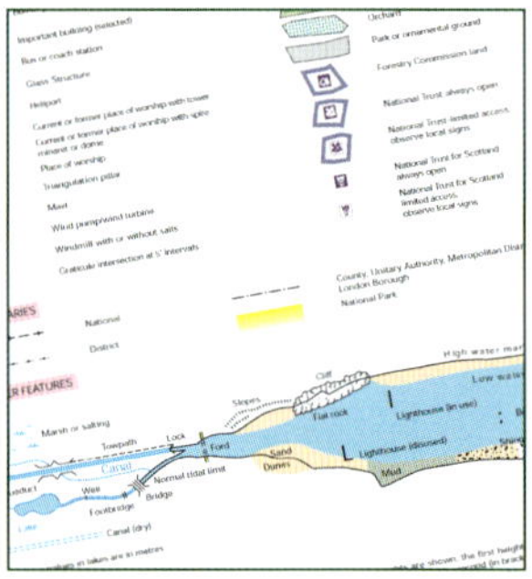

Eine Landkarte bildet ein Stück Land maßstabsgetreu aus der Vogelperspektive ab. Beschäftigen Sie sich eingehend mit Ihrer Karte, und stellen Sie sicher, dass Sie die Symbole und Beschriftungen verstehen. Schauen Sie sich den Maßstab an. Ein häufig genutzter Maßstab beträgt 1:50 000, das heißt, dass ein Zentimeter auf der Karte einer tatsächlichen Strecke von 500 Metern im Gelände entspricht. Je nach Art und Zweck der Karte werden auch andere Maßstäbe genutzt, die jedoch stets auf der Karte vermerkt sind – ebenso wie eine Maßstabsleiste bzw. Skala mit Kilometer- oder Meilenangaben.

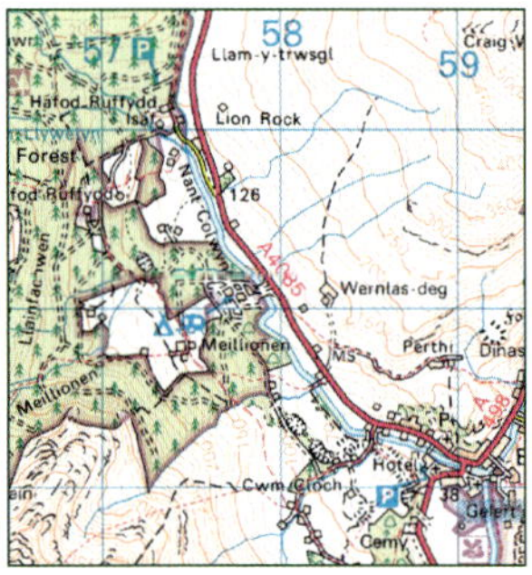

Höhenlinien sind häufig in brauner oder schwarzer Farbe eingezeichnet. Sie verbinden Punkte, die auf derselben Höhe liegen, und geben entsprechend ein Relief wieder. Je enger sie beieinander liegen,

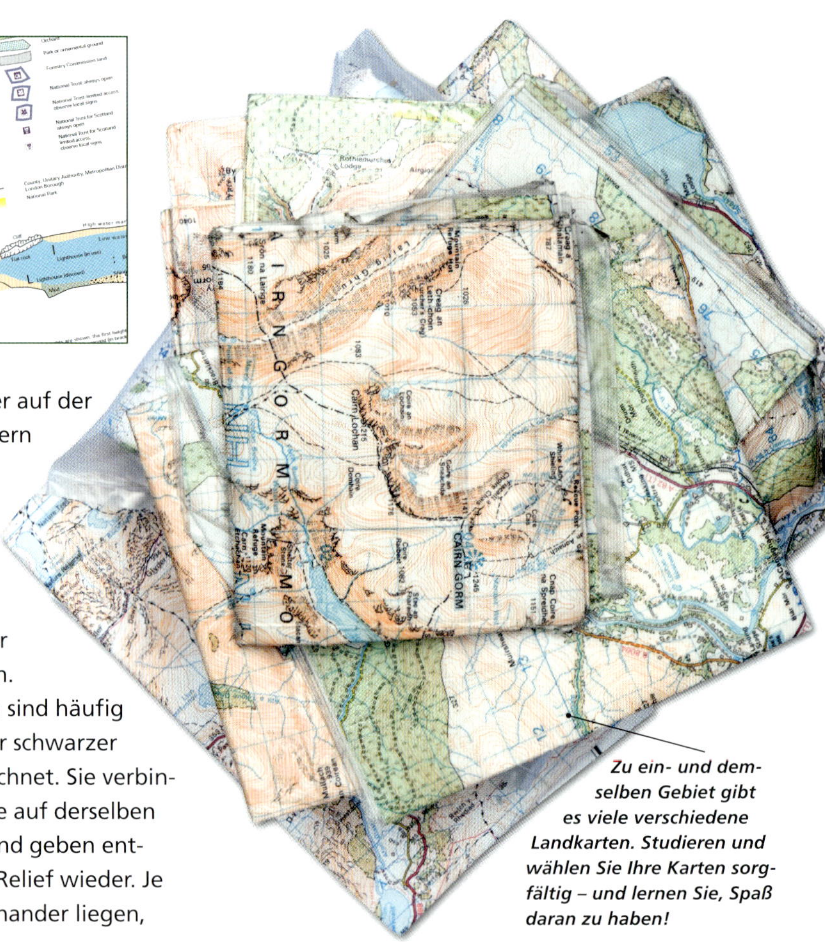

Zu ein- und demselben Gebiet gibt es viele verschiedene Landkarten. Studieren und wählen Sie Ihre Karten sorgfältig – und lernen Sie, Spaß daran zu haben!

Survival-Tipp

- **Falten Sie die Karte so, dass sie nur den Ausschnitt zeigt, in dem Sie sich bewegen wollen. Das erleichtert die Handhabung der Karte und Sie können sich auf das Wesentliche konzentrieren. Schon ein Ausschnitt von 15 mal 20 cm kann ausreichend sein.**
- **Schneiden Sie nicht bedrucktes oder unwichtiges Papier ab.**
- **Verpacken Sie Ihre Karte absolut wasserfest. Eine durchnässte Karte ist unbrauchbar und könnte Sie teuer zu stehen kommen.**
- **Sollten Sie als Gruppe unterwegs sein, stellen Sie sicher, dass jedes Teammitglied eine eigene Karte hat; nehmen Sie zusätzlich ein Ersatzexemplar mit.**
- **Legen Sie die Karte niemals auf den Boden, um die Hände für eine andere Tätigkeit frei zu haben. Ein Windstoß – und die Karte könnte verloren sein.**
- **Sichern Sie Ihre Karte immer und überall.**
- **Befassen Sie sich regelmäßig mit Karten. So werden Sie mit dem Umgang vertraut und lernen am besten, wie man sie versteht und nutzt.**

desto steiler ist das Gelände, denn jede Höhenlinie markiert eine Erhebung in der Vertikalen. Der Meeresspiegel liegt auf der Höhenlinie mit dem Wert Null. Die Abstände zwischen den Höhenlinien können je nach Karte unterschiedlich ausfallen, es ist also ratsam, sich die Legende bzw. die Zeichenerklärung genau anzusehen (s. S. 32). Etwas dicker dargestellte Höhenlinien (in der Regel jede fünfte) werden als Zählhöhenlinien bzw. als verstärkte Haupthöhenlinien bezeichnet. Sie sind mit den entsprechenden Höhenwerten beschriftet.

Die meisten Karten sind mit einem Raster aus dünnen schwarzen Linien versehen, die die Karte von links nach rechts und von oben nach unten überziehen. Dabei entsteht ein Gitter, das die Karte in gleichmäßige Planquadrate unterteilt. Gitterlinien, die nach oben verlaufen, zeigen nach Gitter-Nord, nicht nach Magnetisch-Nord! Mithilfe der Planquadrate werden Positionen definiert und der Kompass eingestellt.

• WEISE WORTE •

Im Zweiten Weltkrieg trugen die Piloten der Alliierten Seidenkarten bei sich, auf denen das feindliche Gebiet abgebildet war, das sie überflogen. Im Falle eines Abschusses sollten sie ihnen dabei helfen, einen Fluchtweg zu finden. Die Karten waren oft in das Futter der Fliegerjacken eingenäht, um sie bei einer Gefangennahme vor den feindlichen Soldaten zu verbergen.

Die seidene Fluchtkarte eines Piloten aus dem Zweiten Weltkrieg.

Eine eigene Karte erstellen

In einer Survival-Situation, in der aus welchen Gründen auch immer keine Karte zur Verfügung steht, kann es sinnvoll sein, selbst eine zu erstellen. Zunächst sollten die wesentlichen Dinge sichergestellt werden: Zugang zu Wasser und Nahrung, Schutz und Unterstand. Dann kann man in Erwägung ziehen, mögliche Rettungswege aufzuzeichnen. Sollten Sie Ihr Basislager – wie kurz auch immer – verlassen, hinterlegen Sie eine Karte oder ein »Geländemodell«. Jemand könnte zufällig darauf stoßen. Lassen Sie zudem einen Hinweis zurück, für wann Sie mit Ihrer Rückkehr rechnen.

Versuchen Sie zu einem möglichst hoch gelegenen Aussichtspunkt zu gelangen und notieren Sie auffällige Orientierungspunkte, Hindernisse, Gefahren und Fluchtwege. Fertigen Sie nach Möglichkeit eine Zeichnung an. Prägen Sie sich vor allem alles gut ein, sodass Sie eine verlässliche Karte im Kopf haben, bevor Sie wieder aufbrechen.

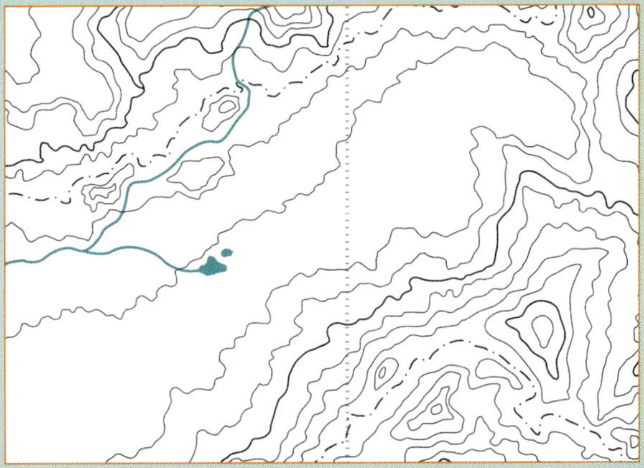

- Legen Sie einen eigenen Maßstab fest und schätzen Sie Entfernungen ab.
- Vermerken Sie die wesentliche Geländestruktur und geschätzte Höhen.
- Zeichnen Sie ungefähre Höhenlinien ein.
- Zeichnen Sie Flüsse, Hindernisse, Felsen, Wälder und z. B. auffällig hohe Bäume ein.
- Markieren Sie Orte, die Zugang zu Wasser und Nahrung oder Zuflucht versprechen.

Beim Militär nutzten wir in der Regel natürliche Merkmale, um ein »Modell« zu erstellen. Aufgehäufte Erde bildete das Landschaftsprofil ab, Weinranken zeigten Flussverläufe an, grüne Blätter die Wälder und kleine Stöckchen die wichtigsten Landschaftsmarken. Das Modell wurde am Boden erstellt und war höchstens ansatzweise maßstabsgetreu. Es wurde nach der Besprechung wieder zerstört, aber in einer Survival-Situation kann man solch ein Modell behalten und fortlaufend aktualisieren.

Kompass und Peilung

Der richtige Umgang mit einem Kompass (insbesondere in Verbindung mit einer Karte) bildet die Grundlage, um effizient zu navigieren und voranzukommen. Es gibt Kompasse in allen möglichen Formen, Größen und Varianten, sodass Sie einen aussuchen können, der genau Ihren Anforderungen entspricht. Ein einfaches Modell reicht völlig, aber achten Sie darauf, dass die wesentlichen Funktionen beleuchtet sind, damit der Kompass auch bei Nacht benutzt werden kann. Das eine Ende der Hauptnadel ist meistens rot eingefärbt – es zeigt immer nach Magnetisch-Nord und ist der wichtigste Faktor für eine genaue Navigation. Bedenken Sie, dass es verschiedene Einflussgrößen gibt, die die Funktionsweise der Nadel und somit des Kompasses beeinträchtigen können. Dazu gehören:

- Alles was magnetisch oder magnetisch aufgeladen ist.
- Einige Metalle.
- Einige Gesteinsarten mit einem hohen Eisenanteil.
- Einige Stromquellen.

Die eigene Position bestimmen

- Platzieren Sie den Kompass auf der Karte entlang Ihrer geplanten Reiseroute. Der Kurspfeil muss dabei in die Richtung zeigen, in die Sie gehen wollen.
- Drehen Sie die Kompassdose, bis die Nordlinien und die Nordmarke nach Gitter-Nord zeigen. Nutzen Sie die Gitterlinien, um die Kompassdose genau auszurichten.
- Nehmen Sie den Kompass herunter und berücksichtigen Sie bei Bedarf die sogenannte Missweisung oder Deklination. (Dabei handelt es sich um den Unterschied zwischen Geographisch-Nord, Magnetisch-Nord und Gitter-Nord. Gute Karten weisen die Deklination üblicherweise aus.) In Europa beträgt sie derzeit rund 4°.
- Halten Sie den Kompass flach vor Ihrem Bauch, sodass Sie genau von oben darauf schauen.
- Drehen Sie sich, bis das Nordende der Magnetnadel in Richtung der Nordmarke auf den Orientierungslinien am Boden der Dose (Dosengitter) ausgerichtet ist.
- Der Kurspfeil zeigt die Richtung an, in die Sie weitergehen. Schauen Sie genau geradeaus und suchen Sie sich ein Objekt, das unbeweglich und nicht zu weit entfernt ist. Gehen Sie darauf zu und wiederholen Sie vor Ort den ganzen Prozess.

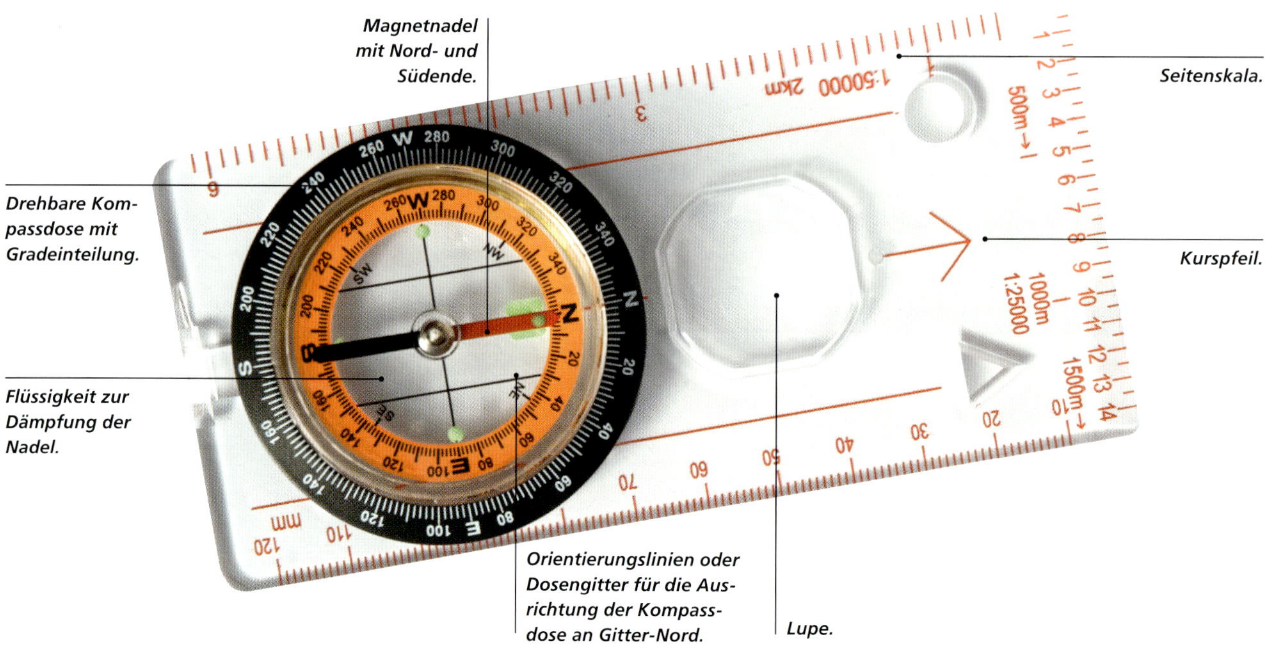

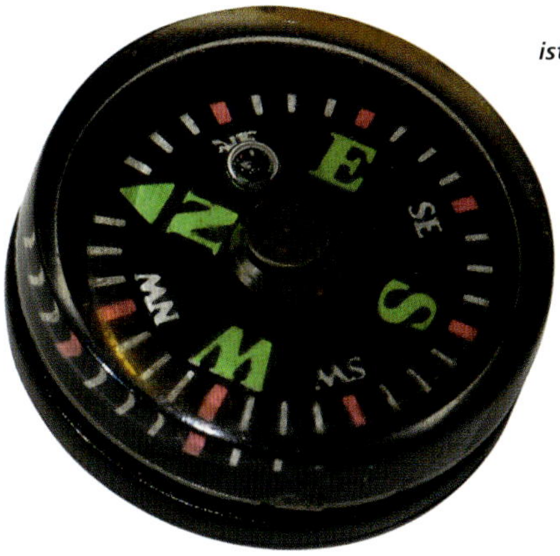

Ein Knopfkompass ist so klein, dass man ihn jederzeit in der Hosentasche dabei haben kann.

Eine Karte einnorden

Um die Karte nach dem Gelände auszurichten, nutzt man markante Landmarken – entweder man wählt sie in der Karte aus und sucht sie im Gelände oder umgekehrt. Es stellt eine gute Übung dar, die Karte auszurichten, bevor man aufbricht. So bekommt man einen Blick für das Gelände, durch das man sich bewegen wird, und man kann sich eine bessere Vorstellung von dem Bevorstehenden bilden.

- Legen Sie den Kompass an einer beliebigen Stelle auf die Karte.
- Drehen Sie die Kompassdose, bis die Orientierungslinien und der Pfeil am Boden der Dose am Kartengitter ausgerichtet sind und nach Gitter-Nord zeigen.
- Lassen Sie den Kompass so liegen, und drehen Sie nun die Karte, bis das Nordende der Kompassnadel nach Gitter-Nord zeigt.
- Nehmen Sie den Kompass herunter. Die Karte ist jetzt am Gelände ausgerichtet bzw. eingenordet – zwar nicht exakt, aber ausreichend genau.

Anmerkungen und Warnhinweise

- Der von Ihnen gesetzte Kurs ist eine Gerade, die jegliche Hindernisse auf dem Weg ignoriert. Müssen Sie solche umgehen, bestimmen Sie im Anschluss erneut den Kurs von einer bekannten Position aus.
- Seien Sie sich stets bewusst, wie leicht man vom Kurs abkommen kann. Durchqueren Sie zum Beispiel einen Steilhang, können Sie leicht talwärts abdriften. Starker Seitenwind kann dazu führen, dass man sich unwillkürlich dagegenstemmt und so in die Gegenrichtung vom Kurs abkommt.
- In Höhenlagen können sich Luftblasen in der Dämpfungsflüssigkeit um die Magnetnadel bilden. Diese Luftblasen können die Anzeige der Nadel verfälschen.
- In einem Gelände ohne nennenswerte Kennzeichen oder während eines Whiteouts empfiehlt es sich, ein Teammitglied als Orientierungsmarke zu nutzen. Dirigieren Sie die Person entlang der Peillinie bis zu einem Punkt, wo sie noch gut sichtbar ist. Gehen Sie nun zu der Person und wiederholen Sie den Vorgang.
- Suchen Sie sich bei Nacht besonders markante Formen und Konturen. Wählen Sie nahe gelegene Landmarken. Nutzen Sie die Hilfe eines Teammitglieds mit einer Stirnlampe.
- Lernen Sie, Karte und Kompass zu vertrauen!

Survival-Tipp

- **Planen sie kurze Reiseetappen: je kürzer, desto begrenzter der Fehlerbereich. Überprüfen Sie auf jeder Etappe regelmäßig die Richtung.**
- **Achten Sie darauf, die Kompassdose nicht versehentlich zu bewegen.**
- **Setzen Sie Ihren Kurs so genau wie möglich.**
- **Wählen Sie unbewegliche Landmarken in nicht allzu großer Entfernung aus.**
- **Nutzen Sie die Karte, um herauszufinden, wie das Gelände der jeweiligen Etappe beschaffen ist.**
- **Stimmen Sie sich ab und arbeiten Sie zusammen, wenn Sie nicht allein unterwegs sind.**

• WEISE WORTE •

Ich habe mich schon mehrfach verirrt. Es waren keine angenehmen Erfahrungen; hin und wieder war es lebensbedrohlich. Doch warum kopflos umherstolpern, wenn man auch mitten ins Ziel treffen kann? Nehmen Sie eine Bestandaufnahme der Situation vor, denken Sie praktisch und lassen Sie sich auf die Umgebung und die Landschaft ein. Die umgebende Geografie, Umwelt und Topografie, bergen ein Fülle von Hinweisen für unsere Orientierung.

Ohne Karte oder Kompass

Die Schattenspitzen-Methode

Viele Lebewesen orientieren sich an der Sonne. Sie stellt eine der verlässlichsten Ortungsmöglichkeiten dar. Auf der Nordhalbkugel geht die Sonne immer im Osten auf und im Westen unter. Daher ist der Himmel morgens im Osten und abends im Westen heller. Mittags steht die Sonne auf der Nordhalbkugel im Süden, entsprechend steht sie auf der Südhalbkugel im Norden.

Die »Schattenspitzen-Methode« funktioniert auf der Nord- wie auch auf der Südhalbkugel. Alles was man braucht, ist die Sonne, einen Stock von etwa einem Meter Länge und ein Stück ebenen Boden.

1. Stecken Sie den »Schattenstock« senkrecht in den ebenen Boden.
2. Markieren Sie den Boden an der Stelle, wo der Schatten des Stocks endet (die Schattenspitze).
3. Warten Sie 10 bis 15 Minuten und markieren Sie erneut die Schattenspitze.
4. Ziehen Sie eine möglichst gerade Verbindungslinie zwischen diesen beiden Punkten in den Boden. Diese Linie stellt ihre Ost–West-Linie dar. Die erste Markierung ist die Westmarke. Dies gilt sowohl auf der Nordhalbkugel als auch auf der Südhalbkugel.
5. Die Senkrechte zur Ost–West-Linie repräsentiert eine Nord–Süd-Linie. Auf der Nordhalbkugel wird der Stock sich südlich der Ost–West-Linie befinden, auf der Südhalbkugel nördlich davon.
6. Markiert man die Schattenspitze vom Morgen an in regelmäßigen Abständen, ergibt sich der kürzeste Schatten am Mittag. Er zeigt auf der Nordhalbkugel genau nach Norden.

Survival-Tipp

Ich weiß gern, wie viel Tageslicht mir bis zum Anbruch der Nacht noch bleibt. Die Dauer bis zum Sonnenuntergang lässt sich an den Fingern abzählen: ein Fingerbreit steht für etwa 2,5°, und die Sonne bewegt sich etwa 15° in der Stunde. Ein Fingerbreit entspricht also zehn Minuten. Hält man nun die Hand – den Daumen ausgenommen – waagerecht am ausgestreckten Arm gegen die Sonne, kann man sehen, wie viele Finger noch zwischen die Sonne und den Horizont passen. Wenn sechs Finger in die Lücke passen, vergeht noch ungefähr eine Stunde bis zum Sonnenuntergang.

Die Sonne ist eine der besten Orientierungshilfen, die uns überall zur Verfügung steht. Lernen Sie sie nutzen!

7. In arktischen und antarktischen Regionen, die jenseits der Breitenkreise von 66,5° nördlicher und sudlicher Breite liegen (den sogenannten Polarkreisen), gibt es Phasen, in denen die Sonne zu keinem Zeitpunkt des Tages hinter dem Horizont versinkt. In diesem Fall befindet sich die Sonne, wenn sie ihren Tiefst- oder ihren Höchststand erreicht, auf der Nordhalbkugel im geografischen Norden bzw. auf der Südhalbkugel im geografischen Süden.

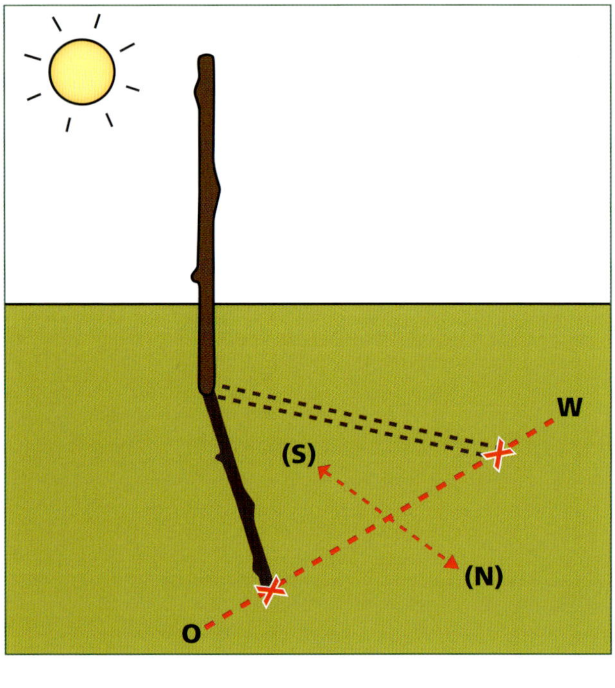

Zeitmessung

Es gibt eine noch genauere Variante, mit deren Hilfe auch die Zeit gemessen werden kann. Hierfür müssen die Positionen der Schattenspitzen vom ersten bis zum letzten Tageslicht dokumentiert werden.

1. Platzieren Sie Ihren ein Meter langen Stock vor Tagesanbruch wie zuvor beschrieben. Der Sonnenaufgang wird gegen 6 Uhr morgens und genau im Westen zu sehen sein.
2. Ziehen Sie einen möglichst sauberen Halbkreis von knapp über 180° von der ersten Schattenspitze bis zur anderen Seite der ungefähren West–Ost-Linie. Die Entfernung von dem Stock bis zur Markierung der ersten Schattenspitze ist der Radius.
3. Markieren Sie die Schattenspitzen den ganzen Tag über in regelmäßigen Abständen.
4. Markieren Sie den Punkt, an dem die Schattenspitze das Ende des Halbkreises erreicht. Das wird relativ genau im Westen und gegen 18 Uhr der Fall sein.
5. Die kürzeste Schattenspitze wird ungefähr mittags entstehen und auf der Nordhalbkugel in Richtung Norden zeigen.
6. Unterteilen Sie den Halbkreis, der von 6 bis 18 Uhr geht, in zwölf Segmente, die jeweils für etwa eine Stunde stehen.
7. Die Jahreszeit spielt eine wichtige Rolle, da Sonnenaufgang und -untergang je nach Jahreszeit variieren. Aber der Sonnenstand zur Mittagszeit stellt immer eine einigermaßen verlässliche Konstante dar.

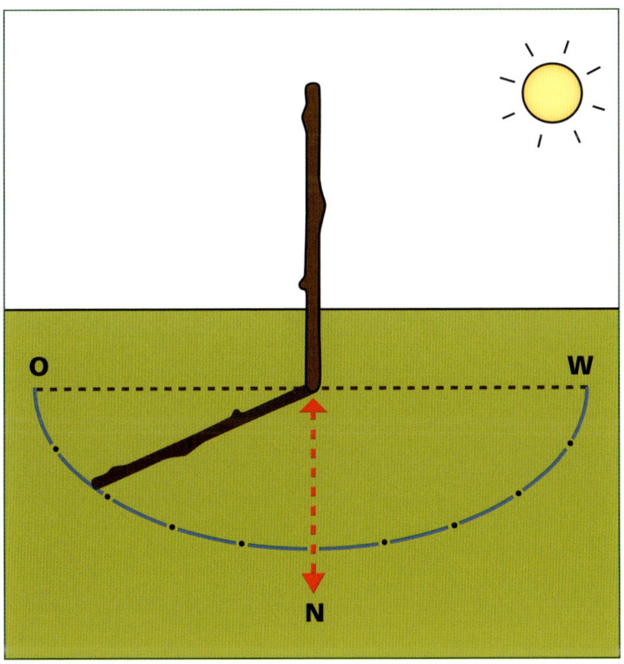

Norden finden

Es gibt einen praktischen und schnellen Weg, um die Himmelsrichtungen zu bestimmen, der aber weniger genau ist als die Schattenspitzen-Methode. Er funktioniert nur mit einer analogen Armbanduhr. Zeitzonen sollten hierbei nicht berücksichtigt werden, da sie nicht die tatsächliche Zeit wiedergeben.

Nordhalbkugel

Halten Sie die Uhr flach in der Hand und richten Sie den Stundenzeiger auf die Sonne. Halbieren Sie den Winkel zwischen dem Stundenzeiger und der 12-Uhr-Markierung auf der Uhr. Durch diese Mitte verläuft die Nord–Süd-Linie und zeigt nach Süden. Die entgegengesetzte Richtung ist also Norden, sodass man sich Westen und Osten ableiten kann.

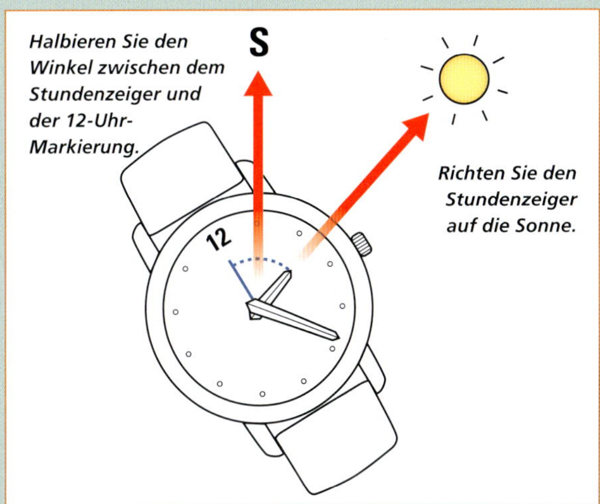

Südhalbkugel

Richten sie die 12-Uhr-Markierung der Uhr auf die Sonne. Halbieren Sie den Winkel zwischen der 12-Uhr-Markierung und dem Stundenzeiger. Die dort verlaufende Linie zeigt nach Norden.

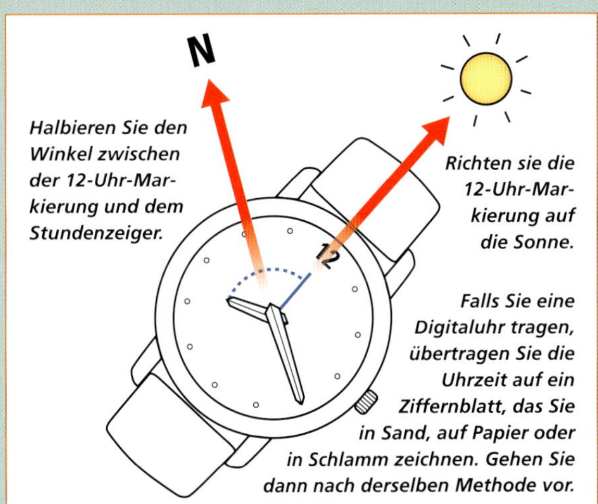

Orientierung nach Sternen

Bei klarem Nachthimmel kann man sich anhand der Sterne orientieren. Die Position von Sonne und Mond schwankt zwar etwas, doch die Sterne bewegen sich gleichförmiger. Auf der Nordhalbkugel bewegen sich Gruppen von Sternen um den Polarstern herum. Der Polarstern ist der letzte Stern in der Deichsel des Sternbilds Kleiner Bär (auch: Kleiner Wagen). Er liegt weniger als 1° vom geografischen Nordpol entfernt und verändert seine Position am Nachthimmel kaum. Der Polarstern ist nur auf der Nordhalbkugel zu sehen, und je weiter man nach Norden reist, desto höher steht er am Himmel. In Gegenden, die auf sehr hohen Breitengraden liegen, bietet er daher keine Orientierung mehr.

Auch wenn die Sternbilder sich sehr tief am Himmel befinden, kann meistens eines dieser drei Sternbilder ausgemacht werden: Großer Bär (auch: Großer Wagen), Kassiopeia sowie Orion. Es lohnt sich also, sie zu kennen. Orion gibt ebenfalls einen groben Anhaltspunkt, wo der Polarstern zu finden ist. Dieses Sternbild besteht aus drei recht eng beieinander liegenden Sternen (dem sogenannten Gürtel) und vier weiteren Sternen außen herum, die sich zu einem »windschiefen« Rechteck verbinden lassen. Der linke obere Stern ist wesentlich größer und heller als die restlichen. Eine Gerade, die durch den unteren linken und diesen hell strahlenden oberen linken Stern verläuft, weist ziemlich genau in Richtung des Polarsterns und entsprechend auch in Richtung Norden.

Haben Sie den Polarstern gefunden, denken Sie sich eine Senkrechte von ihm zum Horizont, suchen Sie eine Landmarke in der Nähe dieses Punktes und reisen Sie darauf zu. Wiederholen Sie dieses Vorgehen, sobald Sie die Landmarke erreicht haben. Halten Sie die Etappen kurz und achten Sie darauf, ob sich die Sicht auf die Sterne verschlechtern könnte. Sollte dieser Fall eintreten, wählen Sie eine möglichst weit entfernte Landmarke. Steht er in einem günstigen Winkel, ist es bei sternenklarem Nachthimmel auch möglich, einfach dem Polarstern selbst zu folgen.

Sternenhimmel Südhalbkugel

Auf der Südhalbkugel sind die Sternenbilder Großer Bär und Kassiopeia nicht zu sehen, der Orion nur in höheren Breitengraden (etwa Juli bis Mai). Zudem gibt es im Gegensatz zum Sternenhimmel der Nordhalbkugel keinen einzelnen Stern, der nach Norden oder Süden weist. Das prägnanteste Sternbild hier ist das Kreuz des Südens mit den beiden sogenannten Zeigersternen in seiner Nähe (das Kreuz des Südens ist auch etwa 25° nördlich des Äquators zu sehen). Es gibt auch ein »Falsches Kreuz des Südens«, es ist also wichtig, nach den beiden Zeigersternen Ausschau zu halten. Die Sterne stehen auch nicht so nah beieinander, zudem befindet sich ein zusätzlicher Stern in ihrer Mitte.

Um Süden zu finden, müssen Sie nur eine imaginäre Linie entlang der Längsachse vom Kreuz des Südens ziehen

Die wichtigsten Sternbilder

Am einfachsten ist der Polarstern wohl mithilfe des Sternbilds Großer Bär (Ursa Major bzw. Großer Wagen) zu finden. Zieht man eine gerade Linie durch die beiden hinteren Kastensterne des Wagens und verlängert sie um das Fünffache, ist der erste Stern, auf den diese Linie trifft, der Polarstern. Er ist heller als viele andere Sterne am Himmel. Der Abstand zwischen den Kastensternen und dem Polarstern entspricht außerdem etwa sechs Fingerbreit am ausgestreckten Arm.

Direkt gegenüber des Großen Bären befindet sich das Sternbild Kassiopeia, wegen seiner auffälligen Form auch als Himmels-W (bzw. M) bekannt. Eine Verbindungslinie von dem ersten Stern des »W« zu dem ersten Stern des Großen Bären kreuzt annäherungsweise auf halber Strecke den Polarstern.

Diese beiden Sternbilder wie auch Orion sind unverkennbar, wenn man sie einmal gelernt hat. Sie befinden sich in der Nähe des Polarsterns und bewegen sich gegen den Uhrzeigersinn um ihn herum.

Großer Bär

und in Richtung Horizont verlängern. Denken Sie sich nun eine zweite Linie, die auf halber Strecke zwischen den beiden Zeigersternen beginnt und im rechten Winkel dazu ebenfalls in Richtung Horizont verläuft. Dort, wo diese beiden Linien aufeinandertreffen, fällen Sie in Gedanken das Lot zum Horizont – es zeigt nach Süden! Die Linie vom Kreuz des Südens bis zu dem Punkt, wo sie die Linie von den Zeigersternen kreuzt, ist etwa fünfmal so lang wie die Entfernung zwischen den beiden Sternen der Längsachse des Kreuz des Südens. Es kann passieren, dass die beiden gedachten Linien von den beiden Sternengruppen mehr oder weniger horizontal aufeinandertreffen. Doch auch in diesem Fall zeigt das Lot zum Horizont nach Süden.

Survival-Tipp

Der Mond kann ein wichtiges Hilfsmittel für jeden Überlebenskämpfer sein – er spendet Licht und Unterstützung bei der räumlichen und zeitlichen Orientierung. Der Mond ist selbst keine Lichtquelle, er reflektiert lediglich das Sonnenlicht. Die beleuchtete Seite des Mondes ist der Sonne zugewandt. Wie die Sonne geht auch der Mond mehr oder weniger im Osten auf und im Westen unter. Auch wenn dies jahreszeitlichen Schwankungen unterliegt, kann man es zumindest zur groben Orientierung nutzen.

Ist der Mond sichelförmig, kann man durch die Spitzen der Mondsichel eine Linie zum Horizont ziehen. Auf der Nordhalbkugel zeigt diese Linie ungefähr in Richtung Süden, auf der Südhalbkugel ungefähr in Richtung Norden.

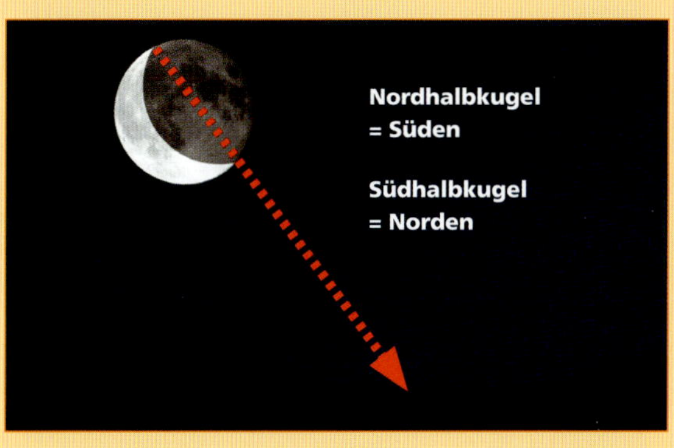

Kassiopeia

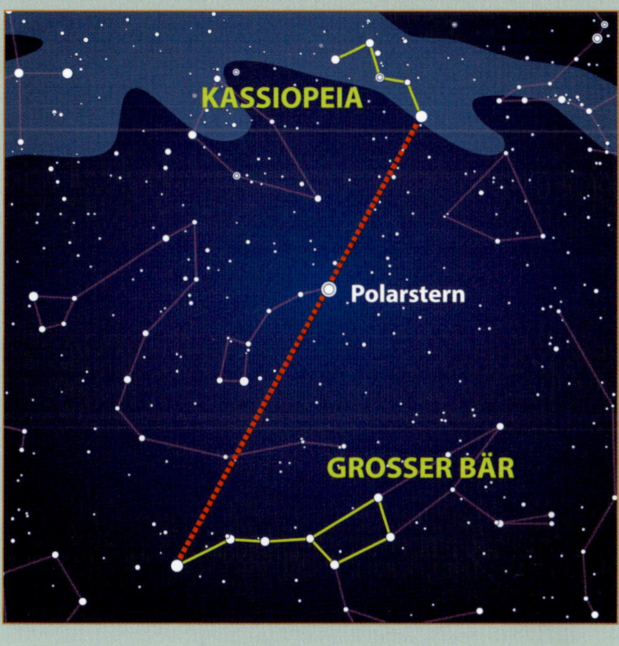

Orion

Orientierung an der Natur

Die Natur liefert gute Anhaltspunkte und Hilfestellungen zur Bestimmung der Himmelsrichtungen. Nehmen Sie Verbindung mit Ihrer Umwelt auf. Sie werden zahlreiche Hinweise finden, wenn Sie genauer darauf achten, wie der Wind das Aussehen von Bäumen und Gelände prägt, wie Tiere sich verhalten und welche Routen sie nehmen und welchen Einfluss die Sonne auf die Umgebung ausübt.

Auswirkungen des Winds

Informieren Sie sich, welche Windrichtung jeweils in einer Region vorherrscht. Recherchieren Sie bereits im Vorfeld und fragen Sie Ortskundige bzw. -ansässige. Grundsätzlich gilt, dass der Wind in mittleren Breitengraden auf beiden Erdhalbkugeln meist aus westlicher Richtung weht. In eher tropischen Breitengraden kommt der Wind den größten Teil des Jahres aus nördlicher bis südöstlicher Richtung. Und am Äquator herrscht in der Regel Ostwind.

Bei vermeintlicher Windstille können Sie einen Finger anfeuchten und in die Luft halten: Eine Seite wird sich kühler anfühlen, was die Windrichtung anzeigt.

Die vorherrschende Windrichtung hat oft deutlich sichtbare Auswirkungen auf die gesamte Umgebung wie Bäume, Schnee, Sand u. v. m. Zu den auffälligsten zählen:

- Die vorherrschende Windrichtung beeinflusst die Wuchsrichtung der Bäume. Besonders deutlich sichtbar ist dies bei Bäumen an exponierten Stellen oder der Küste.
- Solche Bäume sind auf der dem Wind zugewandten Seite (»Wetterseite«) häufig spärlicher belaubt/bewachsen als auf der windabgewandten Seite.
- Schilfrohrrispen zeigen unter Umständen einen stärkeren Wuchs auf der windabgewandten Seite.
- Die meisten Tiere und Vögel errichten ihre Unterschlüpfe und Nester auf der windabgewandten Seite. Spinnen können keine Netze an windigen Orten bauen.
- Schnee- und sandbedeckte Landschaften werden in sehr ähnlicher Weise vom Wind beeinflusst, da es sich in beiden Fällen um Wüsten handelt. Der vorherrschende Wind treibt Schneekristalle und Sandkörner vor sich her, bis er so weit abnimmt, dass sie liegen bleiben. Dies geschieht auf der Leeseite eines Gegenstands oder einer Landmarke. Über und um Hindernisse herum nimmt der Wind an

Geschwindigkeit zu, doch dahinter wird er langsamer, sodass es zu einer Anhäufung von Schneekristallen oder Sandkörnern auf der Leeseite kommt. Dieses Phänomen kann an Bergen, Hügeln, Felsen und Bäumen beobachtet werden, insbesondere wenn sie sich an exponierten Standorten innerhalb einer schnee- oder sandbedeckten Umgebung befinden.

- In windigen Gegenden kann sich der Schnee zu Erhebungen von bis zu einem Meter Höhe verfestigen. Die Luvseite sieht dabei häufig wie unterschnitten aus, während die Leeseite leicht bauchig wirkt. Bei Sanddünen werden die Gebilde Barchan oder Sicheldüne genannt, allerdings ist bei ihnen die Luvseite relativ flach, dafür fällt die Leeseite steil ab, der Wind kommt also genau aus der anderen Richtung.

Wind aus einer vorherrschenden Richtung sorgt auch für die Entstehung von Wechten an Gebirgskämmen und Graten. Diese können gewaltige Dimensionen annehmen und eindeutige Hinweise auf die dominante Windrichtung geben. Da die Wechte sich an der Leeseite der Geländekante bildet, ist der Hang unterhalb der Wechte oft von einer tiefen Schneedecke bedeckt, während auf der Luvseite der Fels blank liegen kann. In hügeligem Terrain sind diese Gebilde klare Anzeichen für die vorherrschende Windrichtung.

Ein vorherrschender Wind kann die Schneedecke auf der Luvseite glätten und komprimieren. Wenn der verwehte Schnee eine gewisse Feuchtigkeit enthält, entsteht Raureif, der an Hindernissen wie Pfosten oder Felsen hängenbleibt. Raufreif lagert sich an der Luvseite an und wächst entgegen der Windrichtung.
Felsen und Gelände können auf der Luvseite auch etwas glatter aussehen als auf der Leeseite.

• WEISE WORTE •

Ich kann mich an zahlreiche Gelegenheiten erinnern, bei denen ich bei starkem Wind über Schnee und Eis gewandert bin. Oft blies der Wind so heftig und die Schnee- und Eispartikel schmerzten derart im Gesicht, dass ich die ganze Zeit nach unten sehen und den größten Teil meines Gesichts mit Kapuze und Sturmhaube schützen musste. Da hat es mir geholfen, auf die Form der Sastrugi (Windgangeln) zu achten, um die Richtung einigermaßen präzise beibehalten zu können.

Survival-Tipp

Wechselwarme Insekten reagieren empfindlich auf Temperaturschwankungen. In gemäßigtem Klima richten Ameisen ihre Hügel in südlicher bis südöstlicher Richtung aus, wobei sie auf einen windgeschützten Standort achten. Während einer Kälteperiode ziehen sich die Ameisen verstärkt in die Hügelseite zurück, die nach Süden und Südosten zeigt. Ein beeindruckendes Beispiel dafür, wie ausgeklügelt die Architektur von Insekten sein kann, liefert die australische Termitenart Amitermes meridionalis. Ihre Hügel, die eine Höhe von bis zu vier Metern erreichen können, sehen aus wie eine große Finne mit einem zerklüfteten Grat. Man findet sie in den heißen Wüsten Australiens und sie sind immer in Nord-Süd-Richtung angelegt. Die Hügel werden im Wesentlichen aus feuchtem Lehm errichtet, der aber schnell aushärten muss, um dem Hügel die nötige Stabilität zu verleihen. Dieser Vorgang wird dadurch beschleunigt, dass die langgezogenen Seiten der Sonne ausgesetzt sind. Und dank des schmalen Querschnitts können die Termiten schnell auf die kühlere Seite wechseln.

Auswirkungen der Sonne

Während Wind in aller Regel das Wachstum der Vegetation verzögert, hat die Sonne oft einen unterstützenden Effekt. In Zeiten mit wenig direktem Sonnenlicht kann man diese Auswirkungen auf die Natur zur ungefähren Richtungsbestimmung nutzen. Mögliche Hinweise sind etwa:

- Moose und Flechten können auf der Schattenseite von Bäumen und anderen Oberflächen wachsen, wo feuchte Luft sich am längsten hält.

- Manchmal sind Zweige und Äste auf der Sonnenseite gerader und weniger knorrig – an manchen Bäumen in niedrigen Breitengraden, wo die Sonne oft tief am Horizont steht, lässt sich diese Auswirkung des Sonnenlichts allerdings nicht ablesen: Tannen und Fichten sind von geradem Wuchs und haben eine pyramidenförmige Baumkrone, um das diffuse Licht von allen Seiten nutzen zu können.
- Auf der Nordhalbkugel wachsen laubabwerfende Bäume auf der sonnigen Seite eines Hangs üppiger, während immergrüne Bäume hingegen auf der Nordseite besser wachsen.
- In Wüsten kann man sich am Wuchs des Goldkugelkaktus orientieren, der sich immer zur Sonne neigt.
- Die Blätter der Pflanze »Durchwachsene Silphie« (in Nordamerika auch als »pilot weed« oder »compass plant of the prairies« bekannt) wachsen links und rechts des Stängels als Blattpaare. An sonnigen Standorten wächst je ein Blatt nach Norden und Süden.
- Wird ein freistehender Baum gefällt, kann man später an den Jahresringen im Stammquerschnitt die Himmelsrichtungen ablesen, denn oft sind die Jahresringe auf der Sonnenseite breiter als auf der Schattenseite.
- Die Rinde mancher Bäume kann auf der Schattenseite dunkler sein. Außerdem neigen sich viele Pflanzen und Baumspitzen in Richtung Sonne.

Kompass improvisieren

Orientierungshilfen der Natur sind immer eine große Hilfe, außer man hat sich bei dichter Wolkendecke im tiefsten Dschungel verirrt, wo das Blätterdach absolut einheitlich aussieht. In diesem Fall ist eine Orientierung unmöglich, es sei denn Sie bauen sich einen behelfsmäßigen Kompass.

Mit Draht oder Nadel

Wenn Sie Ihr Survival-Kit noch haben, sollte darin auch eine Nadel enthalten sein. Wenn nicht, kann man sich mit einem Stück eisenhaltigen Drahts behelfen.

- Streichen sie immer wieder in derselben Richtung über die Nadel. Am besten ziehen Sie sie über ein Stück Seide, falls Sie eines haben.
- Streichen Sie mindestens 50-mal von der Nadelspitze in Richtung der Öse, so wird die Nadelspitze magnetisiert und zeigt nach Norden.
- Ist ein Magnet greifbar, streichen Sie mit diesem – immer in derselben Richtung – über die Nadel.
- Ziehen Sie die Nadel dann durch Ihr Haar, um sie einzufetten, dadurch schwimmt sie besser auf dem Wasser.
- Die Nadel sollte auf einer möglichst glatten Wasseroberfläche platziert werden, dazu eignen sich stehende Gewässer, ein mit Wasser gefülltes Gefäß oder eine mit Wasser gefüllte Vertiefung in einem Baumstumpf. Meine Versuche, die Nadel auf einem Blatt oder Ähnlichem zum Schwimmen zu bringen, waren nie von Erfolg gekrönt. Womöglich liegt es daran, dass das Blatt der Wasseroberfläche zu viel Widerstand entgegensetzt, sodass die Nadel sich nicht drehen kann.
- Die Magnetisierung der Nadel hält nicht allzu lange vor, deswegen sollte man zwischendurch immer wieder einige Male über die Nadel streichen, um sie erneut aufzuladen.
- Achten Sie darauf, ob sich irgendwelche eisenhaltigen Gegenstände in Ihrer Umgebung befinden, die die Nadel ablenken könnten.
- Behalten Sie die Nadel sorgfältig im Auge.
- Sollte es nicht gelingen, die Nadel auf Wasser zum Schwimmen zu bringen, kann man auch versuchen, sie an einem langen dünnen Faden frei herabhängen zu lassen. Im Gegensatz zum Wasser bietet der Faden allerdings einigen Widerstand, sodass diese Methode nicht ganz so erfolgversprechend ist.

Alternativen

Statt einer Nadel können ersatzweise auch eine Rasierklinge oder ein Stück eisenhaltiger Draht verwendet werden. Sie sind aus Materialien gefertigt, die sich auch magnetisieren lassen, indem man sie wiederholt durchs Haar oder über die Handfläche zieht. Aber bitte verletzen Sie sich nicht dabei!

Versuchen Sie, die Orientierung so schnell wie möglich zurückzuerlangen. Die Zeit, die Sie in Orientierung und Navigation investieren, ist selten verschwendet.

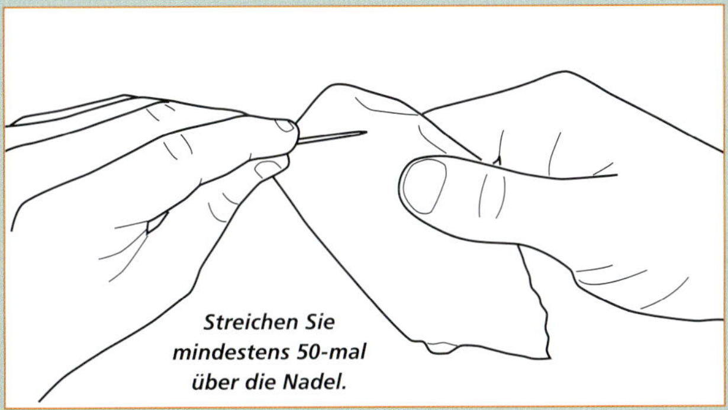

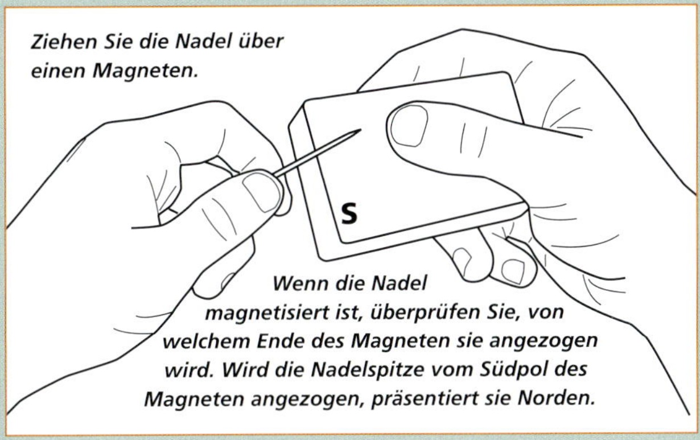

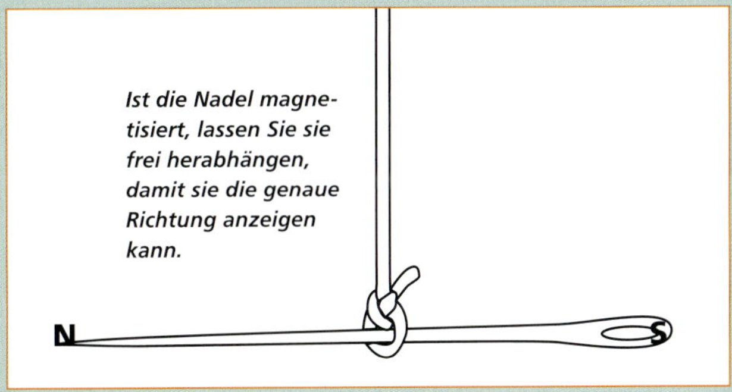

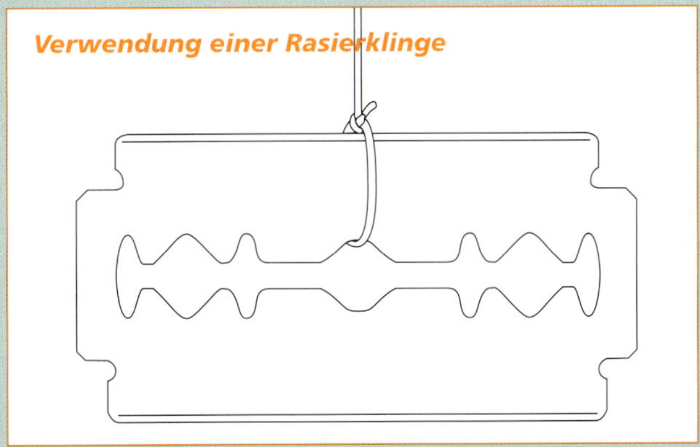

Geschwindigkeit und Distanz

Unabhängig von der gewählten Art der Navigation sollte Sie einschätzen lernen, wie weit Sie gekommen sind und wie viel Zeit Sie brauchen, um eine bestimmte Strecke zurückzulegen.

Die beste Methode um herauszufinden, welche Entfernung man bewältigt hat, ist das Abschreiten. Dazu suchen Sie sich oder markieren Sie eine flache Strecke ohne Hindernisse, die genau 100 Meter lang ist. Gehen Sie diese ab und zählen Sie jeden zweiten Schritt, daraus ergibt sich die persönliche Doppelschrittzahl. Ich benötige für 100 Meter im flachen Gelände 61 Schritte und etwa 1,5 Minuten bei einer Geschwindigkeit von 4 km/h.

Ich kombiniere Abschreiten und Zeitmessung immer mit der Navigation per Kompass und Karte. Es verbessert die Genauigkeit und bildet eine gute Grundlage, um Routen zu planen. Mit etwas Übung werden Ihnen die simplen Berechnungen zur zweiten Natur.

Die nachfolgende Tabelle beruht auf meiner Doppelschrittzahl, Geschwindigkeit und der von mir benötigten Zeit. Ermitteln Sie Ihre eigenen Werte.

Entfernung (m)	Geschwindigkeit (km/h)	Zeit (Minuten)	Doppelschritte
100	3	2	61
500	3	10	305
1000	3	20	610
100	4	1,5	61
500	4	7,5	305
1000	4	15	610
100	5	1,2	61
500	5	6	305
1000	5	12	610

Werte für Geschwindigkeiten, die nicht in der Tabelle aufgeführt sind, können Sie ganz einfach selbst errechnen.

Schrittlänge und -geschwindigkeit ändern sich je nach Bodenbeschaffenheit und Umgebung. Zudem müssen Faktoren wie körperliche Verfassung und Gepäckumfang berücksichtigt werden, um Geschwindigkeit und Zeitbedarf zu überschlagen. Dennoch liefert die Tabelle gute Schätzwerte, die sich auf jedes Terrain übertragen lassen. Mit der Zeit können Sie Ihre eigenen Werte ermitteln und die Tabelle entsprechend aktualisieren.

Survival-Tipp

- **In steilem Gelände, beim Klettern, bei schlechter Sicht sowie bei heftigem Gegenwind verkürzt sich die Schrittlänge. Bei Rückenwind – und wenn es leicht bergab geht – tendieren die meisten hingegen zu größeren Schritten.**
- **Rechnen Sie bei einem Aufstieg für jede Höhenlinie auf der Landkarte eine Minute hinzu.**
- **Passen Sie die Schrittzahl an, wenn Sie wegen Hindernissen oder Erhebungen von Ihrem Kurs abweichen müssen.**
- **Finden Sie eine Methode, mit der Sie jede zurückgelegte 100-Meter-Strecke erfassen können. Nehmen Sie zum Beispiel Kieselsteine in die Hand und lassen Sie alle 100 Meter einen in die Tasche gleiten. Nutzen Sie einen Schrittzähler oder ein ähnliches Hilfsmittel. Oder behelfen Sie sich mit Kordelstoppern – fädeln Sie ein paar auf ein kurzes Band und ziehen Sie alle 100 Meter einen davon auf die andere Seite.**

Ziehen Sie jedes Mal, wenn Sie 100 Meter zurückgelegt haben, einen Kordelstopper auf die andere Seite.

Lassen Sie alle 100 Meter einen Kieselstein von einer Tasche in die andere wandern.

Distanzen ohne Hilfsmittel abschätzen

In einer Survival-Situation, in der Sie Ihre Marschroute ohne Karte, Kompass oder sonstige Hilfsmittel planen müssen, ist es von Vorteil, Entfernungen abschätzen zu können. Wie viel Zeit wird man brauchen, und was sollte man mitnehmen? Es ist immer gut, wenn Sie zumindest ungefähr wissen, wie lang Sie unterwegs sein werden und welchen Teil der Strecke Sie bereits zurückgelegt haben – insbesondere, wenn es notwendig werden sollte, den Weg wieder zurückzugehen. Und es stärkt das Selbstvertrauen, eine klare Vorstellung von Zeit und Distanz zu haben.

Wichtige Einflussfaktoren

Wann Objekte näher wirken können, als sie tatsächlich sind:

- Man guckt bergauf.
- Die Luft ist klar.
- Das Objekt ist hell erleuchtet.
- Das Objekt ist in seiner Gesamtheit deutlich zu sehen und weist eine scharfe Kontur auf.
- Man blickt über eine Senke, die womöglich teilweise nicht einsehbar ist.
- Man guckt über Schnee, Wasser oder eine flache Sandfläche.
- Das Objekt ist größer als alles andere in seiner Umgebung.

Fälle, in denen Objekte weiter entfernt wirken können, als sie tatsächlich sind.

- Man guckt bergab.
- Bei schlechter Sicht – so zum Beispiel im Morgengrauen und in der Abenddämmerung oder bei Schnee, Regen und Nebel.
- Ein Teil des Objektes ist verdunkelt oder nicht zu erkennen.
- Die Farbe des Objekts geht in den Hintergrund über.
- Man guckt über hügeliges Gelände.
- Das Objekt ist klein im Vergleich zu den Objekten in seiner Umgebung.
- Man guckt von einem erhöhten Standpunkt hinunter, was einen »Tunneleffekt« verursacht.

Methoden

Koppelnavigation

Dieses Verfahren nutzen die meisten automatisch: Basierend auf Bewegungsrichtung und Geschwindigkeit wird fortlaufend eine ungefähre Ortsbestimmung vorgenommen. Mit etwas Erfahrung gelangt man zu erstaunlich guten Ergebnissen.

Daumensprungmethode

Sie beruht auf dem Grundsatz, dass der Abstand zwischen beiden Augen in etwa ein Zehntel der Armlänge beträgt. Strecken Sie den Arm mit geballter Faust aus und stellen Sie den Daumen auf. Visieren Sie mit einem Auge über die Daumenspitze das Objekt an, dessen Entfernung geschätzt werden soll. Visieren Sie dann das Objekt mit dem anderen Auge an, ohne den Daumen zu bewegen. Schätzen Sie nun die Strecke, die Ihr Daumen bezogen auf das Ziel zur Seite gesprungen zu sein scheint. Multipliziert man diese Distanz mit 10, erhält man die ungefähre Entfernung zu dem Objekt.

Gruppendurchschnitt

Ist man als Team unterwegs, empfiehlt es sich, dass jedes Mitglied die Entfernung mit einer beliebigen Methode schätzt, um anschließend einen Mittelwert zu bestimmen.

Halbieren der Strecke

Unter Berücksichtigung der bekannten Einflussfaktoren und unter Zuhilfenahme der oben beschriebenen Methoden kann man auch die halbe Entfernung schätzen und diesen Wert dann verdoppeln.

Streckenmaß

Visualisieren Sie einen Sportparcours von 100 m Länge oder irgendeine andere Strecke mit vertrautem Maß. Schätzen Sie dann, wie viele dieser Einheiten in die zu schätzende Distanz passen.

Mit einer Person als Referenz:

- **Bei einem Abstand von 50 m sind Mund und Augen noch deutlich erkennbar.**
- **Bei einem Abstand von 100 m sehen die Augen wie Punkte aus.**
- **Bei einem Abstand von 200 m sind grobe Einzelheiten der Kleidung erkennbar.**
- **Bei einem Abstand von 250 m kann man das Gesicht als solches erkennen.**
- **Bei einem Abstand von 450 m kann man noch Farben unterscheiden.**
- **Bei einem Abstand von 750 m sieht eine Person wie ein Pfosten aus.**
- **Bei einem Abstand von 1,5 km kann man den Stamm großer Bäume erkennen.**

Flüsse überqueren

Man sollte einen Fluss nie unterschätzen, denn Flüsse sind von Natur aus unberechenbar. Durch einen Fluss hindurchzuschwimmen, sollte immer der letzte Ausweg sein. Es können sich Gefahren darin verbergen, die vom Ufer aus nicht zu sehen sind – Felsbrocken, Bäume, Strömungen und aggressive Tiere können unter der Oberfläche lauern. Auch besteht das Risiko, mit Füßen, Kleidung oder Ausrüstung an etwas hängenzubleiben und von der Strömung unter Wasser gezogen zu werden.

In eher kalten Klimazonen kann ein Fluss im Winter, bei Temperaturen unter dem Gefrierpunkt, wenig Wasser führen, um sich dann im Frühling mit Einsetzen der Schneeschmelze plötzlich in einen reißenden Strom zu verwandeln. Gefährlich wird es auch, wenn Brucheis im Wasser treibt oder die Eisdecke auf einem Fluss an den Rändern zu schmelzen beginnt. Dann kann die eigentlich geschlossene Eisdecke unter dem Körpergewicht brechen, und Sie werden im schlimmsten Fall von der Strömung unter das Eis gezogen. In kalten Regionen stellt es eine enorme Herausforderung dar, einen Fluss zu überqueren und dabei auch noch auf Kleidung und Ausrüstung zu achten. In solchen Flüssen findet man häufig große Gesteinsbrocken, die von Gletschermoränen stammen: Manchmal sind sie groß genug, um sie als Zwischenziel ins Auge zu fassen, doch das Wasser rund um große Felsen ist tückisch und birgt allerlei Gefahren.

Im Dschungel kann der Wasserstand von Flüssen infolge von plötzlichem, heftigem Regen innerhalb von Stunden steigen oder fallen und dabei Bäume entwurzeln und Flussufer regelrecht zerstören. Mein Team und ich kämpften uns einmal durch ein steiles Tal tief im Dschungel von Sumatra. Wir versuchten, einen besonders hohen Wasserfall hinunterzukommen, als starker Regen einsetzte. Die Niederschlagsmenge war enorm. Es war nervenaufreibend, den Wasserpegel vor unseren Augen unaufhörlich steigen zu sehen. Innerhalb von nur einer Stunde war der Fluss unpassierbar geworden.

Obwohl es in Wüsten nicht so viele Flüsse gibt, kann plötzlich einsetzender, starker Regen eine Sturzflut auslösen. Ein normalerweise ausgetrocknetes Flussbett wird dann zu einem tosenden Fluss, der alles mit sich reißt, was sich in seinem Weg befindet. Er verschwindet meist genauso schnell, wie er entsteht. Es empfiehlt sich also, in sicherer Entfernung zum Ufer das Lager aufzuschlagen und abzuwarten. Man kann eine solche Gelegenheit bestens nutzen, um Wasser zum Trinken, Kochen und Waschen zu sammeln und die Reserven aufzufüllen.

Vor der Überquerung

Kommen Sie an einen Fluss, der überquert werden muss, sollten Sie sämtliche Möglichkeiten sorgfältig abwägen. Entdecken Sie den Fluss von einem erhöhten Standpunkt aus, nehmen Sie sich die Zeit, eine möglichst einfache Linie auszumachen. Suchen Sie nach Stellen, an denen man durch den Fluss waten kann, anstatt schwimmen zu müssen. Es empfiehlt sich auch, flussauf- oder abwärts zu wandern, um nach einer Möglichkeit zu suchen, den Fluss trockenen Fußes zu überqueren. Wenn nötig, sollte man sich in zwei Teams aufteilen, von denen je eins die Gegend flussaufwärts bzw. -abwärts erkundet. Treffen Sie sich nach einem verabredeten Zeitraum wieder am Startpunkt, um sich auszutauschen. Wählen Sie möglichst eine Stelle, an der Sie einfach flussabwärts ans Ufer geschwemmt werden, falls Sie den Halt verlieren.

Eine Flussüberquerung erfordert immer ein gewisses Maß an Vorbereitung. Niemand wird gern nass, schon gar nicht, wenn es kalt ist. Doch sobald alles bereit und gut verstaut ist, sollten Sie den Gedanken ans Nasswerden verdrängen und einfach loslegen. Auch bei Eiseskälte wird das anfängliche Schockgefühl schnell nachlassen und Sie werden zum Schwimmen in der Lage sein.

Nachfolgend ein paar hilfreiche Leitlinien:

- Beobachten Sie das Wasser, bevor sie es überqueren, und achten Sie auf seine Bewegung, Kraft und Eigenheiten. Die schmalste Stelle muss nicht gleichzeitig auch die sicherste sein. In der Flussmitte ist die Strömungsgeschwindigkeit in der Regel am höchsten.
- Schätzen Sie anhand von Steinen und Pflanzen in der näheren Umgebung, welche Gefahren womöglich unterhalb der Wasseroberfläche lauern.
- Halten Sie Ausschau nach natürlichen Passierhilfen wie Steine, Felsen, Engstellen oder Furten.

- Wenn zwei Gewässer zusammenfließen, queren Sie besser beide Zuläufe einzeln, anstatt den einen, neu entstandenen Hauptstrom.
- Queren Sie möglichst nie oberhalb eines Wasserfalls oder einer offensichtlichen Gefahrenstelle. Wenn Sie von Stein zu Stein springen, bedenken Sie, dass diese nass und rutschig sein können.
- Befinden sich Hindernisse wie etwa Felsen im Wasser, kann sich an der stromabwärts gelegenen Seite Kehrwasser bilden. Hier können Sie womöglich pausieren und sich noch einmal eine Übersicht verschaffen.
- Behalten Sie immer Ihre Schuhe an. In kalten Regionen entkleidet man sich am besten komplett und zieht auch die Socken aus. Ist die Kleidung wasserdicht verstaut, kann man die Überquerung in Angriff nehmen – aber auf jeden Fall in Schuhen.
- Wenn möglich sollte man gegen die Strömung schwimmen, und zwar in einem Winkel von etwa 45° zur Strömung stromaufwärts blickend. Nutzen Sie Kehrwasser, wann immer möglich. Als kraftsparende Schwimmstile empfehlen sich Brust- und Seitenschwimmen.
- Ist die Strömung zu stark, um gegen sie anzuschwimmen, müssen Sie sich mit ihr treiben lassen, auch wenn Sie dabei riskieren, gegen Hindernisse gedrückt zu werden. Halten Sie die Füße nach vorn, als wären sie in einem Astronautensitz festgeschnallt. Auf diese Weise können Sie den Aufprall auf Felsen oder andere Hindernisse mit den Beinen abfangen. Halten Sie den Kopf dabei hoch aus dem Wasser, um den Überblick zu behalten. Waten Sie so weit wie möglich in den Strom, bevor Sie schwimmen. Sobald die Strömung Sie erfasst, lassen Sie sich mittreiben. Versuchen Sie, mithilfe der Arme auf die andere Seite zu manövrieren. Halten Sie Ausschau nach Kehrwasser am anderen Ufer und steuern Sie das stromaufwärts gelegene Ende davon an. Nutzen Sie dann all Ihre Kraft, um das Kehrwasser zu erreichen. Eine Rolle kann dabei helfen.
- Nutzt man ein Seil, sollte man es NIEMALS zu fest um den Körper schnüren. Knüpfen Sie eine Schlaufe, die Sie bequem quer über den Oberkörper ziehen können. Der Sicherungspartner am Ufer sollte sich das Seil um den Körper legen. Er bewegt sich stromaufwärts und reguliert die Seilspannung so, dass der Schwimmer unterstützt wird. Gerät der Schwimmer in Schwierigkeiten, sollte der Sichernde die Spannung im geeigneten Moment erhöhen, sodass die Strömung den Schwimmer zum Ufer zurücktreibt.
- Weit geschnittene Kleidung erhöht beim Schwimmen Angriffsfläche und Zug, und Sie verlieren leichter den Stand. Ziehen Sie sie daher aus.
- Wenn Sie von einer Klippe ins Wasser springen, müssen Sie vorher unbedingt die Wassertiefe überprüfen. Nutzen Sie hierfür einen Stock, oder improvisieren Sie einen Tiefenmesser, indem Sie einen Stein an eine Ranke oder ein Seil knoten. Wenn die Ranke oder das Seil

Gemeinsame Merkmale

Es gibt einige gemeinsame Merkmale von Flüssen, egal wo auf der Welt sie sich befinden:

- **Felsen verursachen Verwirbelungen und Stromschnellen; stürzt das Wasser senkrecht herab, spricht man von einem Wasserfall. Das aufgewühlte Wasser weist eine geringere Dichte auf und verleiht Ihrem Körper weniger Auftrieb.**
- **In Stromschnellen entstehen meist stehende Wellen, wenn das Wasser an einem Hindernis hoch und über dieses hinweggedrängt wird. Eine stehende Welle kann in sich zusammenbrechen, wenn der Wellenkamm weit genug hochgedrückt wird.**
- **Wenn Wasser steil über eine Kante stürzt, kann sich eine sogenannte Wasserwalze bilden. Dabei zirkuliert über eine kurze Distanz Wasser zurück flussaufwärts. Die Gefahr besteht darin, dass man von dieser Strömung unter Wasser gezogen und dort gehalten wird.**
- **Umgestürzte Bäume, die statisch im Gewässer liegen, können die Strömung umlenken, sie bilden sogenannte Strainer. Sie werden gefährlich, wenn man von der Strömung gegen sie gedrückt wird und sich in den Ästen verfängt.**
- **Wasser fließt an Engstellen schneller und nach Biegungen langsamer.**
- **An der stromabwärts gelegenen Seite von Hindernissen gibt es Zonen mit sogenanntem Totwasser oder Kehrwasser, wo die Strömung sehr viel geringer ist.**

durchhängt, ist der Stein am Grund. Ziehen Sie ihn am ausgestreckten Arm wieder heraus und zählen Sie mit, nach wie vielen Metern der Stein auftaucht. Dies entspricht der Tiefe. Für einen Sprung aus einer Höhe von 10 m benötigt man eine Tiefe von mindestens 7 m.

- Vermeiden Sie es, Wasser zu schlucken, es könnte verunreinigt sein.

Die Überquerung

Finden Sie einen stabilen Stock oder brechen Sie einen starken Ast ab, der ein oder zwei Meter länger ist als Sie selbst. Waten Sie mit dem Gesicht flussaufwärts ins Wasser, so können Ihre Knie der Strömung besser standhalten. Ist die Strömung zu stark, kehren Sie lieber um. Bewegen Sie sich dann seitlich auf das andere Ufer zu. Halten Sie den Stock schräg vor sich und stemmen Sie sich dagegen, sodass Ihre Füße und der Stock ein stabiles Dreieck bilden. Bewegen Sie immer nur einen Fuß oder den Stock, um die Stabilität aufrechtzuerhalten.

Sind Sie im Team unterwegs, stellen Sie sich einander gegenüber und rücken Sie ganz eng zusammen, während Sie Ihre Arme jeweils um die Schultern Ihrer direkten Nachbarn legen. Die größte Unterstützung sollten diejenigen bekommen, deren Kniekehlen dem Druck des Wassers ausgesetzt sind. Sie sorgen damit für die Entstehung eines kleinen Kehrwassers für die Teammitglieder, die sie stützen. Unter der Kraft des Wassers werden die Knie konstant drohen einzuknicken. Bewegen Sie sich daher synchron und koordiniert.

Improvisieren Sie eine Auftriebshilfe:

- Haben Sie eine wasserdichte Tasche zur Hand, verstauen Sie Ihre Kleidung darin, damit diese trocken bleibt.
- Stellen Sie sicher, dass so viel Luft wie möglich in der Tasche ist, bevor Sie diese luftdicht verschließen.
- Befüllen Sie Ihren Rucksack mit kleinen Auftriebskörpern wie Dosen, Flaschen oder sogar Holzscheiten.
- Fangen Sie möglichst viel Luft in Ihren Hosenbeinen ein und verschließen Sie den Bund sorgfältig.
- Befüllen Sie eine Jacke, einen Poncho oder eine Plane mit Stöcken, Blättern und anderen Materialien, die schwimmen. Verschnüren Sie alles mit Ranken, Wurzeln oder Kordel zu einem kompakten Bündel.

• WEISE WORTE •

Ich war einmal in einem kleinen Team im Dschungel von Belize als Vorhut unterwegs, um eine geeignete Stelle für die Überquerung eines breiten und reißenden Stroms zu finden. Die Ausrüstung unseres Teams im Lager war recht umfangreich. Wir spannten zwei Seile in einem Winkel von etwa 45° zur Strömung quer über den Fluss, eins für den Hinweg und eins für den Rückweg. Diese konnten von allen als Handlauf genutzt werden, sodass man sich auf beiden Wegen mit der Strömung ans andere Ufer bewegen konnte.

- Bindet man zwei schwimmfähige Holzstücke zusammen, kann man damit Auftrieb schaffen. Binden Sie die Holzstücke nicht zu eng zusammen, sondern lassen Sie eine Lücke. So können Sie sich mit dem Rücken gegen das eine Holzstück lehnen und Ihre Beine in Kniehöhe über das andere hängen lassen. In einigen Regionen im Dschungel ist unter Umständen Balsaholz vorzufinden, das außerordentlich gute Auftriebseigenschaften aufweist.
- Auch Eis schwimmt. Suchen Sie also eine Scholle in geeigneter Größe, oder schneiden Sie eine zurecht, auf der Sie Ihre Ausrüstung zur anderen Uferseite bringen oder die Sie als Auftriebshilfe nutzen können.

Nach der Überquerung

Ziehen Sie sich auf der anderen Uferseite sofort wieder an, um einer weiteren Auskühlung vorzubeugen. Frieren verbraucht Energie. Wenn nötig, legen Sie Reisig, Gestrüpp oder Laub als Isolierung auf den Boden, damit Ihre Füße nicht kalt werden und machen dann ein Feuer.

Lassen Sie Ihre Teamkameraden von Ihrer Erfahrung profitieren, und geben Sie Ihnen Tipps für die Überquerung. Wenn Sie sich gegenseitig mit einem Seil sichern, gehen Sie am Ufer stromaufwärts, sodass die nachfolgenden angeseilten Teammitglieder von der Strömung an Ihr Ufer getrieben werden.

Ein Floß bauen

Falls Sie eine Strecke auf dem Wasser zurückzulegen wollen, sollten Sie sich eventuell ein Floß bauen. Vor allem im Dschungel kann es wesentlich schneller sein, einen Fluss hinunterzufahren, statt sich durch dichtes Unterholz zu kämpfen. Es ist sicher ein Vorteil, keine Angst vor dem Wasser zu haben, wenn Sie Flüsse oder andere Gewässer befahren wollen, doch ein Floß kann die sicherste, einfachste und schnellste Art der Fortbewegung sein: Flüsse bieten Nahrung, Wasser und Hygiene. Selbst kleine Wasserläufe münden in größere Flüsse, und es gibt kaum einen großen Fluss auf der Welt, dessen Ufer komplett unbewohnt sind. Dadurch erhöhen sich Ihre Chancen auf Rettung wesentlich. Reisen Sie möglichst nicht bei Nacht mit dem Floß weiter.

Um ein Floß zu bauen, müssen Sie an die notwendigen Materialien gelangen und wissen, dass es die Mühe wert ist. Sie benötigen Holz, das genug Auftrieb hat, um Ihr Gewicht zu tragen. Besonders gut eignen sich Fichte (in kälteren Regionen), Balsabaum und Bambus. Ölfässer, luftdicht verschlossene Flaschen und Plastikbehälter erhöhen den Auftrieb, gleich wie groß sie sind. Ein Floß für eine Einzelperson muss in der Regel etwa drei bis vier Meter lang und zwei Meter breit sein. Mit einem zusätzlichen Schwimmkörper, einem sogenannten Ausleger, erhöht man auf einfache Weise sowohl Auftrieb als auch Stabilität.

Ein Paddel herstellen

Konstruieren Sie ein Paddel oder eine Stake. Weiches, biegsames Holz wie z. B. von einer Weide, kann man gut in die grobe Form eines Paddelblattes bringen. Es bietet dem Wasser mit seiner größeren Oberfläche mehr Widerstand und sorgt so für mehr Vortrieb. Das Paddelblatt sollte eine »Tropfenform« haben und an der breitesten Stelle etwa 30 cm messen. Beziehen Sie das Paddelblatt mit Leder (Tierhaut), Stoff (Shirt) oder einem anderen verfügbaren Material, und schnüren Sie es an einen Schaft. Ist das Wasser flach genug zum Staken, besorgen Sie einfach einen geraden Stock. Am besten eignen sich Bambus oder Harthölzer.

Nutzen Sie die Strömung und die Kraft des Flusses, um vorwärts zu kommen.

In heißen Gegenden und auf offener See kann es notwendig sein, ein Sonnensegel zu bauen. Es sollte abhängig von den vorhandenen Materialien und dem benötigten Aufwand wenigstens das Gesicht vor der Sonne schützen, wenn möglich auch größere Teile des Körpers. Außerdem brauchen Sie ein behelfsmäßiges Paddel oder eine Stake.

Bauen Sie das Floß in Wassernähe, am besten oberhalb eines steilen Ufers oder einer natürlichen Hochwassermarke. Es ist einfacher, die einzelnen Materialien zum Bauplatz zu bringen, als ein schweres komplettes Floß zum Wasser zu ziehen.

Befestigen Sie Ihre gesamte Ausrüstung sorgfältig am und auf dem Floß. Improvisieren Sie eine Art tragbaren Auftriebskörper für den Fall, dass Sie vom Floß fallen und abgetrieben werden. Dies verleiht Ihnen auch etwas mehr Sicherheit, falls Sie Ihre Schwimmfähigkeiten nicht gut einschätzen können. Ziehen Sie ein nicht allzu großes Holzstück oder einen gefüllten Wasserbehälter in einiger Entfernung hinter dem Floß her. Dies erleichtert es, den Kurs beizubehalten und die Front stets stromabwärts zu halten. Achten Sie darauf, dass Sie die Befestigung im Bedarfsfall schnell und einfach lösen oder durchschneiden können.

Befestigen Sie Behälter auf Ihrem Floß, um Regenwasser aufzufangen.

Horchen Sie auf die Geräusche des Wassers flussabwärts. Das laute Tosen von Wasser, das über eine hohe Kante stürzt oder durch eine Ansammlung von Felsblöcken strömt, signalisiert Gefahr, sodass Sie besser an Land gehen und den weiteren Weg erst einmal zu Fuß auskundschaften. Sie sollten immer in der Lage zu ein, das Floß zügig ans Ufer ziehen zu können.

Ein Hochseefloß bauen

Die Art des Floßes hängt von den verfügbaren Materialien und Werkzeugen, der Art des Gewässers und voraussichtlichen Reisedauer ab. Nutzen Sie Ihren Verstand, gute Schnüre und Auftriebsmittel, um ein effektives Floß zu bauen.

1 Strandgut zu sammeln hat oberste Priorität. Es ist erstaunlich, was man dabei alles finden kann.

2 Besorgen Sie genug Stämme oder Bambusrohre in der richtigen Länge, und ordnen Sie sie so an, dass sie dem Grundriss des Floßes entsprechen. Schnitzen Sie dann auf gleicher Höhe, jeweils rund einen Meter vom oberen und unteren Ende entfernt, Kerben in die Ober- wie Unterseiten der Baumstämme. Diese Kerben sollen verhindern, dass die Querstangen verrutschen. Wenn Sie Bambusrohre benutzen, können Sie auch Löcher bohren statt Kerben zu schnitzen. Stecken Sie dann ein weiteres Bambusrohr durch diese Löcher, um die Längsrohre damit zusammenzuhalten.

3 Binden Sie die Grundfläche des Floßes mit sorgfältig mit geeigneten Knoten (vgl. S. 63) zusammen – sie muss sicher und stabil sein.

4 Nun benötigen Sie zwei schmalere Stämme, die oben und unten an der Vorder- und Rückseite in die Kerben eingepasst werden. Je nachdem, wie viel Druck notwendig ist, um die Stämme zusammenzuhalten, kann es erforderlich sein, das Floß in der Mitte mit zwei weiteren Querhölzern zu stabilisieren. Achten Sie darauf, dass diese Querhölzer das Floß auf beiden Seiten um etwa 25 cm überragen.

5 Falls Sie zusätzliche Auftriebskörper – z. B. Flaschen, Styropor, Bojen, Fender o. Ä. – gefunden haben, befestigen Sie diese an der Grundfläche.

7 Prüfen Sie in regelmäßigen Abständen die Tragkraft des Floßes.

6 Binden Sie die Querstangen an allen vier Ecken fest zusammen, sodass kein Stamm verrutschen kann. Benutzen Sie Schnüre, Ranken oder Seile, um die Stabilität zu erhöhen. Bauen Sie einen Ausleger und befestigen Sie zusätzliche Auftriebshilfen.

8 Stellen Sie mithilfe großer Blätter ein Überdach her, das einen gewissen Schutz bietet.

Das fertige Floß

LAGER-BAU

Ob auf einer geplanten Tour oder in einem unerwarteten Survival-Notfall – eine Ihrer ersten Prioritäten wird sein, Schutz zu finden bzw. ein Lager zu errichten. Bei längeren Outdoor-Aufenthalten müssen Sie in jedem Fall in der Lage sein, ein Lager zu errichten, das Schutz, Bequemlichkeit, ein Gefühl von Sicherheit und hygienische Zustände bietet. Letztlich hängt Ihr Überleben davon ab. Dafür brauchen Sie gewisse obligatorische Fähigkeiten bzw. Fertigkeiten. Wie Sie Ihr Lager organisieren, ist von entscheidender Bedeutung, insbesondere wenn Sie nicht allein unterwegs sind. In einer Gruppe ist der Lagerbau Teamwork.

Feuer machen

Es ist aufwändig, ein Feuer zu entzünden und aufrechtzuerhalten. Auch wenn es bei einem Notfall zunächst andere Prioritäten geben mag, wird ein Feuer früher oder später unverzichtbar sein. Feuer bietet Ihnen:

- Wärme
- Licht
- Schutz
- Signalmittel
- gekochtes Essen
- sterilisiertes Wasser
- konservierte, geräucherte Nahrung
- trockene Kleidung
- gehärtetes Holz zur Waffenherstellung
- Insektenschutz

Feuer sorgt auch für Wohlbefinden und stellt einen Fixpunkt dar. Sogar in heißen Klimata habe ich Leute dabei beobachtet, wie sie ihre Hände ans Feuer hielten, einfach um dessen Wärme zu spüren.

In einigen Umgebungen ist es sehr schwer, ein Feuer zu entzünden, in manchen sogar nahezu unmöglich. Ohne die folgenden drei Komponenten wird es Ihnen jedoch nie gelingen: Sauerstoff, Energie und Brennstoff. Gleich ob Sie Streichhölzer, Feuerzeug oder improvisierte Entzündungsmethoden nutzen, müssen Sie zunächst ein paar Vorkehrungen treffen.

- Suchen Sie einen geeigneten Ort für die Feuerstelle, geschützt, aber mit guter Luftzufuhr.
- Bereiten Sie die Stelle auf Ihr jeweiliges Vorhaben vor (Kochen, Wärmeerzeugung, Signalgebung usw.).

Survival-Tipp

Allzu oft schlafen erschöpfte, durchnässte Menschen am Feuer ein, nachdem sie es mit hohem Energieaufwand in Gang gebracht haben. Am Morgen regnet es dann vielleicht und das kostbare Feuer ist erloschen. Es ist daher ungemein wichtig, genügend Brennstoffvorräte anzulegen, das Feuer zu unterhalten und Tag und Nacht zu schützen.

Errichten Sie einen »Reflektor«, hoch genug, um die Wärme des Feuers in Ihre Schutzbehausung zu leiten.

- Lassen Sie genügend Raum ums Feuer, damit Sie sich daran aufwärmen und es unterhalten können.
- Bereiten Sie den Untergrund der Feuerstelle vor. Entfernen Sie Blätter und andere Bodenbeläge, die Funken fangen und das Feuer verbreiten könnten. Entfernen Sie ebenfalls überhängendes Blattwerk. Schnee muss vollständig geräumt oder mit einer Plattform aus Holzstämmen bedeckt werden, damit das Feuer nicht einsinkt.
- Legen Sie, falls notwendig, einen Windschutz oder Graben an. Achten Sie aber auf eine ausreichende Luftzufuhr.
- Errichten Sie einen Reflektor nah am Feuer, um die Wärme in die gewünschte Richtung zu leiten, etwa zu Ihrem Biwak. Der Reflektor muss mindestens so hoch wie Ihr Feuer sein. Felswände oder große Blöcke können als natürliche Reflektoren dienen.
- Wenn der Boden besonders feucht oder sumpfig ist, müssen Sie ebenfalls eine Plattform konstruieren.
- Legen Sie bereit, was Sie sonst noch benötigen, etwa Kochutensilien, Steine zum Erhitzen, Wasser oder Nahrung zum Kochen.
- Sammeln Sie dann die drei wichtigen Materialien zum Entfachen eines Feuers: Zunder, Anfeuermaterial und Brennholz.

Fuzz-Stick

Schneiden Sie dünne Streifen Holz ab, ohne sie vom Ast zu trennen. Dieser Fuzz-Stick (»Tannenbäumchen-Stock«) fängt leicht Feuer.

Zunder

Zunder wird zum Entzünden des Feuers gebraucht. Er besteht aus leicht entflammbarem Material, das schon ein einzelner Funke zum Glühen bringen kann. Zunder sollte aus feinem, lockeren Material mit viel Lufteinschlüssen bestehen: Holzspäne, kleine, trockene Vogelnester, bestimmte Mose und Pilze. Geeignete Haushaltsmaterialien wären etwa Watte und Hanfseilfasern. Zunder muss trocken sein, sammeln Sie ihn daher immer, wenn sich die Gelegenheit bietet. In feuchten Gegenden finden Sie womöglich in Höhlen Zunder.

Manche robust wirkende Baumpilze können gut als Zunder geerntet werden, zum Beispiel von Birken oder Ebereschen. Sie schwelen häufig gut und eignen sich auch zum Transportieren von Glut. Balkenblättling heißt etwa ein grober, harter Baumpilz. Brechen Sie ihn auf und schaben Sie die innere Schicht als Zunder ab. Einer der am besten geeigneten Baumpilze heißt sogar Zunderschwamm. Er wächst an lebenden Birken und Buchen und sieht krümelig aus. Höhlen Sie den Pilz leicht aus und sammeln Sie darin ein paar von dem Pilz gekratzte Späne. Solche Späne vom Zunderschwamm oder auch vom Kohlenkugelpilz geben guten Zunder ab.

Kleine Späne von der Rinde harziger Bäume glühen häufig auch leicht. Nadelbaumharz gibt einen hervorragenden Feuerstarter ab. Noch leichter entzündlich als luftgetrocknete Kiefernharzklumpen ist das flüssige Harz, das aus Harzblasen gewonnen werden kann. Die getrockneten Klumpen eignen sich gut für Fackeln.

Ebenfalls als Zunder eignen sich:

- Kokosnussschale und die Schale einiger Palmen.
- Dünne, feine Streifen von der äußeren Bambusrohrschicht, die mit einem Messer oder anderen scharfen Gegenstand gewonnen werden können.
- Nistmaterial von Termiten.
- Nistmaterial kleiner Nagetiere (insbesondere aus regengeschützten Nestern).
- Organisches Material aus Höhlen. Manche Tiere verzehren oder lagern Nahrung in Höhlen. Suchen Sie daher tief und gründlich, ggf. mit einer Fackel. Merken Sie sich jedoch den Weg hinaus!
- Streifen von Gummireifen heizen ein Feuer gut an. Sie brennen auch nass, allerdings braucht es in dem Fall anderen, trockenen Zunder. Es sei denn, Sie können die Streifen mit Brennstoff tränken.
- Daunen aus Ihrem Schlafsack oder trockenes textiles Gewebe lassen sich mit einem Funken entzünden.
- Bauchnabelflusen.

Zunderschwamm.

Kohlenkugelpilz.

Anfeuermaterial

Es bringt das Feuer in Gang. Es sollte fein und trocken sein, aber mehr Substanz haben als Zunder. Mit einem Streichholz würde es sich nicht entzünden lassen, aber die von dem Zunder generierte Hitze reicht aus. In diesem Stadium ist die Luftzufuhr wichtig. Blasen Sie das Feuer evtl. vorsichtig an. Anfeuermaterial können zum Beispiel Reisig, kleine Streifen von Baumrinde oder trockenes Gras und Farn sein.

Brennholz

Es besteht aus größeren Holzscheiten, die das Feuer lange aufrechterhalten. Platzieren Sie zunächst kleine Holzscheite auf dem brennenden Anfeuermaterial. Bauen Sie das Feuer dann allmählich zu der gewünschten Größe auf. Aus den kleineren Ästen können sogenannte Fuzz-Sticks geschnitzt werden – die »Holzfedern« werden dabei nicht vollständig von dem Ast getrennt.

Generell gilt: Je schwerer das Holz, desto länger und heißer brennt es. Leichte, weiche Hölzer brennen schnell ab. Schwere Hölzer sind etwa Eiche, Buche und Birke. Fichte, Kiefer oder Zeder bestehen aus leichtem Holz.

Feuchtes Brennholz eignet sich gut für Signalfeuer, da es viel Rauch produziert. Bereiten Sie alles entsprechend vor, bevor Sie das Feuer entzünden.

Feuer entzünden

- Lockern Sie eine gute Handvoll trockenen Zunder auf, um Luft hineinzulassen.
- Bringen Sie den Zunder mit einem Streichholz, Feuerstahl, einer Linse oder improvisierten Technik (s. S. 58) zum Glühen. Er wird vermutlich zunächst qualmen, sollte aber eine Flamme entwickeln, wenn Sie sanft hineinblasen. Sorgen Sie zuvor dafür, dass Sie Anfeuermaterial griffbereit haben.
- Errichten Sie eine Reisig-Pyramide über dem Zunder, wobei Sie eine Lücke für die Luftzufuhr und zum

Hineinblasen lassen. Ersticken Sie das Feuer nicht, indem Sie zu viel Anfeuermaterial darauf häufen.

- Heizen Sie das Feuer weiter an, bis es richtig brennt.
- Platzieren Sie die kleineren Holzscheite pyramidenförmig in der gewünschten Form, wieder ohne das Feuer zu ersticken. Pflegen Sie das Feuer so lange, bis es verlässlich erscheint und allein gelassen werden kann.
- Unterhalten Sie Ihr Feuer, indem Sie beständig für einen guten Holzvorrat und kontinuierliche Luftzufuhr sorgen. Schützen Sie es bei Bedarf vor Niederschlag und Wind. Lagern Sie Ihre Brennholzvorräte so nahe am Feuer, dass sie trocknen können, jedoch kein Feuer fangen! Suchen Sie ggf. einen trockenen Lagerplatz für das Holz.

Feuer transportieren

Bald nachdem Sie mit viel Mühe ein Feuer in Gang gebracht haben, müssen Sie womöglich weiterziehen. Wenn Sie keine Streichhölzer, Feuerzeuge oder Feuerstahl dabei haben, kann es sinnvoll sein, Teile Ihres Feuers mitzunehmen. Trocknen Sie Zunder, solange Ihr Feuer brennt. Sammeln Sie Kohlen, die ausreichend abgekühlt sind und die Sie für Ihr nächstes Feuer verwenden können.

Glut können Sie in trockenem, dicht verpacktem Moos oder Gras, in Tierhörnern oder -knochen oder der Rinde mancher Bäume transportieren. Schwingen Sie das Behältnis unterwegs hin und her, um Luft zuzuführen. Sehen Sie regelmäßig nach der Glut, evtl. muss sie zwischendurch angeblasen werden. Falls Ihnen eine Dose oder etwas Metall als Transportgefäß zur Verfügung steht, polstern Sie es mit trockenem Moos, Gras oder halbverkohlten Lumpen aus. Legen Sie die Glut hinein und bedecken Sie sie.

Behelfsmäßige Fackeln

Wenn Sie keine batteriebetriebene Lampe haben, kann eine selbst gefertigte Fackel Licht spenden, insbesondere, wenn Sie in eine Höhle gehen oder bei Nacht angeln wollen. Sie kann außerdem Ihrem Schutz dienen.

Bauen Sie Ihre Fackel, wenn möglich, aus langsam verbrennenden Materialien. Tränken Sie sie mit Benzin, falls vorhanden. Befestigen Sie das Brennmaterial mit Draht sicher an einer Halterung. Dafür eignet sich ein frisch geschnittener Ast, der schwer Feuer fängt. Reichern Sie die Fackel mit Kiefernharz an, damit sie langsamer abbrennt. Seien Sie vorsichtig mit stark qualmenden Stoffen oder Material, das herunterfallen und entflammen kann, wie etwa Plastik.

Für eine Fackel aus Naturmaterialien schneiden Sie sich einen etwa 1,5 m langen Stab von ca. 6 cm Durchmesser zurecht. Spalten Sie die Spitze des Stabs der Länge nach in vier 30 cm lange Scheite auf. Das geht gut mit Bambus (spalten Sie das Rohr bis zum ersten Knoten auf). Klemmen Sie entflammbares Material zwischen die Scheite, etwa Harzklumpen, trockenes, totes Holz, Palmen- und Kokosnussschale, trockene Rinde, ausgelassenes Tierfett und/oder trockene Gräser. Stecken Sie alles gut fest, aber reservieren Sie etwas Raum für die Luftzufuhr. Lassen Sie oben ein Stück frei, sodass Sie die vier Enden zusammenbinden und dadurch alles fixieren können. Nehmen Sie dafür Draht, denn er brennt nicht durch. Nehmen Sie weiteres Brennmaterial mit, um die Fackel zu erneuern, oder bauen Sie mehrere Fackeln.

1

2

3

Feuer sägen

1 Schlagen Sie mit einer Machete ein etwa 1 m langes und 8-10 cm dickes Bambusrohr. Spalten Sie es längs in zwei Teile. Dünnen Sie eine Hälfte weiter aus. Klemmen Sie das halbe Bambusrohr aufrecht zwischen Ihrem Bauch und dem Boden ein, nutzen Sie dafür ein flaches Stück Holz zu Ihrem Schutz und einen Stein auf dem Untergrund. Die scharfen Ränder sollten von Ihnen wegzeigen. Dies ist Ihre Basisleiste.

2 Schaben Sie ein paar fluffige Späne ab und machen Sie ein Zundernest daraus.

3 Fixieren Sie das Zundernest in der zweiten Bambushälfte, indem Sie es mit den Fingern unter einem kleinen Span oder eine Ranke festklemmen. Beides muss trocken sein. Alternativ verwenden Sie ein Stück Schnur oder einen Textilstreifen.

4 Lehnen Sie sich auf die Basisleiste, halten Sie die andere Bambushälfte quer dazu und reiben Sie sie kräftig auf und ab, wobei Sie weiter den Zunder fixiert halten. Die so erzeugte Reibung sollte das Zundernest zum Schwelen bringen. Blasen Sie es vorsichtig weiter an, legen Sie Zunder nach und entzünden Sie das Anfeuermaterial.

Survival-Tipp

Es braucht vielleicht ein paar Modifikationen, bis die Reibungshitze optimal bei dem Zundmaterial ankommt. Variieren Sie mit dem Reibestab. Es kostet Zeit und Geduld, um mit der Bambussäge ein Feuer in Gang zu bringen.

Feuer bohren

Vielleicht werden Sie Feuer zur Signalgebung, zum Kochen, Sterilisieren oder als nächtlichen Wärmespender brauchen. Am einfachsten realisieren Sie das mit Brennstoff aus einem Fahrzeug. Wenn das nicht vorhanden ist, benötigen Sie eine Alternative. Bevorzugen Sie trockenes, relativ weiches, aber stabiles Holz. Auch totes Holz brennt gut, wenn es noch nicht zu stark zersetzt ist. Ohne Streichhölzer entfachen Sie ein Feuer so:

1 Sammeln Sie Zunder und Anfeuermaterial. Suchen Sie sich zwei jeweils 30 cm lange Stöcke. Einer von beiden sollte als »Bohrbrett« etwa 4–5 cm stark sein, der »Bohrer« selbst nur etwa 2 cm.

- Kerben Sie nahe dem einen Ende eine kleine V-förmige Rille in das Bohrbrett. Darin fangen Sie die schwelende Glut, um Sie auf den Zunder zu verbringen.
- Legen Sie das Bohrbrett auf einen harten Untergrund. Setzen Sie den Bohrer in der Kerbe an und beginnen Sie damit, ihn zwischen Ihren Handflächen zu drehen.

Survival-Tipp

Trocknen Sie Ihren Zunder, wenn die Sonne scheint. Trocknen Sie alles, was Funken fangen kann. Lockern Sie das Zundmaterial auf, um es zu durchlüften. Nutzen Sie nicht zu viel auf einmal, eine daumengroße Menge sollte ausreichen.

Bereiten Sie Ihre Feuerstelle gut vor, bevor Sie das Feuer entzünden. Schützen Sie sie vor Wind und Regen. Sammeln Sie viele (fast) trockene Brennvorräte und lagern sie dicht am Feuer. Decken Sie Feuerholz für den späteren Gebrauch mit Blättern ab.

2 Allmählich wird sich das Stockende abrunden und in die Vertiefung auf dem Bohrbrett einpassen.

3 Drehen Sie den Bohrer schnell und kräftig, dann wird sich irgendwann ein Funke Glut in und um die V-Kerbe bilden. Machen Sie weiter, bis Sie kontinuierlich Rauch durch die Reibung erzeugen.

4 Blasen Sie sanft in die Glut und geben Sie sie auf den Zunder. Werden Sie nicht ungeduldig, pusten Sie die Glut nicht versehentlich aus. Sie muss vorsichtig genährt werden – vielleicht ist sie Ihre einzige Chance auf ein Feuer! Nehmen Sie die Stöcke mit, wenn Sie weiterziehen, womöglich brauchen Sie sie noch.

Umgang mit dem Messer

Die meisten von uns haben nie beigebracht bekommen, wie man praktisch mit einem Messer oder einer Machete umgeht. In ungeübten Händen jedoch sind beide gefährlich. Auf einer Expedition in Belize vor ein paar Jahren behauptete ein Mitglied unseres Teams, über umfangreiche Dschungelerfahrung zu verfügen. Wir trugen alle Macheten, aber seine war bei Weitem am längsten. Auf dem Weg in den dichten Dschungel wollte er bald die Führung übernehmen, da er es ja »am besten wüsste«. Nach wenigen Stunden hörten wir von vorne einen lauten Schrei. Unser Held hatte mit seiner Machete auf einen Ast eingeschlagen, diesen verfehlt und mit demselben Schwung seine Oberlippe bis auf den Kieferknochen gespalten – eine ernste Verletzung. Zum Glück waren wir noch nicht sehr tief im Dschungel, sodass wir ihn nach einer ersten Notversorgung evakuieren konnten. Es stellte sich heraus, dass er bis dato noch gar keine Erfahrung im Umgang mit der Machete gesammelt hatte!

Ein sicherer Umgang mit Messer und Machete beruht größtenteils auf gesundem Menschenverstand:

- Scheiden und schnitzen Sie immer von sich weg, nicht in Richtung anderer.
- Ein Messer ermöglicht manche ansonsten aussichtslos erscheinende Unterfangen. Allerdings kosten Messerarbeiten wie Schnitzen, Schneiden, Hacken oder Häuten häufig sehr viel Energie, legen Sie daher Erholungspausen ein oder wechseln Sie sich ab.

- Wenn Sie im Sitzen mit dem Messer hantieren, bewegen Sie es von Ihren Beinen weg, insbesondere von Ihren Oberschenkelarterien.
- Seien Sie sehr vorsichtig mit Klappmessern, die sich nicht feststellen lassen. Die Klinge kann einklappen und schwere Verletzungen verursachen.

• WEISE WORTE •

Ich erinnere mich an einen Teamkameraden, der sich auf einen Schlafsack setzte und plötzlich einen Schmerz an seinem inneren Oberschenkel verspürte, nahe seiner Geschlechtsteile. Sein Nebenmann hatte sein Messer auf dem Schlafsack abgelegt und es dort vergessen. Die Klinge zeigte aufgrund einer Falte im Schlafsack nach oben. Wenn sich der gute Mann nur ein paar Zentimeter weiter gesetzt hätte, wäre das noch bedeutend schmerzvoller für ihn ausgefallen!

- Befestigen Sie Ihr Messer am Körper, entweder mit einem Gurt oder einer Scheide.
- Wenn Sie das Messer – oder insbesondere die Machte – ziehen, legen Sie nicht die andere Hand um die Scheide. Die Klinge könnte durch das Futteral schneiden und Sie verletzen.
- Wenn Sie die Machete benutzen, führen Sie kurze Schläge vor Ihrem Körper aus und setzen Sie dabei einen Fuß nach vorn. Schlagen Sie nicht zu schnell und nicht in der Nähe anderer. Ihr Arm sollte dabei möglichst gestreckt sein. Versuchen Sie nicht, geübte Locals nachzuahmen.
- Gehen oder laufen Sie nie mit geöffnetem Messer, wenn es nicht unbedingt sein muss.
- Lassen Sie Ihr Messer nicht herumliegen oder in einem Holzblock oder sonst in irgendetwas stecken. Packen Sie es weg, sobald Sie damit fertig sind.

Messerpflege

Wenn Sie auf Ihr Messer achten, wird es auch auf Sie achten. Prägen Sie sich das einfache Akronym COST ein: Clean, Oil, Sharpen and Tether (dt.: Säubern, Ölen, Schleifen und Sichern).

Nach einiger Zeit wird auch die beste Klinge stumpf. Sie zu schleifen ist eine Ihrer wichtigsten Pflichten. Wenn Sie keinen richtigen Schleifstein haben, kann Sandstein effizienten Ersatz bieten. Quartz oder feinere Granitsteine funktionieren ebenfalls. Reiben Sie die Steine aneinander, um die Oberfläche so weit wie möglich zu glätten. Nehmen Sie den Messergriff in eine Hand und setzen Sie die Fingerspitzen gerade oberhalb der Schneide auf die Klinge, um einen festen Druck auf den Schleifstein auszuüben. Halten Sie die Schneide von sich weg, heben Sie den Rücken etwas an, behalten Sie diesen Winkel bei und schleifen Sie die Klinge dann kreisförmig im Uhrzeigersinn. Schleifen Sie beide Seiten gleich – die andere Seite aber gegen den Uhrzeigersinn. Halten Sie den Schleifstein nass oder verwenden Sie ein leichtes Öl.

Improvisieren

Wenn Sie unerwartet in einer widrigen Lage landen, müssen Sie vielleicht ein Schneidewerkzeug improvisieren. Dafür kommt Folgendes in Frage:

- **Aus Feuerstein (der meist in Kombination mit Kalkstein auftritt) lässt sich leicht eine scharfe Kante zurechtschlagen. Andere geeignete Gesteinsarten, auf die Sie in unterschiedlichen Gegenden treffen, sind Obsidian (ein dunkler, glasähnlicher Vulkanstein), Schiefer und anderes Sedimentgestein.**
- **Manche Muscheln haben scharfe Kanten.**
- **Aus Bambus lassen sich sehr scharfe Kanten fertigen.**
- **Glas kann – falls vorhanden – ebenfalls sehr scharfkantig sein, zudem ist es vielseitig verwendbar, zum Beispiel auch für Speerspitzen.**
- **Horn oder Knochen können zerbrochen und zu einem nützlichen Werkzeug umgearbeitet werden.**

Knoten knüpfen

Es wirkt manchmal so, als gäbe es für jede Tätigkeit mit Seil oder Schnur einen anderen Knoten. Sie alle zu lernen, mag abschreckend und mühselig erscheinen. Das einzige, was es jedoch wirklich braucht, ist einen Knoten knüpfen zu können, der im entscheidenden Moment nicht aufgeht. Es ist immer gut, schnell und effizient arbeiten zu können.

Es ist essenziell, dass ein Knoten zuverlässig seinen Zweck erfüllt. Ebenso wichtig ist es aber, dass Sie ihn später lösen können, damit Sie Ihr Seil oder Ihre Schnur wiederverwenden können. Wenn Sie sich mit Knoten zu schlecht auskennen, werden Sie häufig unnötig viel Seil verwenden oder durch selbst kreierte Knoten verlieren, weil Sie es schließlich kappen müssen, anstatt es zu entknoten. Das ist eine Verschwendung wertvoller Ressourcen.

Wenn Sie bewusst ein Seil auf Ihre Unternehmungen mitnehmen, achte Sie darauf, dass es viele verschiedene Arten gibt, die sich je nach Zweck in Material, Länge, Durchmesser und Abriebfestigkeit unterscheiden.

Es gibt weit mehr als die im Folgenden gezeigten Knoten, für die meisten Anwendungsfälle in Survival-Situationen reichen sie jedoch aus. Üben Sie diese Knoten, bis Sie sie im Schlaf können. Haben Sie ihr jeweiliges Prinzip einmal verstanden, können Sie sie für unterschiedliche Aufgaben anwenden. Manche sind Adaptionen anderer Knoten und womöglich je nach Kontext unter unterschiedlichen Namen bekannt.

Kreuzschlag

Ein guter Stopperknoten, sehr einfach zu knüpfen, aber fest zugezogen schwer zu lösen.

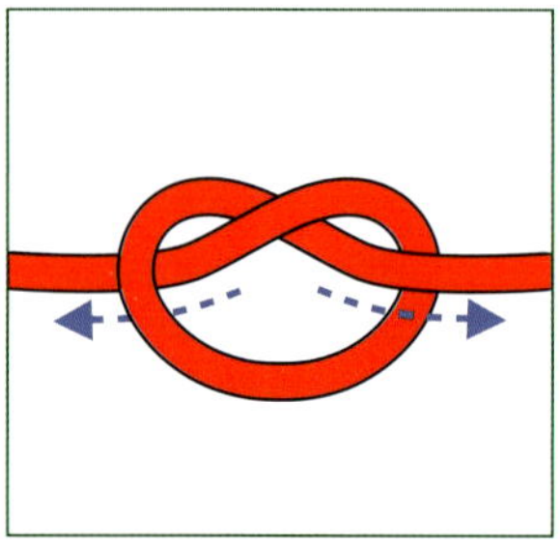

Achterknoten

Sein Vorteil ist, dass er sich auch nach starker Belastung relativ leicht wieder lösen lässt. Mit ihm kann außerdem eine sichere Schlaufe in das Seil gebunden werden. Dazu wird das Seilende entlang des Knotens parallel zurückgefädelt.

Kreuzknoten

Mit ihm lassen sich schnell zwei Seil- oder Schnurenden gleicher Stärke zusammenbinden. Ein sicherer Knoten, jedoch habe ich ihn bei Nylonseilen oder Seilen von sehr unterschiedlicher Stärke schon aufgehen sehen. Lassen Sie die überstehenden Enden lang genug, um einen halben Schlag zu knüpfen; dadurch erhöhen Sie die Sicherheit des Kreuzknotens. Ziehen Sie den Knoten an, so fest Sie können, bevor Sie ihn belasten.

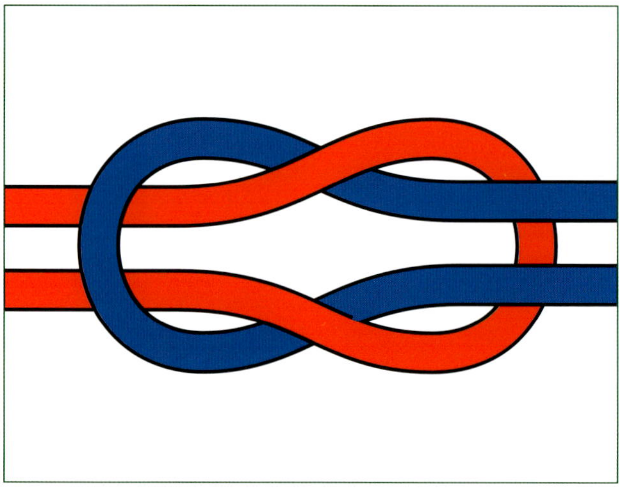

Mastwurf

Lässt sich schnell anbringen und gut wieder lösen. Er kann sich aber bei Belastung aus unterschiedlichen Richtungen oder wenn er nicht unter Spannung steht unbeabsichtigt lockern.

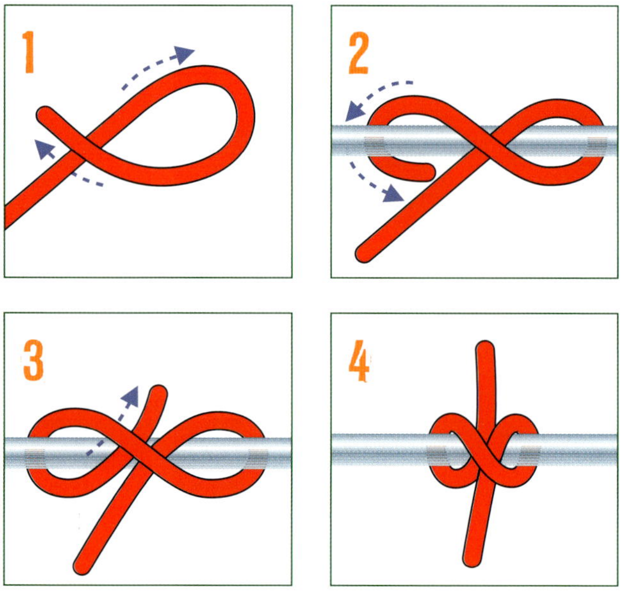

Palstek

Eine sichere und einfache Methode zum Knüpfen einer festen Schlaufe. Nützlich, wenn Sie ein Ende des Seils um einen Gegenstand legen wollen, der von oben nicht zugänglich ist. Üben und knüpfen Sie den Knoten sorgfältig, bevor Sie ihn unter Stress anwenden.

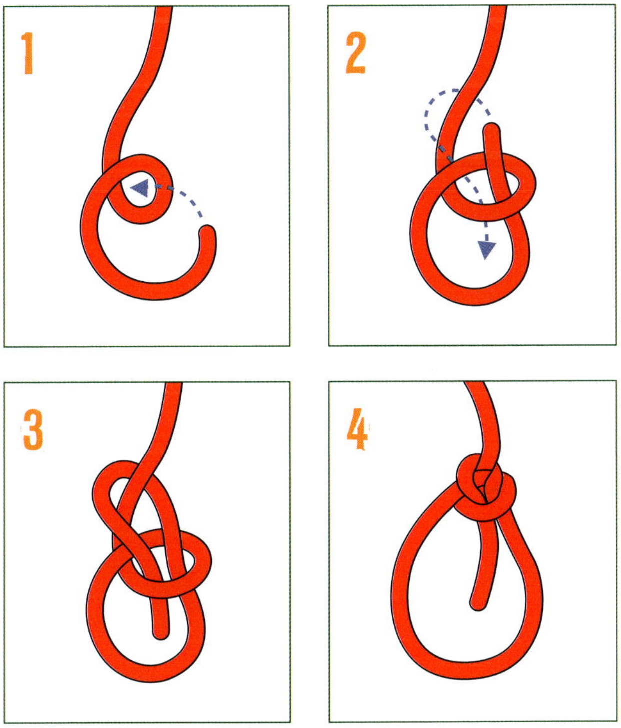

Konstriktorknoten

Dieser Knoten lässt sich extrem fest schnüren. So fest, dass er häufig gekappt werden muss, wenn er doch wieder gelöst werden soll. Holz beispielsweise kann er so eng zusammenschnüren wie eine Schraubzwinge.

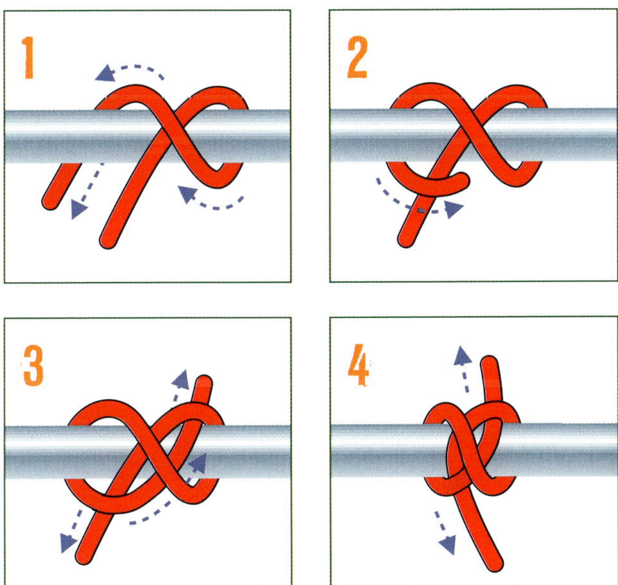

Seilspanner (auch: Fuhrmannsknoten)

Mit ihm kann ein behelfsmäßiger Flaschenzug gebaut werden, der es ermöglich, ein Seil, eine Liane oder Ähnliches recht einfach aufzuspannen. Er ist auch allein sicher anzuwenden und bietet eine Krafteinsparung von ca. 3:1. Mit einem Holzpflock im Knoten lässt sich verhindern, dass er sich unter Belastung zuzieht. Zerbrechen oder ziehen Sie den Pflock heraus, dann bleibt Ihnen die Mühe erspart, einen festgezogenen Knoten zu lösen.

1 Legen Sie eine einfache Schlaufe.

2 Bilden Sie mit der rechten Hand eine Bucht.

3 Führen Sie die Bucht durch die Schlaufe.

4 Stecken Sie ein stabiles Holz durch die Bucht.

5 Legen Sie das Seil um einen Anker und fädeln Sie das andere Ende durch die freie Schlaufe.

6 Spannen Sie das Seil.

Stopperstek

Dieser Knoten leistet Ihnen gute Dienste, wenn Sie Ihre Hängematte für eine »nervöse Dschungelnacht« sicher anbringen wollen. Er ist einfach zu knüpfen und zu lösen, auch wenn er Ihr Gewicht eine Nacht lang getragen hat.

1 Wickeln Sie das Seil um einen Fixpunkt.

2 Legen Sie von oben nach unten 2–3 weitere Schlaufen.

3 Holen Sie das kürzere Seilende ein, für gewöhnlich mit der rechten Hand.

4 Führen Sie das kürzere Ende mit der linken Hand über die bestehenden Schlaufen um den Fixpunkt.

5 Wiederholen Sie den letzten Schritt und fädeln Sie das Seilende dann unter der obersten Schlaufe durch.

6 Ziehen Sie das längere, das zu belastende, Seilende an.

Schlittenknoten

Dies ist ein ausgezeichneter Befestigungsknoten. Er eignet sich gut, um Flöße zu bauen, Schlitten zu reparieren oder für alle Arten von stabilen, verlässlichen und nahezu permanenten Verbindungen per Seil. Sein Nachteil ist, dass er sich, einmal festgezogen, kaum wieder lösen lässt. Um das Seil zu retten, muss es gekappt werden. Auf unserer Südpolexpedition auf den Spuren von Robert Scott verwendeten wir nur Ausrüstung, wie sie zu seiner Zeit üblich war, inklusive der Schlitten. Wir hatten kein oder nur sehr wenig Seil und mussten die Schlitten mit dünnen Lederstreifen zusammenhalten und reparieren. Der Schlittenknoten war dabei unverzichtbar.

1 Legen Sie ein paar Schlaufen um den Fixpunkt (oder um was auch immer Sie zusammenbinden wollen).

2 Führen Sie das kurze Seilende von oben um das lange Ende herum und überkreuzen Sie.

3 Wickeln Sie es noch dreimal herum und dabei von sich weg.

4 Führen Sie das kurze Ende durch die äußere, große Schlaufe hindurch.

5 Fädeln Sie es dann durch zwei der kleinen Schlaufen zurück …

6 … über die dritte Schlaufe und durch die vorderste.

7 Schieben und ziehen Sie den Knoten zusammen, sodass er gut und fest sitzt.

Herstellung von Seilwerk aus Naturmaterialien

Viele unserer stabilsten Seile sind aus natürlichen Materialien gefertigt. Bestimmte Ranken, Gräser, Baumrinden und tierische Materialien eignen sich dafür, auch wenn Sie meist mehrere Fasern zusammenflechten müssen, um Schnüre ausreichender Stärke zu erhalten. Achten Sie auf folgende Eigenschaften:

- Das Material ist so flexibel, dass es sich verknoten lässt, ohne zu splittern oder zu brechen.
- Testen Sie mit maximaler Kraft die Zugbelastung; es sollte standhalten.
- Es trocknet nicht zu schnell aus bzw. wird nicht zu schnell spröde.
- Jegliches faseriges Pflanzenmaterial kann nützlich sein.

Einige Beispiele geeigneter Materialien:

- In wüstenähnlichen Gegenden lassen sich aus Rauschopf, Agavengewächsen und insbesondere der Yuccapflanze Fasern gewinnen. Ernten Sie die Blätter und erhitzen Sie sie über heißen Kohlen, bis sie Blasen werfen. Zerstampfen Sie sie mit einem runden Stein und entfernen Sie verbliebenes Fruchtfleisch. Extrahieren Sie die fadenähnlichen Fasern und bearbeiten Sie sie. Flechten Sie sie zusammen, um eine stärkere Schnur zu erhalten. Yuccablätter können Sie für denselben Effekt auch kochen und zerkauen.

Survival-Tipp

Wenn Sie Pflanzenstiele zerteilen, um daraus Seilmaterial zu gewinnen, achten Sie darauf, wirklich die volle Länge zu erhalten. Wird ein Strang merklich dicker als der andere, ziehen Sie beim Splitten an dem kräftigeren.

- Im Dschungel gibt es viele geeignete Pflanzen und Ranken. Besonders Rotang-Lianen (Rattan) geben starkes und flexibles Seilmaterial ab. Sie sind lang und verbreiten sich durch den Dschungel, indem sie sich mit scharfen, kleinen Haken anheften. Junge Triebe können roh, gegart oder gekocht auch gegessen werden.
- Teile vieler Palmen können verarbeitet werden. Blätter, Stämme und Stiele lassen sich manchmal nutzen. Besonders eignet sich die Schale der Kokosnuss.
- Disteln können gut zu Schnüren verarbeitet werden. Entfernen Sie Blätter und Stacheln. Suchen Sie alte, bevorzugt trockene Pflanzen. Breiten Sie sie aus und splitten oder knicken Sie einzelne Abschnitte, um das Mark herauszuholen. Sie können Sie auch mit einem runden Stein bearbeiten, um das Mark freizulegen. Achten Sie dabei aber darauf, den Stängel nicht zu sehr zu beschädigen. Falls notwendig, zerteilen Sie größere Disteln vor dem Flechten.
- Weichen Sie Nesseln einen Tag lang ein, bevor Sie das Mark entfernen und die Pflanzen trocknen lassen. Dadurch sollten die Halme biegsam werden. Die Blätter der Nessel stechen Sie nicht, doch die feinen Haare an den Stielen können Hautirritation verursachen. Sammeln Sie ausreichend Halme und flechten Sie sie straff zusammen.

- Aus der Rinde einiger Bäume lässt sich Seilmaterial gewinnen. Weide ist besonders geeignet. Ernten Sie die Rinde junger Bäume und zerteilen Sie sie in Streifen, um sie zu flechten. Sie können auch Wacholder verwenden, aber Weide ist besser.
- Baumwurzeln können zum Seilmachen taugen, jedoch müssen geeignete Exemplare mühselig gesucht und ausgegraben werden. Am besten lassen sich Nadelholzwurzeln verarbeiten. Verschwenden Sie aber nicht zu viel Zeit mit dem Graben – womöglich finden Sie andere, leichter zu gewinnende Materialien.
- Tierhäute und -sehnen eignen sich sehr gut. Ihre Verwendung als Seilmaterial bedeutet außerdem die sinnvolle Nutzung einer Ressource, die Sie nicht essen und daher ansonsten verschwenden würden. Je größer das Tier, desto besser. Falls möglich verarbeiten Sie die Sehnen nass, da sie sich beim Trocknen verkürzen und härter werden. Dadurch verfestigt sich das Geflecht. Amerikanische Ureinwohner haben mit Sehnen ihre Pfeilspitzen am Schaft befestigt. Tierhäute müssen längere Zeit getrocknet und bearbeitet werden, um daraus Seil herzustellen. Die Bearbeitung ist recht anstrengend, lässt sich aber durch die Verwendung von Öl erleichtern. Denken Sie an Leder!

Gutes Seilwerk, gleich ob industriell oder behelfsmäßig aus Naturfasern hergestellt, sollte stark, lang und biegsam sein.

Flechten

Durch das Zusammenflechten mehrerer Stränge gewinnen Sie eine deutlich stärkere Schnur als durch das bloße Bündeln. Nehmen Sie drei dünne, etwa gleichlange Stränge und binden Sie sie an einem Ende mit einem Kreuzschlag zusammen. Befestigen Sie den Knoten irgendwo, klemmen Sie ihn zwischen die Zähne oder lassen Sie ihn von jemand anderem festhalten. Flechten Sie die Stränge straff zusammen, sodass kein Licht hindurchschimmert.

Allgemeine Schutzunterkünfte

Gleich in welcher Umgebung Sie eine Notunterkunft errichten: Gehen Sie überlegt vor, und geben Sie sich Mühe bei der Standortwahl. Sie sparen am falschen Ende, wenn Sie mit geringstem Aufwand einen Unterstand errichten, der bei den ersten Winden oder Niederschlägen einstürzt. Insgesamt haben Sie dann durch den Wiederaufbau die doppelte Arbeit – und dies womöglich unter unangenehmen Bedingungen. Beachten Sie folgende Grundsätze:

- Wählen Sie einen Standort, der einen natürlichen Schutz gegen die Elemente bietet.
- In der Nähe sollte Wasser sein.
- Denken Sie an Rettungsmannschaften: Seien Sie möglichst sichtbar.
- Errichten Sie den Eingang an einer wind- und wettergeschützten Seite.
- Bauen Sie an exponierten Orten einen Windschutz für Sie, Ihren Unterschlupf und Ihr Feuer.
- Verwenden Sie starke, noch nicht morsche Materialien für das Gerüst Ihrer Unterkunft. Weniger tragende Elemente dürfen auch älter und stärker kompostiert sein.
- Nehmen Sie sich Zeit für das Grundgerüst. Fixieren Sie es mit einer möglichst starken Schnur oder Naturfaser.
- Meiden Sie durch Überflutung, Lawinen, Schneeverwehungen, Blitzeinschlag, Steinschlag oder starke Winde gefährdete Orte.
- Errichten Sie Ihren Unterschlupf möglichst so, dass Sie eventuelle Rettungsaktionen, potenzielle Nahrungsquellen und Gefahren im Blick haben.
- Bauen Sie Ihren Unterschlupf an einem ruhigen Ort. Auf die Weise können Sie Rettungsaktionen, Tiere oder aufziehendes Schlechtwetter hören.
- In kalten Umgebungen meiden Sie Talsenken und Mulden. Sie kühlen nachts am stärksten ab, denn kalte Luft sinkt nach unten.
- Versuchen Sie, Ihre Schlafstätte vom Boden zu distanzieren, oder isolieren Sie sie so gut wie möglich.
- Schlafen Sie auf abschüssigem Gelände mit dem Kopf nach oben bzw. höher gelagert als die Füße. Nach langen Märschen verschafft es allerdings Erleichterung, die Beine hochzulegen. Dadurch können sie abschwellen. Mir hilft das nach Überbeanspruchungen.

1 Besorgen Sie sich drei gute, stabile Stämme. Treiben Sie einen senkrecht in den Boden. Dieser sollte sich nach Möglichkeit am oberen Ende gabeln. Legen Sie die zwei längeren Stämme in die Gabel und binden Sie alle drei Enden fest zusammen.

2 Legen Sie Äste und Zweige an die Seiten und über die zwei Längsstämme. Schichten Sie dünnere Zweige zwischen/über größere Stöcke und schließen Sie so viele Lücken wie möglich.

3 Errichten Sie den Eingang am hinteren Ende der zwei Längsstämme, dort wo sie den Boden berühren. Bedecken Sie die Außenseiten mit dünnen, verästelten Zweigen, die das Laub besser halten. Arbeiten Sie die Zweige in Ihr Gerüst ein.

4 Bedecken Sie den ganzen Unterstand mit Laub. Wenn kein Laub vorhanden ist, nehmen Sie frisches Blattwerk oder Schnee. Falls Sie Plane oder Ähnliches haben, verwenden Sie diese.

Persönliche Hygiene

Nehmen Sie sich am Ende jeden Tages die Zeit, Ihren Körper und den Ihrer Teamkameraden zu überprüfen. Viele gesundheitliche Probleme können durch ausreichende Hygiene vermieden werden. In Survival-Situationen und unter Extrembedingungen ist persönliche Hygiene überlebenswichtig. Ein paar Tipps:

- **Waschen Sie regelmäßig die Hände.**
- **Waschen Sie, falls möglich, wenigstens einmal pro Woche Ihren ganzen Körper. Pflegen Sie insbesondere Achselhöhlen, Füße und empfindliche Körperregionen.**
- **Waschen Sie bei Gelegenheit Ihre Kleidung. Sie muss zu Ihrem Schutz funktionsfähig bleiben.**
- **Sind in Ihrer Umgebung Läuse, Milben oder Flöhe verbreitet, können Sie Ihre Kleidung kochen, um einem Befall vorzubeugen. Suchen Sie haarbedeckte Körperregionen nach diesen Plagegeistern ab.**
- **Halten Sie den Körper stets mit Kleidung bedeckt. Sie wird je nach Umgebung variieren.**
- **UV-Licht tötet die meisten Keime ab und hält Läuse, Milben und Flöhe in Schach. Setzen Sie Ihren Körper bei Gelegenheit für kurze Zeitspannen dem Sonnenlicht aus. Dies gilt auch für Kleidungsstücke.**
- **Lüften Sie Schlafsäcke und Kleidung, falls möglich.**
- **Lassen Sie Luft an Ihre Füße und halten Sie sie trocken. Seien Sie vorsichtig mit dem Lüften, wenn es sehr kalt ist.**
- **Halten Sie Ihr Haar kurz. Abgeschnittenes Haar gibt guten Zunder ab.**
- **Putzen Sie sich die Zähne. Nutzen Sie Rinde oder Zweige, falls Sie keine Zahnbürste haben, jedoch jeweils nur einmal. Baumwolle können Sie als Zahnseide verwenden. Spülen Sie den Mund mit Salzwasser.**
- **Halten Sie das Lager frei von verwesendem Fleisch und menschlichen Ausscheidungen. Vergraben Sie Letzteres ein gutes Stück abseits des Lagers. Dies gilt für alle Umgebungen.**
- **Lassen Sie Nahrung nicht herumliegen; sie lockt Fliegen und Ungeziefer an.**
- **Halten Sie das Essgeschirr sauber. Wenn Gegenstände aus Holz Risse bekommen, setzen sich darin Essensreste ab, die allmählich verwesen.**
- **Unterdrücken Sie nicht aus Scham einen Toilettengang.**
- **Trinken Sie kein unbehandeltes, stehendes Gewässer. Kochen Sie es zuerst ab.**

NAHRUNG FINDEN

Früher oder später kommt der Zeitpunkt, an dem man essen muss. Dies kann auch davon abhängen, wie stark man sich körperlich betätigt. Das Gute ist, dass man weniger braucht als man denkt und dass sich meistens genug in der direkten Umgebung finden lässt. In manchen Umgebungen ist es sicherlich schwieriger, doch alles, was Sie tun müssen, ist die Augen offenzuhalten, nach Nahrung zu suchen und vielleicht die eigenen Empfindlichkeiten beiseite zu schieben. Verschwenden Sie keine Energie, indem Sie Dinge kochen, die auch roh verzehrt werden können, wie z. B. Maden, Heuschrecken und Grashüpfer. Es kann Ihnen – und Ihrem Team – das Leben retten, wenn Sie wissen, wie Sie an Essen gelangen.

Pflanzliche Nahrungsmittel

Wenn Sie sich plötzlich in einer Survival-Situation wiederfinden, schießt Ihnen normalerweise das Adrenalin durch den Körper, und Essen ist das Letzte, woran Sie denken. Aber auch wenn der Körper länger ohne Nahrung als ohne Wasser auskommt, ist es nur eine Frage der Zeit, bis Sie essen müssen – und sei es auch in erster Linie zur psychischen Stärkung. Dann gilt es, die vorhandenen Vorräte zu rationieren und sich Gedanken über Nachschub zu machen.

Ein Mann benötigt durchschnittlich etwa 2500 Kilokalorien pro Tag, um seine Vitalfunktionen aufrechtzuerhalten, also Atmung, Kreislauf und Körpertemperatur. Frauen benötigen hierfür rund 2000 Kilokalorien. Berücksichtigt man zusätzliche körperliche Aktivitäten (Feuermachen, Nahrungssuche, Bau eines Unterstands, Fortbewegung), kann der Verbrauch schnell auf über 4000 Kilokalorien steigen. Verbrennt der Körper mehr Kalorien, als er aufnimmt, verliert man Gewicht und es kommt langfristig zu einer Einschränkung der körperlichen wie geistigen Leistungsfähigkeit. Der menschliche Körper ist auf eine ausgewogene Ernährung angewiesen, um gut und reibungslos zu funktionieren. Vereinfacht gesagt benötigt er fünf Nahrungsbestandteile:

- **Kohlenhydrate** – findet man am häufigsten in Obst, Gemüse und Vollkorn. Kohlenhydrate sind leicht verdauliche und gute, meist langsame Energiespender.
- **Proteine** – findet man in Fisch, Fleisch, Gemüse, Eiern, Nüssen und Hülsenfrüchten. Sie helfen, Körpergewebe aufzubauen und zu regenerieren sowie Enzyme, Hormone und andere Stoffe herzustellen. Sie unterstützen den Körper im Kampf gegen Krankheiten und sind wichtige Bausteine für Ausdauer und Kraft.

Essen Sie auf keinen Fall Tausendfüßer – egal wie verlockend Sie aussehen mögen!

- **Fette** – sind schwerer verdaulich, stellen aber eine länger anhaltende Energiequelle für den Körper dar. Zu finden sind sie in Eiern, Fleisch und Fisch.
- **Vitamine** – stellen dem Körper zwar keine Kalorien zur Verfügung, helfen aber bei der Aufrechterhaltung der Körperfunktionen und sind wichtig für den allgemeinen Gesundheitszustand. Sie sind in fast jedem Nahrungsmittel enthalten, wenn auch in veränderlichen Anteilen.
- **Mineralstoffe** – helfen bei dem Aufbau und der Stabilität von Zähnen und Knochen. Sie unterstützen die Wundheilung und sind unentbehrlich für einige wichtige Organfunktionen. Mineralstoffe sind in fast allen Lebensmitteln enthalten, auch in Wasser.

Genießbarkeitstest für Pflanzen und Pilze – der letzte Ausweg

Der Mensch ist omnivor, das heißt, er ist ein Allesfresser. Daher gibt es in der Pflanzen- und Tierwelt nur wenig, was wir nicht essen könnten und was nicht zumindest einen gewissen Nährwert für unseren Körper bereithält. Das Ziel sollte sein, einige genießbare Pflanzen bestimmen zu können, nicht sämtliche. Wann immer möglich sollte man auf das Wissen von Einheimischen zurückgreifen. Erliegen Sie nicht dem Irrtum, dass eine bestimmte Pflanze für den Menschen essbar ist, nur weil Tiere, Insekten oder Vögel sie fressen – Tiere haben manchmal eine Toleranz für Inhaltsstoffe aufgebaut, die für den Menschen tödlich sein können. Haben Sie große Mengen einer genießbaren Pflanze entdeckt, essen Sie trotzdem nicht zu viel auf einmal. Gewöhnen Sie Magen und Körper zuerst mit kleinen Portionen daran.

Etwas Unbekanntes bzw. Ungewohntes zu essen, stellt immer ein Risiko dar. In Extremsituation, in denen Sie wenige bis keine Wahlmöglichkeiten haben, ist ein Genießbarkeitstest der letzte Ausweg. Meiden Sie in jedem Fall folgende Pflanzen und Pilze:

- Alles was nach Bittermandel, Pfirsich oder säuerlich riecht.
- Pilze oder ähnlich aussehende Pflanzen, es sei denn, Sie sind hundertprozentig sicher, einen essbaren Pilz bestimmen zu können.
- Milchigen oder schwarzen Pflanzensaft.
- Pflanzen mit Pilzbefall.
- Alles was aussieht wie eine schwarze Erbse.

Weitere Grundsatzregeln lauten:

- Bei erheblichen Zweifeln Finger davon lassen.
- Nehmen Sie das Risiko eines Tests nur für den Fall auf sich, dass die Pflanze in einer ausreichend großen Menge vorhanden ist, sonst lohnt es sich nicht.

- Während des Tests und bis zu acht Stunden vorher sollte nichts anderes gegessen werden.
- Nur ein Teammitglied sollte den Genießbarkeitstest machen – und zwar freiwillig! Ein derartiger Test ist das letzte Mittel!

Essen Sie Pilze nur, wenn Sie sie zweifelsfrei als genießbar bestimmt haben.

- Führen Sie das Verfahren komplett durch – kürzen Sie nicht ab!
- Halten Sie große Mengen an Wasser bereit, vorzugsweise heiß.
- Untersuchen Sie die Pflanze sorgfältig.
- Wählen Sie ausschließlich lebende, frische, gewaschene Pflanzen.
- Testen Sie die Pflanze ggf. in dem Zustand, in dem sie verzehrt werden soll: gekocht, geröstet oder roh.
- Zerteilen Sie die Pflanze und probieren Sie nur die Teile, bei denen Sie auf Essbarkeit hoffen.
- Reiben Sie Pflanze und Pflanzensaft auf Ihre Haut und warten Sie ab, ob sich eine Reaktion zeigt.

Haben Sie alle genannten Grundsatzregeln befolgt und ist keine Hautreizung aufgetreten, können Sie zu den nächsten Schritten übergehen:

- Reiben Sie eine kleine Menge über die Innenseite Ihrer Lippe oder platzieren Sie sie dort. Warten Sie fünf Minuten auf mögliche Reaktionen. Schlucken Sie weder Pflanzensaft noch Spucke.
- Legen Sie eine kleine Menge in die Backentasche und warten Sie wieder fünf Minuten.
- Platzieren sie eine kleine Menge auf oder unter der Zunge und warten Sie 15 Minuten. Versuchen Sie, währenddessen nicht zu schlucken.
- Kauen Sie eine Weile auf einem kleinen Stück der Pflanze, behalten Sie es im Mund und spucken Sie es dann aus. Warten Sie 15 Minuten auf mögliche Reaktionen.

Wildfeigen – lecker und nahrhaft.

Die Beeren-Regel

Der Genuss von Beeren kann ernste bis tödliche Folgen haben. Halten Sie sich an die folgenden Grundregeln, doch auch hier gilt: Können Sie die Beere nicht zweifelsfrei bestimmen, führen Sie notfalls den Genießbarkeitstest durch.

- **Grüne, gelbe und weiße Beeren sind aller Wahrscheinlichkeit nach nicht essbar.**
- **Rund 50 % aller roten Beeren sind essbar.**
- **Schwarze, violette und blaue Beeren sind mit einer Wahrscheinlichkeit von etwa 90 % essbar.**
- **Besteht die Beere aus einer Vielzahl kleiner Beeren, wie etwa bei Himbeeren und Brombeeren, ist die Frucht mit einer Wahrscheinlichkeit von über 90 % essbar.**

Dieser Leitfaden dient lediglich einer ersten Orientierung und darf nur in Verbindung mit dem Genießbarkeitstest Anwendung finden.

- Kauen Sie eine kleine Menge der Pflanze gründlich durch und schlucken Sie sie herunter. Warten Sie fünf bis acht Stunden auf mögliche Reaktionen. Essen oder trinken Sie während dieses Zeitraums nichts anderes.
- Haben Sie Holzkohle zur Hand, können Sie diese mit etwas Wasser vermischt oder im Zweifelsfall auch ohne Wasser zu sich nehmen, falls Ihr Magen auf die Pflanze reagiert. Holzkohle kann helfen, das Gift zu absorbieren, und sie kann als Brechmittel wirken.
- Nach der entsprechenden Zeit können Sie eine größere Menge essen und wieder fünf bis acht Stunden warten.

Wenn sich nach diesem letzten Test immer noch keine Reaktion einstellt, kann die Pflanze als essbar gelten. Essen Sie trotzdem mit Mäßigung und weiter vorsichtig. Haben Sie nur einen Teil der Pflanze getestet, muss der Test für jeden weiteren Teil wiederholt werden, bevor man ihn isst.

Insekten und Larven

Jeder von uns hat schon einmal unbewusst ein Krabbeltierchen verschluckt. Verliert man erst einmal den Ekel vor Insekten, können sie im Survival-Fall ein bedeutender Nahrungsbestandteil werden. Gramm für Gramm versorgen sie uns ausgesprochen ausgewogen mit Nährstoffen. Sie sind überall auf der Welt in großen Mengen zu finden, lassen sich einfach fangen, zubereiten und kochen sowie mit anderen Nahrungsmitteln kombinieren.

Grundsätzlich nicht essen sollte man haarige und leuchtendbunte Raupen, Spinnen, Mücken, Zecken oder Fliegen. Meiden Sie Insekten und Larven, die sich von Aas ernähren. Diese eignen sich nur gut als Köder. Auch Tausend- und Hundertfüßer sollten man nicht essen – sie können giftig sein. Vorsicht gilt darüber hinaus bei Schnecken mit farbenfrohem Gehäuse.

Konzentrieren Sie sich bei der Suche nach Insekten vor allem auf den Boden und halten Sie den Aufwand gering. Brechen Sie morsche und verrottende Baumstämme mit dem Messer oder den bloßen Händen auf und suchen Sie sorgfältig nach Termiten, Larven und Käfern. Achten Sie besonders auf versteckte Ecken und Winkel sowie feuchte Stellen. Suchen Sie den Boden und sonnige Hänge nach Ameisen- und Termitennestern ab. Ameisen enthalten große Mengen an Ameisensäure. Rösten oder kochen Sie größere Mengen von ihnen, bevor Sie sie verzehren. Grillen, Grashüpfer und Heuschrecken sind oft gut getarnt, bewegen Sie sich bei der Suche daher langsam und vorsichtig. Motten, Schmetterlinge und andere Fluginsekten fängt man am besten bei Nacht und mithilfe einer Lichtquelle, die sie anlockt. Eine Taschenlampe eignet sich dabei sehr viel besser als ein offenes Feuer, da die meisten Insekten Rauch und Feuer meiden. Bei Käfern sollte man vor der Zubereitung Panzer und große Kiefer entfernen. Bei anderen Insekten empfiehlt es sich, die Flügel sowie dornenbesetzte Beine zu entfernen, bevor man sie roh verzehrt oder kocht.

Großen Maden vor dem Verzehr den Kopf abbeißen.

Meiden Sie Tausend- und Hundertfüßer: Sie können giftig sein.

Beißen Sie großen Maden und Larven den Kopf ab, bevor Sie sie roh essen. Ameisen- und Termitenlarven sind sehr nahrhaft und besonders gut zu essen. Ameisen und Termiten schützen ihre Larven vor zu großer Wärme und Sonne. Brechen Sie also das Nest auseinander und legen Sie die Teile in die Sonne. Die Insekten tragen die Larven dann in den Schatten, sodass Sie sich nur noch bedienen müssen. Schütteln Sie auch ein noch mit Ameisen und Larven gefülltes Nestteil über einer potenziellen Angelstelle aus, so locken Sie mit hoher Wahrscheinlichkeit Fische an.

Survival-Tipp

Ich habe schon Omelett aus Möweneiern mit Würmern, kleingehackten Brennnesseln, rohen Maden und Grashüpfern gegessen. Denken Sie immer daran, dass es Ihnen guttut! Würmer, Schnecken und Nacktschnecken könnten etwas gefressen haben, das für den menschlichen Organismus giftig ist, daher sollten sie vor dem Verzehr ein oder zwei Tage »entschlackt« werden – man gibt ihnen nicht zu fressen, sodass Magen und Darm sich in der Zwischenzeit komplett entleeren. Kochen oder rösten Sie sie dann.

Bienen, Wespen und Hornissen

Sie können allesamt gegessen werden, es kann aber durchaus schmerzhaft oder schwer sein, sie zu einzufangen und zu sammeln. Ihre Nester befinden sich zwar auch am Boden, häufiger jedoch in Bäumen oder an Felswänden. Die Honigbiene und ihr Honig stellen eine hervorragende Nahrungs- und Energiequelle dar, aber sie verteidigen ihren Stock mit dem Leben. Hornissen sind größer und noch aggressiver, und ihr Stich kann außerordentlich schmerzhaft sein. Stößt man auf ein Nest, sollte man sorgfältig planen, wie man an die Insekten, ihre Larven oder den Bienenhonig herankommt. Was es zu beachten gilt:

- Warten Sie, bis es kühler wird, am besten bis zum Einbruch der Nacht. Kälte macht diese Insekten friedlicher.
- Räuchern Sie die Insekten mit einer brennenden Fackel oder einem Feuer aus. Das verwirrt sie, sodass Sie nach einiger Zeit an das Nest herankommen können.
- Bedecken Sie Ihre Haut komplett, bis auf die Augenpartie.
- Verwenden Sie eine offene Flamme in der Nähe des Nests, verglühen die Flügel der Insekten und sie fallen zu Boden. Legen Sie daher ein sauberes Tuch bereit, um sie darauf einzusammeln. Wenn das Nest so gut wie leer ist, schlagen Sie es ab und auf den Boden, um an die Larven und gegebenenfalls den Honig zu gelangen.
- Entfernen Sie Stachel, Beine und Flügel und kochen oder rösten Sie die Insekten vor dem Essen.

• WEISE WORTE •

Auf der Suche nach essbaren Käfern in den Urwäldern von Panama kletterte ich ein kurzes, aber schlammiges Steilufer zu einem morschen Baum hoch. Ich hoffte, dort Larven zu finden. Ich hing gerade an einem Ast und fing an, die morsche Rinde zu entfernen, als ich fast den Halt verlor. Denn urplötzlich spürte ich in Hand und Arm an mehreren Stellen einen höllisch brennenden Schmerz. Ich hatte ein Nest der 24-Stunden-Ameise in Aufruhr versetzt, woraufhin die Insekten mich gestochen hatten. Der Stich ist zwar nicht tödlich, aber außerordentlich schmerzhaft, woher auch ihr englischer Name *Bullet Ant* (dt.: Gewehrkugel-Ameise) rührt. Das war eine äußerst wirkungsvolle Erinnerung daran, immer auf der Hut zu sein, wenn man irgendwelchen Krabbeltierchen nachstellt.

Vorsicht! Bienen scheinen drohende Angriffe zu ahnen.

Sowohl Honig als auch Wabe sind essbar.

Honig ist lange haltbar, teilen Sie ihn sich also gut ein und finden Sie ein geeignetes Gefäß, um ihn zu transportieren. Denken Sie daran, dass Honig Tiere und andere Insekten anlockt, schützen Sie ihn also gut. Die Waben, in denen sich Larven und Honig befinden, sind ebenfalls essbar.

Vergessen Sie nicht die vielen Insekten und Larven, die in großer Zahl in und an Seen und Flüssen leben. Suchen Sie die Ufer ab, oder spannen Sie Ihr Hemd zwischen zwei Stöcke, um damit nach Insekten zu »fischen«. Kochen Sie Ihre Ausbeute, denn das Gewässer könnte verschmutzt sein.

Fährten und Spuren lesen

Eine gute Beobachtungsgabe und ein Bewusstsein dafür, wie Tiere sich bewegen, sind ausgesprochen wichtig für einen Überlebenskämpfer auf Nahrungssuche. Die meisten Tiere sehen einen lange, bevor man sie selbst sieht. Daher sollten Sie lernen, Fährten und Spuren zu erkennen und zu interpretieren. Ein Basisverständnis vom Spurenlesen, von Tarnung und Pirsch schärft das Bewusstsein für die Tiere und ihren Lebensraum. Wildspuren und -pfade führen Sie möglicherweise sogar zu einer größeren Ansammlung von Tieren, z. B. an Wasserstellen, in Bauten oder der Nähe von Futterquellen.

Nicht alle Gegenden warten mit einer üppigen Fauna auf, halten Sie daher ständig Ausschau. Machen Sie es sich zur Gewohnheit, oben, unten und rundherum nach Anzeichen von Tieren zu suchen, um keine Hinweise zu verpassen. Tiere bewegen sich normalerweise in Richtung von Futter- und Wasserquellen, artenreichen Vegetationszonen oder schützenden Dickichten.

Wildtiere sind Meister der Tarnung, trotzdem ist es die Mühe wert, sich möglichst unauffällig zu kleiden und sich so leise und vorsichtig fortzubewegen, wie es nur geht. Also:

- Benutzen Sie keine parfümierten Produkte zum Waschen oder Reinigen, der Duft eilt Ihnen voraus. Nehmen Sie besser den Geruch der Umgebung an.
- Tragen Sie Kleidung, deren Farbe der Vegetation um Sie herum ähnelt. Weite Kleidung lässt Ihre Konturen verschwimmen.
- Tragen Sie besser verschiedene Farben, nicht nur eine einzelne. Unruhige Muster sind von Vorteil.
- Schwärzen Sie Ihr Gesicht, falls nötig. Es muss nicht das komplette Gesicht sein, es reichen ein paar Streifen quer über die Wangen, um die Konturen aufzubrechen.
- Wenn Sie einen festen Standpunkt einnehmen, sollten Sie für einen Hintergrund sorgen, vor dem sich Ihre Silhouette nicht abzeichnet.
- Bewegen Sie sich nicht einen Grat entlang, da Ihre Silhouette dabei sichtbar wird. Halten Sie sich knapp unterhalb, wenn möglich.
- Gehen Sie in Deckung, wo immer sich das anbietet.
- Machen Sie keine plötzlichen Bewegungen.
- Schwärzen oder bedecken Sie Gegenstände, die glänzen.
- Brechen Sie sämtliche geradlinigen Konturen und Umrisse auf.
- Tragen Sie nach Möglichkeit Kleidung, die nicht raschelt.

Wenn Sie Spuren und/oder Fährten sehen, sollten Sie sich fragen, was passiert ist und worauf sie hinweisen. Versuchen Sie, wie das Tier zu denken und seine Route zu antizipieren. Suchen Sie beim Weitergehen nach weiteren Hinweisen. Selbst Ameisen und Würmer hinterlassen Fährten. Wurmspuren im Schlamm bedeuten Aussicht auf Nahrung oder Köder! Beim Spuren- und Fährtenlesen sowie beim Beobachten von Wildtieren beachten Sie folgende Hinweise:

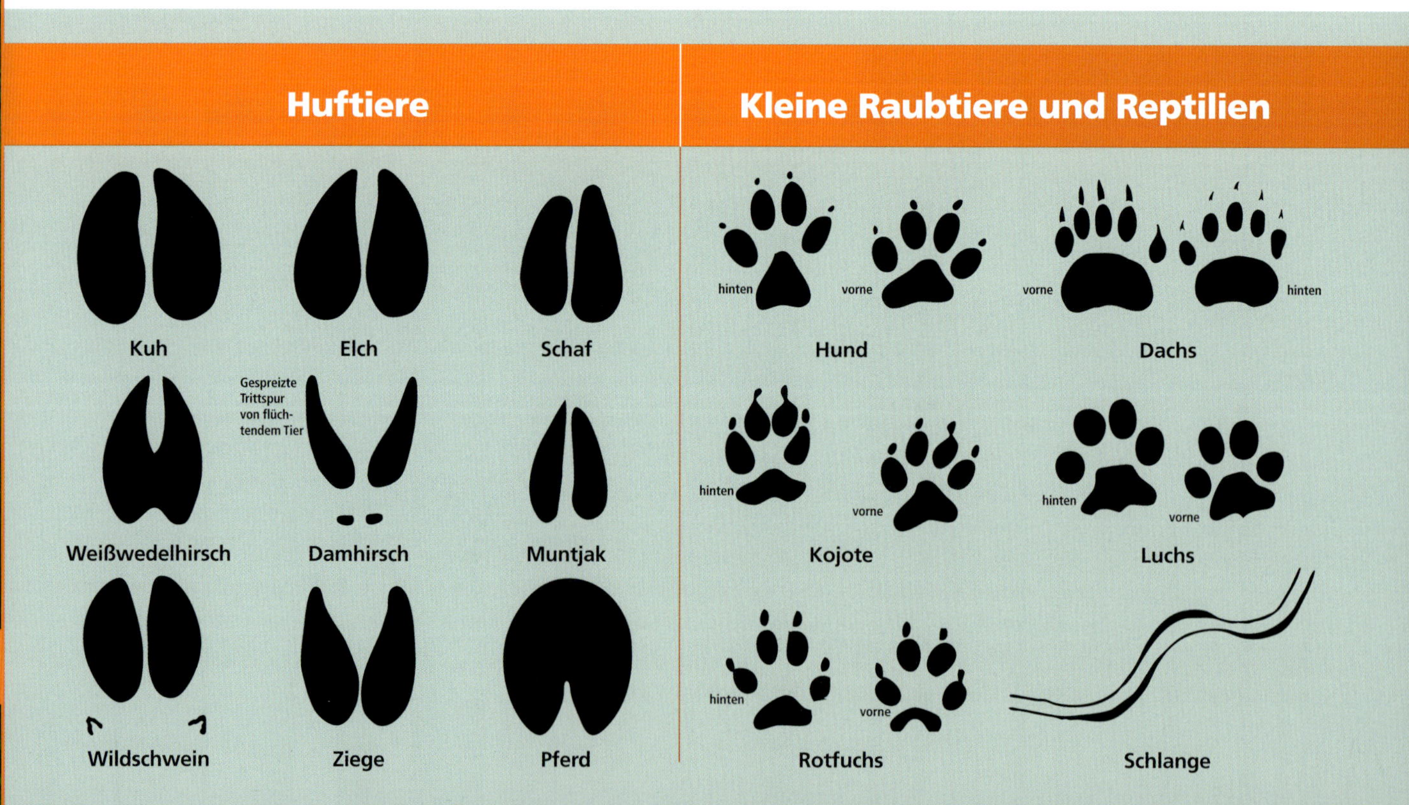

- Gehen Sie früh am Morgen auf die Pirsch. Dann ist die Luft meist klarer und die Sicht entsprechend besser. Zudem sind viele Tiere bei Nacht aktiver, sodass die Spuren am frühen Morgen noch ganz frisch sind. Ist der Boden von Tau benetzt, zeigen sich auch darin Spuren.
- Nehmen Sie sich Zeit, zu sitzen oder zu liegen, zu warten und zu beobachten. Tun Sie das so lange wie möglich. Tarnen Sie sich dabei.
- Bewegen Sie sich ruhig und langsam. Halten Sie auf allen Ebenen Ausschau, auch hinter Ihrem Rücken.
- Unterteilen Sie ein großes Gebiet in mehrere Teilstücke und suchen Sie diese systematisch ab.
- Seien Sie auf plötzliche Bewegungen gefasst und halten Sie eine Waffe im Anschlag.
- Halten Sie Nase und Ohren offen.
- Suchen Sie nach den Wegen des geringsten Widerstands. Bestimmte Stellen an Flüssen können sich für Tiere zum Überqueren anbieten. Suchen Sie dort nach Spuren, stellen Sie Fallen auf oder beobachten Sie.
- Achten Sie auf frischen Kot oder Fell an Büschen und Bäumen sowie auf niedergetretenes Laub.
- Tiere markieren Bäume häufig. Bären wetzten ihre Krallen daran, Hirsche reiben ihr Geweih und Eichhörnchen verstecken Nüsse in halb verrotteten Baumstämmen.
- Halten Sie Ausschau nach Fressspuren: Federn, angefressene Zapfen von Nadelhölzern, kreisende Vögel oder Grabspuren von der Suche nach Larven im Boden.
- Analysieren Sie Spuren und Fährten, um die Bewegungsrichtung daraus abzuleiten.
- Bestimmen Sie, wie frisch eine Fährte ist. Eine Fährte ist alt, wenn sie teilweise vollgelaufen oder in sich

zusammengefallen ist oder keine klaren Umrisse mehr aufweist – sofern sie nicht erst kürzlich vom Wind verwischt wurde. Auch verhärtete und erhabene Fährten oberhalb der Schneegrenze sind alt. Das liegt daran, dass der Schnee vom Körpergewicht zusammengedrückt wird und durch die Reibung anschmilzt. Die Fährte friert erneut fest und hält dann länger als der unberührte Schnee drumherum.
- Haben Sie das Gefühl, sich in der Nähe von Tieren zu befinden, sollten Sie innehalten und Ihre weitere Route darauf ausrichten, dass Sie die bestmögliche Deckung haben. Nutzen Sie Landschaftselemente wie Gräben, Büsche und Hügel. Versuchen Sie nach Möglichkeit, sich gegen den Wind anzupirschen, sodass Ihr Geruch von den Tieren weggeweht wird. Falls Sie entdeckt werden, rühren Sie sich nicht und warten Sie auf eine Reaktion. Womöglich hat dieses Tier noch nie einen Menschen gesehen oder gerochen und macht einfach mit dem weiter, womit es gerade beschäftigt war. Bewegen Sie sich so langsam wie möglich und testen Sie jeden weiteren Schritt an: Setzen Sie erst die Ferse auf und halten Sie das ganze Gewicht dort, bevor Sie Ihren Fuß über die Außenseite abrollen.

Fallen und Schlingen

Der Umgang mit Fallen und Schlingen mag nicht unbedingt zu den wichtigsten Kenntnissen in einer Survival-Situation zählen. In Abhängigkeit von der jeweiligen Umgebung kann es einfacher sein, sich bei der Nahrungssuche darauf zu konzentrieren, was Pflanzenwelt sowie Flüsse und Küsten anzubieten haben. Trotzdem sollten Sie darauf vorbereitet sein zuzuschlagen, sobald irgendetwas Essbares Ihren Weg kreuzt.

Fallen bauen und stellen

Die nachfolgenden Fallen und Schlingen sind für kleine bis mittelgroße Tiere und Vögel ausgelegt. Man kann nach denselben Prinzipien zwar auch größere Tiere fangen, dies ist aber nicht unbedingt die Mühe wert und kann gefährlich sein. Die Großwildjagd erfordert mehr Vorbereitung, bedeutet einen beträchtlichen Transportaufwand, und Sie gewinnen zwar sehr viel Fleisch, das aber schnell verdirbt. Dessen ungeachtet stellt in einer Survival-Situation jede Jagdbeute einen Erfolg dar. Gehen Sie sorgsam mit dieser Nahrung um:

- Verzehren Sie etwas davon in rohem Zustand, wenn es sich um frisch erlegte Beute handelt.
- Bewahren Sie die Beute sicher auf.
- Teilen Sie die Beute gut ein: Machen Sie etwas von dem Fleisch haltbar, um es als Vorrat anzulegen.
- Denken Sie daran, dass Sie Eingeweide und Gedärm als Köder für Fallen und Schlingen nutzen können.

Auch das Knochenmark sollte nicht ungenutzt bleiben, da es ausgesprochen eiweißreich ist. Brechen Sie bei einer frisch erlegten Beute die Knochen auf und essen Sie das Knochenmark roh oder bereiten Sie eine Suppe daraus zu. Auch einem Tierkadaver, der bereits ein oder zwei Tage alt ist, können Sie noch Knochenmark entnehmen. Vermeiden Sie jedoch Kadaver, bei denen die Verwesung schon weit fortgeschritten ist.

Es braucht viel Übung, um ein Tier mit einer Falle oder einer Schlinge zu fangen. Schließlich befinden Sie sich in der gewohnten Umgebung der Tiere und diese spüren, sehen und riechen Veränderungen sehr viel schneller als Menschen das können. Bleiben Sie dennoch geduldig und hartnäckig. Durchstreifen Sie ein Gebiet systematisch und achten Sie auf Zeichen, die auf Tiere oder Wasserquellen hinweisen. Überlegen Sie, entlang welcher Routen sie sich wahrscheinlich bewegen. Die meisten Tiere verschwenden nicht unnötig Energie.

Stellen Sie mehr als eine Falle oder Schlinge in einem Gebiet auf, das Anzeichen tierischer Aktivität zeigt.

Tipps zum Fallenstellen

- Halten Sie es einfach.
- Ratten, Mäuse, Kaninchen und Eichhörnchen sind meist einfacher zu fangen als große Wildtiere. Sie beschränken sich auf ein kleineres Gebiet und folgen festen Abläufen.
- Suchen Sie nach Wildwechseln und Zugangswegen zu Wasser- und Futterstellen. Stellen Sie die Fallen an Engstellen entlang solcher Pfade auf.
- Errichten Sie provisorische Hindernisse aus Pflanzenmaterial, um die Tiere in Richtung Ihrer Fallen zu zwingen.
- Bauen Sie Fallen und Schlingen, die möglichst empfindlich reagieren, um die Wahrscheinlichkeit zu erhöhen, dass sie auch zuschnappen. Spitzen Sie zu diesem Zweck Stöcke an, die Sie für die Falle verwenden. Versuchen Sie den Auslösemechanismus der Falle so auszutarieren, dass er möglichst instabil ist.
- Versuchen Sie die Falle oder Schlinge so gut wie möglich zu tarnen, ohne ihre Funktionalität einzuschränken.
- Stehen Ihnen Blut und Innereien zur Verfügung, verteilen Sie beides rund um die Falle, um Ihren eigenen menschlichen Geruch zu übertünchen und Tiere anzulocken.
- Statten Sie Fallen und Schlingen mit Ködern aus.
- Es kann einen Tag oder länger dauern, bis eine Falle nicht mehr nach Ihnen riecht. Die Umgebung auszuräuchern, kann diesen Vorgang beschleunigen.
- Versuchen Sie Tiere durch Ausräuchern aus Höhlen und Bauten zu treiben.
- Seien Sie darauf vorbereitet, ein flüchtendes Tier zu fangen oder zu töten, bevor Sie mit dem Ausräuchern beginnen. Verschließen Sie weitere Löcher, um dem Tier nur einen einzigen Fluchtweg zu lassen.
- Kontrollieren Sie die Fallen täglich, insbesondere im Morgengrauen.

Ein erfolgreicher Fang.

Schlingen

Eine Schlinge lässt sich leicht aus einem Stück Draht, Seil oder Ranke herstellen. Womöglich haben Sie nur eine einzige Chance, etwas zu fangen, achten Sie also auf die Details. Draht eignet sich am besten, da er nicht durchgebissen werden kann: Gibt es welchen in Ihrem Survival-Kit? Oder wurde vielleicht Draht in der Kapuze Ihrer Regenjacke oder in Ihrem Rucksack verbaut? Stehen Ihnen nur natürliche Materialien zur Verfügung, achten Sie darauf, dass diese möglichst stark und elastisch sind.

Schlingen sind simple Konstruktionen, die darauf ausgerichtet sind, dass Tiere sich mit dem Kopf darin verfangen. Konstruieren Sie eine kleine Schlinge, die sich um den Hals des Tieres zuzieht, sobald es hindurchläuft.

• WEISE WORTE •

In Sibirien fallen die Nachttemperaturen im Winter auf bis zu -30°C. Als wir Spuren kleiner Säugetiere fanden, stellten wir einen schmalen Holzstamm schräg gegen einen Baum. Am Fuß des Stamms und dort, wo er am Baum lehnte, brachten wir Schlingen aus. Am nächsten Morgen fanden wir fünf erfrorene Eichhörnchen in unseren Schlingen. Das rohe, fast gefrorene Fleisch konnte man sofort essen.

Stellen Sie sich das Lasso eines Cowboys vor. Öffnen Sie die Schlinge so weit, dass sie etwas größer ist als der Kopf des Tieres, das Sie damit fangen wollen: etwa vier Finger breit für ein Eichhörnchen, eine Faust breit für ein Kaninchen und etwa zwei Fäuste breit für einen Fuchs. Platzieren Sie die Schlinge knapp über dem Boden oder ungefähr in Kopfhöhe des Tieres. Nutzen Sie kleine Stöckchen, um die Schlinge über dem Boden zu halten. Legen Sie die Schlinge vor einem Bau aus, sollte die Position ebenfalls in etwa der Kopfhöhe des Tieres entsprechen. Befestigen Sie das andere Ende des Drahtes sorgfältig an einem Pflock und rammen Sie diesen in den Boden – stabil genug, dass ihn das Tier nicht ausreißen kann.

Drahtschlinge, von einem dünnen Zweig über dem Boden gehalten.

Platzieren Sie Ihre Schlinge mit Bedacht und in der jeweils richtigen Höhe.

Benutzen Sie Draht für Schlingen, damit das Tier sie nicht durchbeißen kann.

Ein Stöckchen mit Astgabel oder Y-förmig eingekerbter Spitze hält die Schlinge in Position.

Springfalle mit Kippmechanismus

Finden Sie eine geeignete Stelle mit Anzeichen tierischer Aktivität, vorzugsweise an einem Wildwechsel zu einer Wasser- oder Futterstelle. Suchen Sie dann einen Ast, der sich vom Baum bis zum Boden herunterbiegen lässt, ohne zu brechen, der gleichzeitig stark genug ist, die Beute so weit in die Höhe zu reißen, dass sie sich außerhalb der Reichweite von Raubtieren befindet. Eine Höhe von etwa drei Metern sollte ausreichen. Biegen Sie den Draht zu einer Schlinge. Fertigen Sie dann zwei Pflöcke von etwa 2 cm Durchmesser. Schnitzen Sie »Haken« in die beiden Pflöcke, die als Kipp-Auslösemechanismus ineinandergreifen. Befestigen Sie die Schlinge an dem oberen, während Sie den unteren tief in die Erde treiben. Ziehen Sie nun den Ast herunter und befestigen Sie ihn an dem oberen Pflock. Platzieren Sie die Schlinge auf dem Wildwechsel. Suchen Sie ein oder mehrere Stöckchen mit Verzweigung oder schnitzen Sie Y-förmige Kerben hinein, um Schlinge und Auslösedraht in der richtigen Höhe zu positionieren.

Nicht immer ist dort, wo die Schlinge ausgebracht werden soll, ein Baum mit einem geeigneten Ast zu finden. In einem solchen Fall müssen Sie einen Ast von woanders holen und damit improvisieren. Platzieren Sie ihn mittig in der Vertiefung eines Y-förmigen Pflocks von entsprechender Höhe und beschweren Sie das hintere Ende mit einem Stein. Ziehen Sie das andere Ende in Richtung Boden und befestigen Sie Schlinge und Auslöser daran.

Survival-Tipp

Es gibt viele Möglichkeiten, Fallen zu improvisieren, und alle hier vorgestellten Fallen lassen sich variieren. Andere nützliche Fallen sind Fallgruben und laufende Schlingen. Für erstere hebt man eine Grube in der Nähe eines Wildwechsels oder Wasserlochs aus und bedeckt sie mit Reisig und Blättern. Die Fallgrube sollte entweder tief genug sein, damit das Tier nicht wieder entkommen kann, oder aber mit Schlingen, Speeren oder einem Netz ausgestattet werden, um das Tier zu töten oder fangen. Auch überhängende Grubenwände erschweren es dem Tier, wieder hinauszuklettern.

Eine laufende Schlinge eignet sich, um Wild oder Vögeln aufzulauern. Sie wird (ähnlich wie bei einer Angel) über Ösen an einem langen Zweig befestigt, an dessen Spitze sich die Schlinge befindet. Der Jäger hält das andere Ende des Drahts.

Springfalle mit Rampe

Suchen Sie zwei Äste mit einem Durchmesser von rund 2 cm, die etwa 12 bis 15 cm lang sind und jeweils einen schmaleren Seitentrieb aufweisen. Kürzen Sie diesen zu einem Haken. Rammen Sie die Stöcke dann in einem Abstand von rund 10 bis 12 cm fest in den Boden. Die Haken sollten dabei nach unten zeigen.

Besorgen Sie zwei weitere Stöcke von etwa 10 bis 12 cm Länge sowie einen kleinen Riegel, den Sie mit Schnur an einem »Schleuderast« festbinden. Dessen Länge kalkulieren Sie so, dass die Beute nach dem Auslösen der Falle in einer Höhe von etwa 2 m hängt.

Richten Sie den Riegel so aus, dass er die zwei Querhölzer an den beiden Pflöcken hält. Bauen Sie eine kleine Rampe, auf der Sie die Schlinge auslegen. Binden Sie die Schlinge in kurzem Abstand an den Riegel und führen Sie die Schnur dabei einmal um das obere Querholz herum. Beködern Sie die Schlinge. Betritt ein Tier die Rampe, wird durch sein Gewicht die untere der beiden Querstangen aus der Verankerung gezogen und die Falle ausgelöst.

Die Schnur der Schlinge wird an der Spitze des Schleuderastes befestigt, dann daran entlanggeführt und am Fuß des Astes ebenfalls festgebunden. Wickeln Sie die Schnur ein paar Mal um den Ast, bevor Sie sie fixieren. Achten Sie genau darauf, wie die Schnur innerhalb der Springfallenkonstruktion verläuft.

Vierer-Totschlagfalle

- Schneiden Sie drei Stöcke zu, die das Schlaggewicht halten können und als Stützarm, Köderarm und Auslöserarm fungieren.
- Spitzen Sie den waagerecht zu platzierenden Stock (Köderarm) an, um den Köder darauf zu spießen.
- Spitzen Sie das Ende des Stützarms an. Auf dieser Spitze wird er auf dem Bodenblock ausbalanciert.
- Versehen Sie das andere Ende des Köderarms mit einer Kerbe, um den Auslöserarm darin zu verhaken.
- Spitzen Sie den Auslöserarm so an, dass er sich nur gerade eben in der Kerbe hält. Mittels einer weiteren Kerbe wird er mit dem Stützarm verkeilt.
- Bringen Sie ungefähr auf der Hälfte des Köderarms eine Markierung an und schnitzen Sie eine kleine Arretierkerbe in den Stützarm, die den Köderarm trägt.
- Bestimmen Sie den Gleichgewichtspunkt und schnitzen Sie eine Kerbe in den Köderarm, um ihn dort in die Kerbe des Stützarms einzupassen.
- Richten Sie das Schlaggewicht auf dem Auslöserarm aus und stellen Sie sicher, das der Köder exakt unter dem Schlaggewicht platziert ist.

Lebendfalle

Lebendig gefangene Beutetier haben den Vorteil, dass sie länger »frisch« bleiben, wenn Sie Nahrung zum Beispiel für die Reise vorrätig halten möchten.

- Bauen Sie aus kleinen Stöcken einen pyramidenförmigen Käfig ohne Boden – mit großer Grundfläche, die sich nach oben zu einer Spitze verjüngt. Das ist weniger aufwändig und spart Material.
- Ein gefangenes Tier wird mit aller Kraft versuchen zu entkommen. Der Käfig muss also so schwer sein, dass das Tier ihn von innen nicht umkippen kann.
- Befestigen Sie mittig an einer der Seiten eine feine Schnur, Draht oder eine dünne Sehne und binden Sie den Köder daran fest (oder fädeln Sie ihn auf), sodass er mittig in der Falle sitzt.
- Die Schnur sollte bis zur gegenüberliegenden Seite reichen. Binden Sie am Ende einen dünnen Stock daran fest. Dieser Stock fungiert als Stütze, der den Käfig offenhält. Der Köder sollte sich an der straff gespannten Schnur im Zentrum der Falle befinden.
- Der Käfig wird dann auf den Stock gelehnt und in ausreichender Höhe ausbalanciert, damit das Tier mühelos durch den Spalt an den Köder gelangt. Die Falle eignet sich dementsprechend für kleine Beutetiere – Mäuse, Ratten und andere Nagetiere.
- Versucht das Tier den Köder loszulösen, gibt der Stock nach, sodass der Käfig herabfällt und das Tier festsitzt.

Totschlagfallen

Totschlagfallen müssen zwar beködert werden, sind aber vergleichsweise effektiv und einfach zu konstruieren. Sie lassen sich in größerer Anzahl nur mit Messer und natürlichen Ressourcen bauen. Wie der Name schon vermuten lässt, müssen Sie einen schweren Holzklotz oder einen großen Stein finden, der das Tier tötet oder festsetzt. Angesichts des Arbeits- und Materialaufwandes für den Bau einer entsprechenden Falle erscheint es leichter, sich auf kleine Beutetiere statt auf größeres Wild zu konzentrieren.

Ojibwa-Vogelfalle

Diese Vogelfalle wurde von den Indianern Nordamerikas verwendet und trägt einen kanadischen Namen. Man kann damit Vögel von fast jeder Größe fangen. Passen Sie die Maße der Falle bzw. die Materialien der Größe der Beutevögel an, die in die Falle gelockt werden sollen. Die nachfolgende Beschreibung orientiert sich an einem mittelgroßen Vogel. Alles was Sie benötigen, sind ein Messer sowie etwas Schnur oder Draht für eine Schlinge.

- Suchen und/oder konstruieren Sie einen Schleuder-Ast, der die Beute in eine Höhe von etwa 3 m hochzieht, sodass sie sich außerhalb der Reichweite von Raubtieren befindet.
- Besorgen Sie zwei Äste mit einem Durchmesser von rund 1 cm, die etwa 10 bis 12 cm lang sind und je einen schmaleren Seitentrieb aufweisen. Kürzen Sie diese zu einem Haken. Rammen Sie die Stöcke dann in einem Abstand von rund 10 bis 12 cm fest in den Boden. Die Haken sollten dabei nach unten zeigen.
- Besorgen Sie einen kleinen Riegel und binden Sie unterhalb des oberen Drittels eine Schnur daran fest, die weiterführt zur Spitze des Schleuderasts. Das andere Schnurende geht vom Riegel ein kurzes Stück weiter zur Schlinge.
- Legen Sie einen Stock waagerecht unter die Haken der Bodenpflöcke. Stellen Sie kleine Stöcke so auf, dass sie die Schlinge in einer erhöhten Position über und um den Köder herum halten. Bringen Sie einen Köder an einem Stock an, dessen unteres Ende den Riegel blockiert. Das obere Ende verkannten Sie mittels Kerben an einem Stützarm am äußeren Rand der Schlinge.
- Vergewissern Sie sich, dass die am Riegel befestigte Schnur innen um das Querholz (den Auslöser) verläuft.
- Zerrt der Vogel am Köder, schnappt der Riegel auf und löst die Schlingenfalle aus.

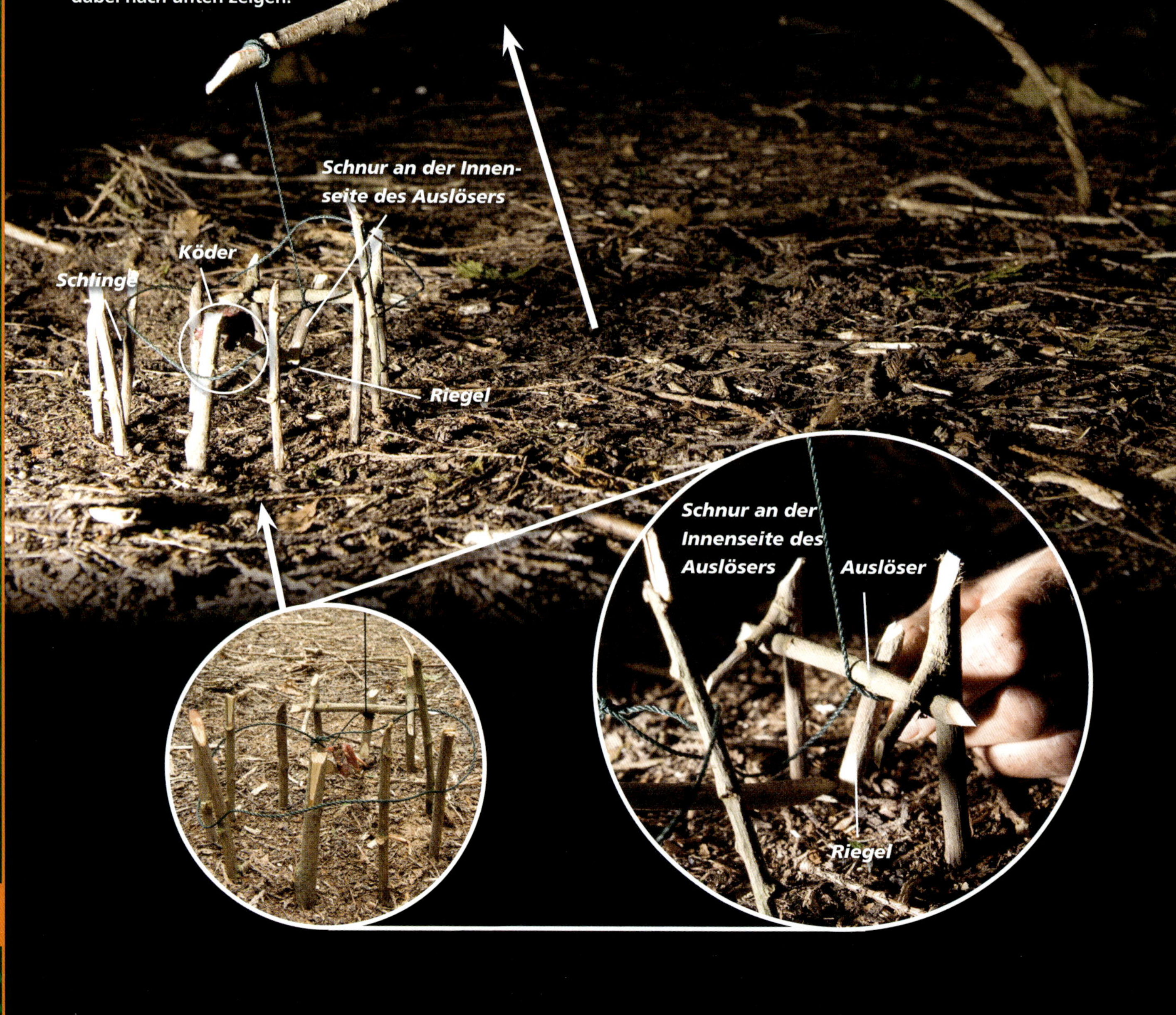

Speerkonstruktion

Spitzen Sie einen geraden, stabilen Stock an. Haben Sie ein Feuer, können sie die Spitze anschließend härten. Halten Sie die Speerspitze hierzu in die Glut, sie darf jedoch nicht Feuer fangen. Die Spitze sollte rundherum angeschwärzt sein, und schon haben Sie einen einsatzbereiten Speer, der um einiges härter ist.

Härten der Speerspitze im Feuer.

Stellen Sie frühzeitig einen Speer her. Man weiß nie, wann sich die Gelegenheit bietet, damit Nahrung zu beschaffen!

Ausgewählte Varianten:

- Binden Sie Ihr Messer an den Stock. Befestigen Sie es aber gut, denn Ihr Messer dürfen Sie nicht verlieren.
- Schlagen Sie eine scharfe Spitze aus einem Stück Feuerstein. Seien Sie vorsichtig, die entstehende Schneide kann sehr scharf sein.
- Auch Knochen kann man zuspitzen und in die Form einer Speerspitze schleifen.
- Um eine Speerspitze am Schaft zu befestigen, wird dieser an einem Ende gespalten. Dort stecken Sie das untere Ende der Speerspitze hinein und zurren sie fest. Eine feuchte Tiersehne eignet sich dafür bestens, da sie nach dem Trocknen straff und stabil aushärtet.
- Eine gegabelte oder gezackte Speerspitze eignet sich für die Jagd auf Fische.

Bewaffnen Sie sich mit ihrem selbstgebauten Speer oder einem guten Wurfstein. Knüpfen Sie ein Netz oder bauen Sie ein Katapult. Halten Sie immer die Augen offen; bewegen Sie sich mit einem gewissen Maß an Deckung und halten Sie regelmäßig an, um sich umzusehen und ihre Umgebung zu beobachten. Es ist besser, eine gute Versorgungsquelle für kleine Tiere wie Ratten, Mäuse und Eichhörnchen zu finden, als Großwild zu jagen.

Fischfang

Fisch kann eine gute Nahrungsquelle sein, da der Fang oft keinen großen Aufwand erfordert. Die besten Zeiten zum Fischen sind die frühen Morgenstunden, die Abenddämmerung oder die Nacht. Fische sind oft schwer berechenbar, und ihre Gewohnheiten hängen von diversen Faktoren ab: Spezies, Jahreszeit, Süß- oder Salzwasser, Temperatur und Stärke der Strömung. In aller Regel tendieren Fische dazu,

- in strömungslosem Wasser zu ruhen.
- sich in Geröll und Wracks sowie zwischen Felsen zu verstecken.
- an Stellen, wo Flüsse in Seen münden, nach Nahrung und sauerstoffreichem Wasser zu suchen.
- mit dem Ansteigen der Temperatur im Laufe des Tages immer tiefer zu schwimmen.
- das seichte Wasser tiefer Seen aufzusuchen, um dort nach Nahrung zu suchen und sich aufzuwärmen.
- sich im Schatten von Bäumen oder Büschen aufzuhalten, die über das Wasser hängen.

Manche Fische lassen sich von einem Glitzern anlocken – befestigen Sie also Alufolie, Knöpfe, Münzen, ein Stück Stoff in leuchtenden Farben oder andere funkelnde Dinge an Ihrem Haken.

Bringen Sie eventuell Köder oder unbrauchbare tierische Innereien in einem bestimmten Areal aus. Wenn Sie entschieden haben, welches die beste Fangmethode ist, heißt es nun Deckung suchen und warten. Als besonders effektiv hat sich das Anfüttern mit Termiten und Ameisen erwiesen.

Entscheiden Sie sich für den Bau eines Fischspeers, muss dieser mindestens zwei Meter lang sein. Befestigen Sie eine lange Leine am hinteren Ende und binden Sie diese fest um Ihr Handgelenk. Schnitzen oder fertigen Sie eine Speerspitze mit Widerhaken, die zurück in Richtung Schaft zeigen.

Einen Fisch mit dem Speer zu fangen, ist wegen der Lichtbrechung durch das Wasser recht schwierig, etwas einfacher ist es in flachem Wasser. Um festzustellen, wie weit Sie »daneben zielen« müssen, suchen Sie einen Stein am Grund aus und zielen mit dem Speer darauf. Passen Sie dann Ihre Stoßrichtung an.

Süßwasserfische sind ohne Ausnahme essbar und können gleich nach dem Fangen roh verzehrt werden. Man kann Fisch aber auch garen oder trocknen. Schneiden Sie den ausgenommenen Fisch in Streifen, um ihn zu räuchern oder zu trocknen. Die Innereien sollten vor dem Verzehr gründlich durchgegart oder roh als Köder weiterverwendet werden. Winzige Fischchen von weniger als 4 cm Länge können im Ganzen gegessen werden. Fischaugen sorgen nicht nur für Nahrungs-, sondern auch für Flüssigkeitszufuhr. Seien Sie also nicht zimperlich –

Suchen Sie Verstecke ab und finden Sie geeignete Stellen für Fallen.

Klein, aber nahrhaft.

und schlucken Sie frische Fischaugen im Ganzen hinunter!

Wenn Sie keine Angelhaken haben, meißeln und schnitzen Sie welche aus Knochen oder Holz. Zudem können Sie improvisieren, indem Sie einen Haken aus Draht, einer Briefklammer oder einer Haarklemme zurechtbiegen.

Dammbau und Netzfischen

Wenn Sie einen Teil des Flusses stauen, können Sie die Fische durch eine engere, mit einem Netz versehen Stelle zwingen. Die Realisierbarkeit hängt aber von der Breite des Flusses und den zur Verfügung stehenden Materialien ab. Verwenden Sie Holzscheite, Steine oder Totholz, um den Fluss auf drei Vierteln seiner Breite zu stauen. Dadurch entsteht seitlich ein enger, aber schneller fließender Durchfluss. Hier platzieren Sie ein Netz oder Fallen.

Ein richtiges oder improvisiertes Netz ist sehr nützlich und effektiv, die Maschengröße sollte 4 cm nicht übersteigen. Spannen Sie das Netz quer über die gesamte Breite oder einen Teil des Flusses und befestigen Sie es. Haben Sie Schwimmkörper zur Hand, dann binden Sie diese in regelmäßigen Abständen am oberen Rand des Netzes fest. Improvisieren Sie mit allen zur Verfügung stehenden Mitteln. Beschweren Sie den unteren Rand des Netzes in regelmäßigen Abständen, sodass es sicher und fest auf dem Grund aufliegt.

Geflochtene Fischfalle

Diese selbstgebaute Falle wird im Regelfall aus jungen, biegsamen Zweigen gemacht. Gut geeignet sind zum Beispiel Hasel und Bambus. Sie funktioniert nach demselben Prinzip wie eine Hummerfalle: Die Fische werden mit einem Köder durch ein kleines Loch in einen größeren Käfig gelockt, aus dem Sie nicht mehr herausfinden. Platzieren Sie die Falle in einem Bereich ohne Strömung im Wasser, mit der Öffnung flussabwärts. Diese Fallen können unter anderem genutzt werden, um kleine Fische zu fangen, die man isst oder als Köder für größere Fische verwendet.

Verarbeiten Sie den Fisch bald nach dem Fangen, indem Sie ihn ausnehmen. Schneiden Sie den Bauch vom After bis zum Kopf auf. Durch diese Öffnung können Sie die Innereien mit den Fingern entfernen und anschließend den Bauchraum säubern. Hängen Sie den Fisch zum Ausbluten auf. Verwenden Sie die Innereien als Köder wieder. Ein ausgenommener und ausgebluteter Fisch hält sich länger. Die Schuppen müssen nicht unbedingt entfernt werden, insbesondere wenn der Fisch gegart werden soll.

Wild zerlegen

Beutetiere zu zerlegen ist wichtig für die Konservierung wie auch für den Verzehr. Bei den Innereien ist Vorsicht geboten: Der Mageninhalt von Tieren mag erst teilweise verdaut sein, und der Verzehr mancher Organe birgt Risiken. Zu den essbaren nahrhaften Organen zählen: das Herz (enthält viel Muskelfleisch und wenig Fett), die Leber (diese sollte aber abgewaschen und sobald wie möglich verzehrt werden) sowie die Nieren (die ebenfalls gewaschen und gegart werden müssen).

Decken Sie sämtliche Wunden ab, die Sie eventuell an Händen oder Armen haben, bevor Sie ein Tier bearbeiten, egal ob tot oder lebendig. Passen Sie auf, sich nicht an Ihrem Messer oder den gebrochenen Knochen des Tieres zu verletzen. Vermeiden Sie alles, was zu einer möglichen Infizierung führen könnte. Manche Tiere können auch von Zecken und anderen Parasiten übersät sein. Denken Sie daran, wenn Sie mit Haut und Fell hantieren. Haben Sie ein Tier erlegt oder gefangen, ist Folgendes zu tun:

- Töten Sie das Tier, falls erforderlich. Das ist nicht der Moment, um zögerlich zu sein. Das Tier sollte schnell erlegt werden. Kleineren Tieren kann man zu diesem Zweck das Genick brechen: Klemmen Sie den Körper fest zwischen Ihre Beine und legen Sie eine Hand auf den Nackenansatz. Reißen Sie den Nacken dann mit der anderen Hand ruckartig in einer Drehbewegung nach oben. Größere Tiere lassen sich schnell töten, indem Sie ihnen den Hals aufschneiden und dabei die Halsschlagadern oder das Rückenmark im Nacken mit einem Messer durchtrennen.
- Entscheiden Sie, ob Sie das Tier vor Ort oder an Ihrem Lagerplatz zerlegen wollen. Große Tiere sind auch nach dem Ausweiden noch sehr schwer, sodass Sie womöglich besser vor Ort arbeiten.
- Das Beutetier vor Ort zu zerlegen, kann weitere Tiere anlocken. Sie sollten daher im Anschluss Ihre Fallen neu beködern und wieder scharf stellen.

Ein Kaninchen zerlegen

1 Töten Sie das Tier mittels Genickbruch. Halten Sie es mit der einen Hand an den Hinterläufen fest und greifen Sie mit der anderen den Nacken. Ziehen Sie fest.

2 Schneiden Sie den Kopf ab und bewahren Sie ihn als Köder auf. Schneiden Sie dann die Läufe auf Höhe des untersten Gelenks ab und heben Sie auch diese als Köder auf. Passen Sie auf scharfe Knochensplitter auf. Behalten Sie die Knochen, um Angelhaken daraus machen zu können.

3 Schneiden Sie die Haut vom After bis zum Brustbein auf. Beschädigen Sie dabei nicht die Eingeweide, um das Fleisch nicht zu kontaminieren.

Eine fette Beute.

• WEISE WORTE •

Ich erinnere mich noch, wie ein Kumpel und ich einmal ein Wildschwein zerlegten. Schweinen muss man vor der Zubereitung eigentlich nicht die Haut abziehen, doch dieses Exemplar war über und über von großen Zecken und Milben übersät. Es sah fast so aus, als würde die Haut selbst krabbeln. Ein wenig appetitlicher Anblick! Also sengten wir die Außenhaut des Wildschweins ab, bevor wir es zerlegten.

4 Ziehen Sie die Haut zurück, um den Bauch freizulegen. Öffnen sie dann vorsichtig die Bauchhöhle und entfernen Sie die Gedärme. Geben Sie weiterhin Acht, die Eingeweide nicht zu verletzen.

5 Lösen und ziehen Sie die restliche Haut ab.

6 Waschen Sie das Fleisch nach Möglichkeit und bereiten Sie es zum Garen vor.

Ein großes Tier liefert viel Fleisch, allerdings müssen Sie sich Gedanken um die Konservierung machen.

- Lassen Sie das Tier ausbluten, indem Sie es an den Hinterläufen aufhängen und die Kehle durchschneiden. Handelt es sich um ein großes Beutetier und sind Sie allein, kann sich das Aufhängen des Tieres als schwierig herausstellen. Versuchen Sie in diesem Fall, das Gelände für sich arbeiten zu lassen. Legen Sie das Tier mit dem Kopf nach unten hangabwärts, sodass die Schwerkraft das Blut abfließen lässt. Stellen Sie sicher, dass Sie die Halsschlagadern durchtrennen. Führen Sie hierfür einen Schnitt von Ohr zu Ohr durch, oder schneiden Sie im Zweifelsfall den Kopf ganz ab. Fangen Sie das Blut auf, da man es in der Pfanne schmoren und dann essen kann. Zügig nach dem Ausbluten können Sie es auch unbehandelt zu sich nehmen.
- Häuten Sie das Tier. Es gibt viele Wege, dies zu tun. Bei großen Tieren leistet das Fell gute Dienste als Schutz oder Wärmeisolierung. Kleinere Tiere wie Nager kann man mit »Haut und Haaren« kochen/am Spieß braten, da diese während des Garens abbrennen. Es gibt einige Grundregeln für das Häuten: Trennen Sie Vorder- und Hinterläufe am Sprunggelenk oder Knie ab. Schneiden Sie den Kopf ab. Schneiden Sie das Fell lediglich in Hauttiefe vom After bis zum Hals ein. Ziehen Sie die Haut ab, indem Sie sich, von der Hals- oder Magengegend ausgehend, einmal um das Tier herumarbeiten. Mit einem scharfen Messer lassen sich Haut und Muskeln am effektivsten trennen, achten Sie aber darauf, dabei die Eingeweide nicht zu verletzen, da sie sonst das Fleisch verunreinigen können.
- Nehmen Sie das Tier aus. Hängt es noch, dann schneiden Sie es vom After bis zum Hals auf und entfernen Sie die Eingeweide mit Ihren Händen. Das kann sehr streng riechen, sodass Sie vielleicht lieber eine improvisierte Maske über Mund und Nase ziehen.
- Bei einem frisch erlegten Beutetier sollten Sie die Augen herauslösen und roh essen. Auch wenn am Kopf wenig Fleisch zu sitzen scheint, lohnt es sich, den Kopf im Ganzen eine gute Weile auszukochen. Das tötet etwaige Parasiten und liefert eine nahrhafte Brühe.
- Sollte der Kadaver zu groß sein, um ihn zu transportieren, können Sie auch Teile davon verstecken. Nahrungsvorräte lagert man, indem man sie in Bäume hängt oder besser noch im Boden vergräbt – aber graben Sie tief, denn andernfalls könnten Tiere sie riechen und ausgraben.

Tiere können Parasiten und Krankheiten übertragen. Durch das Kochen töten Sie zweifelsfrei alles ab. Schneiden Sie mittelgroße bis große Tiere in Scheiben, wenn sie über Feuer gegart oder gebraten werden sollen. So stellen Sie sicher, dass das Fleisch wirklich durcherhitzt wird und frei von Krankheitserregern ist. Beim Verzehr kleinerer gegarter Tiere und Vögel nehmen Sie sich vor kleinen Knochen in acht, die im Hals steckenbleiben können.

Andere Zerlegungsmethoden

Reptilien

Sie werden im Grunde wie zuvor beschrieben zerlegt. Entfernen Sie die Innereien, den Kopf und den unteren Teil der Extremitäten. Die Schwänze vieler Reptilien sind groß und muskulös, daher sollten Sie sie nicht abschneiden. Garen Sie das Tier ungehäutet.

Schlangen

Ich habe schon in vielen Teilen der Welt Schlangen erlegt. Sie können gefährlich sein, doch geht man mit Bedacht vor und ist flink, kann man sie durch einen gezielten Schlag mit einem Knüppel auf den Kopf außer Gefecht setzen. Schlangen geben ein gutes Mahl ab, man kann sie schnell und einfach zubereiten. Schneiden Sie den Kopf ein gutes Stück unterhalb der Giftdrüsen ab. Hängen Sie den Kadaver auf und ziehen Sie die Haut zur Schwanzspitze hin ab. Die Haut sollte sich einfach ablösen lassen. Entfernen Sie die Eingeweide und bereiten Sie das Tier zu. Schlangenfleisch kann ausgesprochen gut schmecken.

Vögel

Vögel müssen gerupft werden. Manchmal kann man die Federn leichter rupfen, wenn sie nass sind. Schneiden Sie den Kopf ab und entfernen Sie die Eingeweide.

Eine Taube hat reichlich Brustfleisch.

Konservierung

Nahrung zu konservieren ist wichtig, vor allem bei großen Beutetieren oder falls Sie vorhaben, Ihre Nahrungsvorräte zu rationieren. Trocknen und Räuchern gehören zu den häufigsten Konservierungsverfahren. Man kann Lebensmittel aber auch einsalzen oder – in sehr kalten Klimata – einfrieren. Darüber hinaus können Sie versuchen, das Tier am Leben zu halten.

Trocknen

Schneiden Sie Fleisch oder Fisch in dünne Streifen. Spießen Sie diese auf Holzstäbe oder fädeln Sie sie auf ein Stück Schnur auf. Achten Sie darauf, dass die Streifen frei hängen und sich nicht überlappen. Schneiden Sie das Fett ab und essen Sie es! Hängen Sie die Streifen für mindestens zwei Tage in die Sonne und wenden Sie sie täglich. Wenn Sie direkt darunter ein kleines Feuer entfachen, beschleunigt das den Prozess. Zudem hält es Fliegen fern. Allerdings müssen Sie dafür sorgen, dass das Fleisch dabei nicht gegart wird oder ins Feuer fällt. Im gut getrockneten Zustand sollte das Fleisch spröde sein. Es wird dadurch zwar nicht unbegrenzt haltbar, verdirbt aber wesentlich später als gegartes oder rohes Fleisch.

Räuchern

Räuchern ist ein probates Mittel zur Konservierung. Dabei gehen Sie ähnlich vor wie beim Trocknen. Bauen Sie aber zusätzlich ein geschlossenes Zelt um das Trockengerüst herum. An der Unterseite muss sich ein Zugang für Brennmaterial und Luftzufuhr befinden, an der Spitze ein kleines Loch, durch das der Rauch langsam entweichen kann. Die Grundidee ist, Rauch zu erzeugen, kein Feuer. Das Unterhalten der Glut erfordert Zeit und Geduld. Es kann zwischen zehn Stunden und zwei Tagen dauern, bevor der Räuchervorgang abgeschlossen und das Fleisch dunkel und spröde ist. Räuchern eignet sich besonders gut für Fisch.

Einsalzen

Auf See oder in Küstenregionen kann Einsalzen eine gute Option sein, um Nahrung zu konservieren. Schneiden Sie dazu das Fleisch in Streifen und legen Sie es mindestens zwei Tage lang in Salzlake ein. Das Fleisch sollte die ganze Zeit über komplett bedeckt sein. Anschließend hängen Sie das Fleisch zum Trocknen in die Sonne oder an einen gut belüfteten Ort. Ein ausreichender Trinkwasservorrat ist bei der Nahrungsaufnahme immer wichtig, umso mehr bei gesalzenen Lebensmitteln.

ERSTE HILFE UND RETTUNG

Wenn Sie sich plötzlich in einer Survival-Situation wiederfinden, werden Ihre Gedanken schnell um eine erhoffte Rettung kreisen. Gibt es Verletzte, gehört natürlich die Hilfeleistung zu den ersten Aktionen. In vielen Situationen werden unterschiedlich geartete Rettungsmaßnahmen eingeleitet, sobald der Vorfall gemeldet wird. Das kann aber Stunden, wenn nicht Tage dauern und je nachdem, wo Sie sich befinden, kann die Zeit bis zur Rettung durch das Wetter, die Umwelt oder die Beschaffenheit des Geländes verzögert werden. Verletzungen passieren nun einmal und es ist wichtig, dass Sie die Ihnen zur Verfügung stehenden Mittel nutzen, um Leben zu erhalten und weitere Verletzungen oder Infektionen zu vermeiden. Sie sollten einen Rettungsplan haben und zumindest über Grundkenntnisse in der Ersten Hilfe verfügen, um sich und andere versorgen zu können, bis Hilfe eintrifft und eine gute medizinische Versorgung gewährleistet ist. Es ist immer noch besser, nur eine mäßige Ahnung zu haben als gar keine.

Erste Hilfe

Ohne Frage ist vorbeugen besser als heilen. Alle extremen Umgebungen bergen ihre eigenen Risiken. Ein Bewusstsein dafür ist der erste Schritt, um gesund zu bleiben. Denken Sie erst nach, bevor Sie handeln. Bewerten Sie die Lage, treffen Sie Schutzmaßnahmen und halten Sie die Risiken so gering wie möglich. Wenn doch ein Unfall geschieht, sollte die Erste Hilfe mit Umsicht geleistet werden – falls keine Aussicht auf eine unmittelbare professionelle Behandlung besteht. Gleich wie klein eine Verletzung auch sein mag, kann sie den Betroffenen sehr schwächen oder sogar ernsthaft gefährden, wenn sie nicht behandelt wird.

Personen mit möglichen Wirbelsäulenverletzungen sollten Sie nur bewegen, wenn es unvermeidbar ist. Jegliche Verletzung des Nackens oder Rückens müssen Sie als potenzielle Wirbelsäulenverletzung ansehen. Allein die Herz-Lungen-Wiederbelebung (Reanimation) hat immer Vorrang.

Bei Bewusstlosigkeit

Handeln Sie nach den folgenden Prinzipien:

Sofortbergung aus der Gefahrenzone

Bergen Sie den Verletzten aus der Gefahrenzone, die z. B. aufgrund von Feuer, Wasser, Lawinen, Steinschlag oder Anderem besteht.

Person ansprechen

Rufen Sie den Namen der verletzten Person. Kneifen Sie sie in die obere Ohrmuschel und warten Sie auf eine Schmerzreaktion. Sollte diese nicht erfolgen:

Atemwege befreien

Drehen Sie den Patienten in die Seitenlage und fassen Sie vorsichtig mit einem Finger in den Mund, um eventuelle Fremdkörper zu beseitigen. Drehen Sie die Person dann auf den Rücken und überstrecken Sie den Kopf vorsichtig, um den Atemweg freizumachen. (Bei Babys unter einem Jahr den Kopf nicht überstrecken, sondern nur sanft die Kinnspitze anheben. Dabei nicht auf die Weichteile im Halsbereich drücken, das könnte den Atemweg blockieren.)

Atmung überprüfen

Überprüfen Sie, ob der Verletzte atmet. Atmet die Person normal, untersuchen Sie sie auf lebensgefährliche Verletzungen und behandeln Sie diese unverzüglich. Atmet die Person nicht, beginnen Sie mit der Herz-Lungen-Wiederbelebung.

Kreislauf überprüfen

Überprüfen Sie die Kreislauftätigkeit durch eine Pulskontrolle an der Halsschlagader seitlich neben dem Kehlkopf.

Herz-Lungen-Wiederbelebung

- Legen Sie den Patienten flach auf eine harte Unterlage.
- Knien Sie sich neben den Patienten, etwa auf halber Höhe zwischen Brustkorb und Kopf, um bequem zwischen Herzdruckmassage und Beatmung wechseln zu können.

1 Ertasten Sie die Mitte des Brustbeins.

2 Platzieren Sie den Ballen der einen Hand knapp unterhalb der Mitte des Brustbeins.

3 Umfassen Sie Ihr Handgelenk mit der anderen Hand oder legen Sie eine Hand über die andere und verschränken Sie die Finger. (Bei Kindern kommt nur eine Hand zum Einsatz, bei Babys lediglich zwei Fingerspitzen.) Pressen Sie den Brustkorb 30 Mal mit einer Frequenz von etwa 100 Kompressionen pro Minute zusammen.

Kompressionstechnik

- Halten Sie die Schultern bei gestreckten Armen senkrecht über den Handgelenken. Nutzen Sie Ihr Körpergewicht, um Druck auf den Brustkorb des Patienten auszuüben. Arbeiten Sie in einem gleichmäßigen, stetigen Rhythmus und »stechen« oder »boxen« Sie nicht in das Brustbein.
- Bei Erwachsenen drücken Sie den Brustkorb etwa 4 bis 5 cm ein.
- Bei Kindern drücken Sie den Brustkorb etwa 2 bis 3 cm ein.
- Bei Babys drücken Sie den Brustkorb etwa 1 bis 2 cm ein.

4 Wenden Sie sich dann dem Kopf zu, um zwei Atemspenden auszuführen. Überprüfen Sie, ob der Atemweg frei ist, indem Sie eine Hand auf die Stirn legen und mit zwei Fingern der anderen Hand unter das Kinn greifen, um den Kopf sanft nach hinten zu ziehen.

5 Verschließen Sie mit Daumen und Zeigefinger vorsichtig die Nase des Patienten. Atmen Sie ein und umschließen Sie dann die geöffneten Lippen des Patienten dicht mit Ihrem Mund. (Bei Babys umschließen Sie Mund und Nase.) Blasen Sie nun Luft in den Mund des Betroffenen, bis sich dessen Brustkorb sichtbar hebt.

- Drehen Sie Ihren eigenen Kopf zur Seite und achten Sie darauf, ob sich der Brustkorb des Betroffenen wieder senkt. (Ist dies nicht der Fall, müssen Sie die Kopflage des Patienten überprüfen.) Beatmen Sie die Person dann ein weiteres Mal. Wiederholen Sie die Druckmassage und die Beatmung im stetigen Wechsel und im Verhältnis von 30:2, bis die Atmung wieder einsetzt.
- Babys und Kinder sowie Personen, die bewusstlos aus dem Wasser geborgen wurden, erhalten als Erstes fünf Atemspenden, an die sich dann Druckmassage und Beatmung wie beschrieben anschließen.
- Setzt die normale Atmung wieder ein, während die Bewusstlosigkeit weiter anhält, bringen Sie den Betroffenen in die stabile Seitenlage.
- Sind Sie in einer Gruppe, teilen Sie sich die Verantwortung und wechseln Sie sich bei der Herz-Lungen-Wiederbelebung alle zwei Minuten ab, um einer Erschöpfung vorzubeugen.

Survival-Tipp

Kein Buch kann Ihnen das gesamte Wissen und die Erfahrung vermitteln, die Sie im Ernstfall benötigen. Es empfiehlt sich daher dringend, einen Erste-Hilfe-Kurs bei einer anerkannten Organisation wie etwa dem Deutschen Roten Kreuz oder der Johanniter-Unfall-Hilfe zu absolvieren.

Knochenbrüche und Wunden

Im Falle einer Muskel- und Gelenkverletzung wie etwa einer Verstauchung sollte unverzüglich eine vorläufige Behandlung entsprechend der PECH-Regel erfolgen:

- **P**ause – Stellen Sie den betroffenen Körperteil sofort ruhig und vermeiden Sie weitere Belastung.
- **E**is – Kühlen Sie den betroffenen Körperteil, wenn und so lange wie möglich. Wenden Sie Eis nie auf der bloßen Haut an, da dies zu Erfrierungen führen kann.
- **C**ompression – Nach dem Kühlen Kompressionsverband anlegen, ohne die Blutzufuhr zu unterbrechen.
- **H**ochlagern – Lagern Sie das betroffene Körperteil hoch, wenn möglich höher als das Herz.

Bei Knochenbrüchen der unteren Extremitäten:

- Bringen Sie den Verletzten in eine bequeme Position.
- Versuchen Sie den Bruchbereich zu finden. Der Verletzte sollte Ihnen zeigen, wo der Schmerz sitzt.
- Fixieren Sie den Bruch, indem Sie eine Schiene anbringen. Benutzen Sie das andere Bein als Schiene, aber bedenken Sie, dass jeder Verletzte, der unterhalb der Hüfte fixiert wird, ein Fall für die Trage ist. Polstern Sie die Lücke zwischen den Beinen mit Kleidung aus. Befestigen Sie die Schiene stramm oberhalb und unterhalb der Bruchstelle. Benutzen Sie zusätzliche Kleidungsstücke und Gürtel für eine möglichst feste Fixierung.
- Lassen Sie den Betroffenen ruhen, beruhigen Sie ihn und halten Sie ihn warm.

Bei Knochenbrüchen der oberen Extremitäten:

- Lassen Sie den Verletzten die für ihn bequemste Haltung einnehmen.
- Leisten Sie Beistand.
- Stellen Sie die Verletzung ruhig.
- Vermeiden Sie unnötige Bewegung.
- Bandagieren oder fixieren Sie den Bruch in der Position, die für den Verletzten am bequemsten ist.

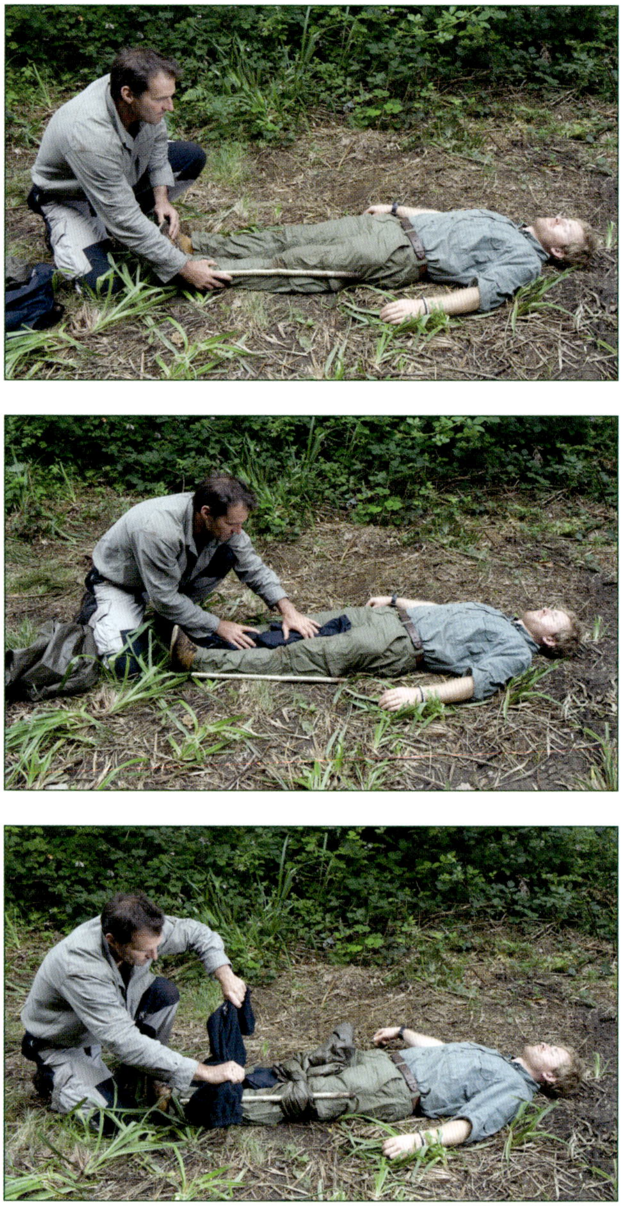

Benutzen Sie Gürtel und aufgerollte Kleidung, um Beine und Füße zu fixieren.

Stabile Seitenlage

Nach sorgfältiger Untersuchung, falls die verletzte Person normal atmet und eine Wirbelsäulenverletzung ausgeschlossen werden kann, empfiehlt sich eine Lagerung in der stabilen Seitenlage.

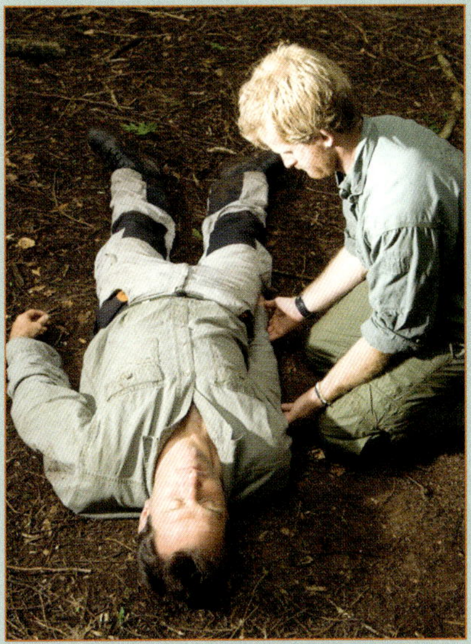

1 Knien Sie sich neben den Betroffenen und entfernen Sie ggf. die Brille sowie sämtliche größere Objekte aus den Taschen der Kleidung. Legen Sie den Ihnen näheren Arm eng an den Körper des Verletzten.

2 Führen Sie seinen anderen Arm über seinen Brustkorb und legen Sie den Handrücken auf die Ihnen zugewandte Wange. Lassen Sie die Hand nicht los.

3 Greifen Sie mit Ihrer anderen Hand an den für Sie äußeren Oberschenkel und beugen Sie das Bein, ohne den Fuß vom Boden zu heben.

4 Halten Sie die Hand des Verletzen weiter gegen seine Wange, während Sie ihn sachte am Knie zu sich herumrollen. Der Oberschenkel sollte im rechten Winkel zur Hüfte liegen.

5 Überprüfen Sie die Kopfposition. Neigen Sie den Kopf bei Bedarf leicht nach hinten, sodass die Atemwege frei sind. (Positionieren Sie die Hand neu, wenn nötig.)

6 Sollten Sie aufbrechen, um Hilfe zu holen, lassen Sie die Person in der stabilen Seitenlage zurück. Hinterlassen Sie eine erklärende Notiz für den Betroffenen oder mögliche Retter.

Schock

Ein Schock resultiert aus einer verminderten Blutzirkulation im Körper – einer Kreislaufstörung, die unterschiedlichste Ursachen haben kann. Symptome sind blasse und kalte, schweißnasse Haut sowie eine beschleunigte Atmung und Herzfrequenz. Was zu tun ist:

- Verletzungen versorgen.
- Beine erhöht lagern.
- Verlust von Körperwärme verhindern.
- Unentwegt beruhigen.
- Vitalfunktionen überwachen.

Unterkühlung

Ein Abfallen der Körperkerntemperatur führt zu Erfrierungen. Sollte der Betroffene:

- zittern
- klagen, dass er friert
- aussehen, als ob ihm kalt sei, oder sich kalt anfühlen
- erregt, aber vielleicht etwas erschöpft sein
- bei klarem Verstand sein, aber undeutlich sprechen

– dann ist er unterkühlt und muss dringend aufgewärmt werden, bevor sich der Zustand weiter verschlechtert und es zu einer Hypothermie kommt. Deren Symptome beinhalten etwa:

- fehlendes Zittern.
- Bewusstseinstrübung.
- irrationales Verhalten.
- verminderte Ansprechbarkeit.
- Bewusstlosigkeit.
- Muskelstarre.

Was zu tun ist:

- Sorgen Sie für eine Wärmeisolierung und suchen Sie Schutz vor den Elementen.
- Wechseln Sie nasse Kleidung oder ziehen Sie zusätzliche Kleidung an, bedecken Sie insbesondere den Kopf.
- Passive Wiedererwärmung.
- Atemwege frei halten, falls der Betroffenen bewusstlos ist.
- Kontrollieren Sie die Vitalfunktionen.

Ich habe an mir selbst schon Anzeichen einer milden Hypothermie festgestellt und umgehend reagiert, indem ich zusätzliche Kleidung angezogen und etwas Heißes und Süßes gegessen oder getrunken habe. Es ist wichtig, bei kalten Wetterbedingungen rasch und entschieden zu handeln, sobald sich Symptome einer Hypothermie zeigen.

Erfrierungen

Wenn Haut und tiefer liegendes Gewebe dauerhaft unterkühlen, kommt es schließlich zu Erfrierungen. Leichte Erfrierungen erkennt man daran, dass die betroffenen Hautstellen wächsern und blass wirken. Sie müssen zügig behandelt werden, um schlimmere Schäden zu verhindern. Die Symptome sind:

- Schmerzen und Taubheitsgefühl.
- Stellenweise weißliche, wächserne Haut.
- Die Haut fühlt sich hart an.

Was zu tun ist:

- Legen sie eine behandschuhte Hand auf die betroffene Stelle, bis die Blutversorgung wiederhergestellt ist.
- Vermeiden Sie eine weitere Schädigung und tiefer gehende Erfrierungen.
- Nicht reiben.

Ohne Gegenmaßnahmen kann es zu Erfrierungen schwereren Grades kommen. In diesem Fall:

- Schützen Sie die Person vor weiterer Kälte. Suchen Sie Zuflucht in einer Notunterkunft.
- Bedecken Sie betroffene Areale und verhindern Sie, dass das Gewebe erneut auskühlt.
- Nicht reiben.
- Halten Sie den Betroffenen warm und versorgen sie ihn so gut wie möglich mit Nahrung und Flüssigkeit.
- Nutzen Sie keine extremen Wärmequellen wie z. B. offenes Feuer für die Wiedererwärmung. Stecken Sie betroffene Körperteile in die Achselhöhle, Leistengegend oder Bauchgegend eines gesunden Teammitglieds oder in lauwarmes Wasser (trinkbar, etwa 40 °C).
- Sorgen Sie erst für eine Wiedererwärmung. Der Rückfluss warmen Blutes kann äußerst schmerzhaft sein.
- Durch das Auftauen können Blasen entstehen, deren mögliche Infektion ein Risiko darstellt. Nicht öffnen.
- Achten Sie aufmerksam auf mögliche Infektionen und halten Sie betroffene Areale so steril wie möglich.

Survival-Tipp

Erfrierungen sind bei Temperaturen von -30 °C und Wind schwer zu vermeiden. Wenden Sie unter solch kalten Bedingungen das Partnerprinzip an: Untersuchen Sie regelmäßig gegenseitig Ihre Extremitäten, insbesondere diejenigen, die den Elementen ausgesetzt sind.

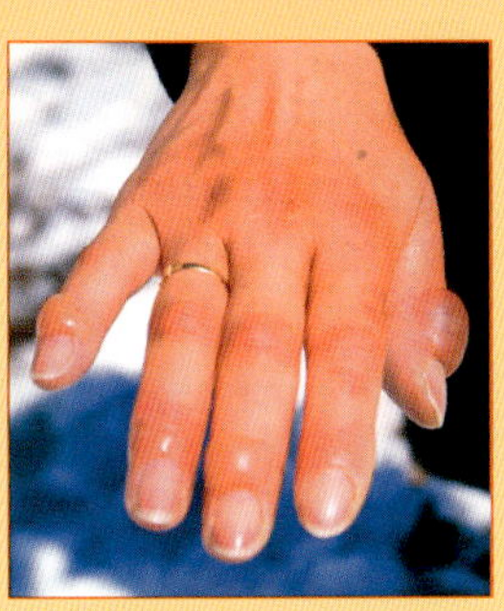

Blutungen

Eine starke Blutung muss unverzüglich behandelt werden:

- **Direkten Druck auf die Wunde ausüben, mindestens zehn Minuten lang fest pressen. Benutzen Sie nach Möglichkeit Wundauflagen aus dickem, saugfähigem Material. Sie können zu diesem Zweck auch Oberteile aus Fleece, Socken und Mützen verwenden.**
- **Sollte Blut durchsickern, benutzen Sie zusätzliche Wundauflagen.**
- **Ist die Blutung gestillt, legen Sie einen Verband um die Wundauflage an.**
- **Lagern Sie den verletzten Körperteil erhöht, lockern Sie die Kleidung und beruhigen Sie den Betroffenen.**

Kleinere Schnittwunden sollten mit sterilisiertem Wasser gesäubert und anschließend getrocknet und abgedeckt werden. Entfernen Sie mögliche Fremdkörper wie Steinchen oder Splitter. Dies ist vor allem in Dschungelgegenden wichtig. Hautverletzungen können sehr schnell zu Infektionen führen.

Hitzeschäden

Insbesondere in heißen Klimazonen kann die Hitze zu ernsthaften gesundheitlichen Problemen führen. Ist der Körper nicht länger in der Lage, seine Temperatur zu regulieren, kann dies folgende Resultate haben:

Hitzeerschöpfung

Verliert der Körper in hohem Maß Flüssigkeit und Elektrolyte, kommt es zu einer Hitzeerschöpfung. Die Anzeichen sind:

- Generelles Unwohlsein.
- Kopfschmerzen.
- Schwindel.
- Übelkeit.
- Durst.
- Erschöpfung.
- Muskelkrämpfe.
- Feuchte Haut.
- Möglicherweise Beschleunigung von Puls und Atmung.

Was zu tun ist:

- Anstrengung vermeiden.
- Aufsuchen einer schattigen und/oder kühleren Umgebung.
- Kopf/Körper nach Möglichkeit mit Wasser befeuchten/übergießen.
- Körper mit Flüssigkeit und Elektrolyten versorgen, nach Möglichkeit etwas essen.

Hitzschlag

Versagt der Kühlmechanismus des Körpers, kommt es zu einem Hitzschlag. Es kann sich auch um die Steigerung einer Hitzeerschöpfung handeln. Die Anzeichen sind:

- Kopfschmerzen und Verwirrung.
- Unbändiger Durst.

- Schneller Puls und schnelle Atmung.
- Heiße, trockene Haut.
- In der Folge Krämpfe und Koma.

Was zu tun ist:

- Wasser trinken und abkühlen. Schutz suchen.
- Flach hinlegen.
- Mit lauwarmem Wasser befeuchten/übergießen, vor allem den Kopf.
- Überwachen der Vitalfunktionen.

Immersionsfuß

Wenn die Füße über einen längeren Zeitraum Nässe ausgesetzt sind, kann es zu Fußbrand kommen. Unter nasskalten Bedingungen kann sich dies schneller entwickeln, aber geben Sie in allen Umgebungen auf Ihre Füße acht. Die Anzeichen sind:

- Anschwellen des Fußes.
- Taubheitsgefühl.
- Der Fuß fühlt sich kalt an.
- Möglicherweise von bläulichen Flecken bedeckt.

Was zu tun ist:

- Fuß langsam und von selbst trocknen und aufwärmen lassen.
- Auftreten und Gehen vermeiden, Fuß erhöht lagern.
- Durch die Wiedererwärmung kann es zu Juckreiz und Blasenbildung kommen. Areale sauber halten, um Infektionen zu vermeiden.

Biss- und Stichwunden

Es ist nicht besonders wahrscheinlich, dass ein wildes Tier einen Menschen angreift, solange es sich nicht provoziert fühlt. Aber einige Tiere sind gefährlich, wenn sie sich verteidigen. Vermeiden Sie Konfrontationen; ist dies nicht möglich, handeln Sie mit aller Entschiedenheit. Dennoch kommt es immer wieder zu Biss- oder Stichwunden. Zum Glück sind längst nicht alle lebensbedrohlich – nur wenige Tierarten geben tödliche Mengen Gift ab, und wird der Betroffene so schnell wie möglich ins Krankenhaus gebracht, ist die Behandlung mit einem Gegengift in aller Regel erfolgreich. Dafür ist es hilfreich, das Tier bestimmen zu können oder es zu fangen. Säugetiere wie Fledermäuse, Katzen, Hunde und Affen können außerdem Tollwut übertragen.

Zeichen und Symptome einer Vergiftung treten nicht unbedingt sofort auf, das kann durchaus 15 Minuten bis zwei Stunden dauern. Um zu verhindern, dass tierische oder andere Gifte sich im Körper ausbreiten, sollten Sie:

- Stillhalten, ausruhen und möglichst entspannen.
- Die verletzte Stelle tief lagern, nach Möglichkeit tiefer als das Herz.
- Bei Bissen die betroffene Stelle mit fließendem Wasser fünf Minuten lang auswaschen. Etwaige Spuren des

Giftes mit Wasser abwaschen. Wenn Sie zügig ein Krankenhaus erreichen können, mag ein Rest auf der Haut zur Bestimmung des Giftstoffes nützlich sein.

- Druck oberhalb der Bissstelle ausüben und betroffene Stelle ruhigstellen. Druckverband anlegen, aber nicht abbinden. Bei einem Biss an der Hand von der Achselhöhle her bis zu den Fingern bandagieren. Bei einem Biss am Fuß vom Oberschenkel her bis zu den Zehen bandagieren. Bandagieren Sie die Gliedmaße so vollständig es geht.
- Eine Schiene anlegen.

Unter keinen Umständen:

- Betroffene Stelle aufschneiden oder massieren.
- Versuchen, das Gift auszusaugen.
- Abbinden.
- Versuchen, das Tier zu fangen, es sei denn, man ist sich seiner Sache sicher.

Zecken

Entfernen Sie Zecken mit einer Pinzette, indem Sie sie sanft herausziehen. Ziel ist es, den Körper nicht zu beschädigen, damit nicht die halbe Zecke in der Haut stecken bleibt. Wenden Sie Wärme an, oder tauchen Sie den betroffenen Körperteil in warmes Wasser. Suchen Sie Ihre Kleidung täglich nach Zecken und Läusen ab.

Egel

Egel findet man hauptsächlich in feuchten, tropischen Wäldern. Sie können Infektionen auslösen. Egel nicht abziehen, sondern mit Salz oder Insektenschutzmittel bedecken oder glühender Kohle berühren.

Weitere Probleme

Blasen

Öffnen Sie Blasen nicht, sondern decken Sie die betroffenen Hautstellen ab, um sie zu schützen. Platzen Blasen auf, werden Sie wie alle anderen offenen Wunden behandelt. Lassen Sie bei jeder Gelegenheit Luft heran. Ist eine Blase so groß, dass sie geöffnet werden muss, sticht man sie mit einem sterilen Instrument auf. Streichen Sie die Flüssigkeit vorsichtig heraus und decken Sie die Blase dann ab. Zum behelfsmäßigen Sterilisieren einer Nadel eignen sich kochendes Wasser oder eine offene Flamme.

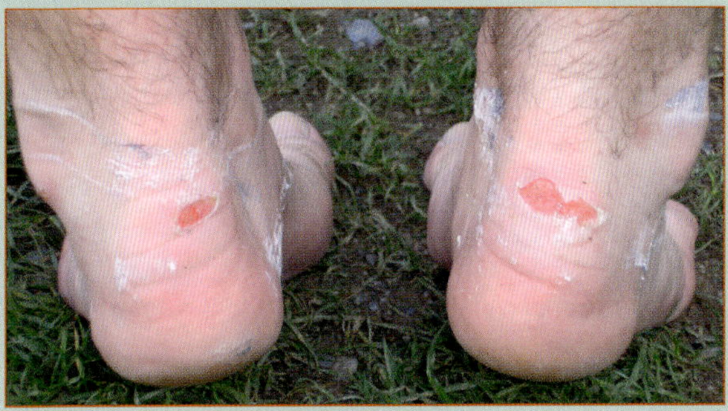

Pilzinfektionen

UV-Licht wirkt antiseptisch, lassen Sie daher Luft an betroffene Areale, wann immer es möglich ist, und halten Sie sie trocken. Kratzen ist zu vermeiden.

Verbrennungen

Lassen Sie so viel Wasser wie möglich über die betroffene Hautstelle laufen. Hören Sie erst auf, wenn das Brennen nachlässt. Handelt es sich um eine großflächige Verbrennung, gilt es in erster Linie, eine drohende Infektion abzuwenden. Wunde abdecken, aber Platz für Schwellungen lassen. Viel trinken, um den Flüssigkeitsverlust auszugleichen.

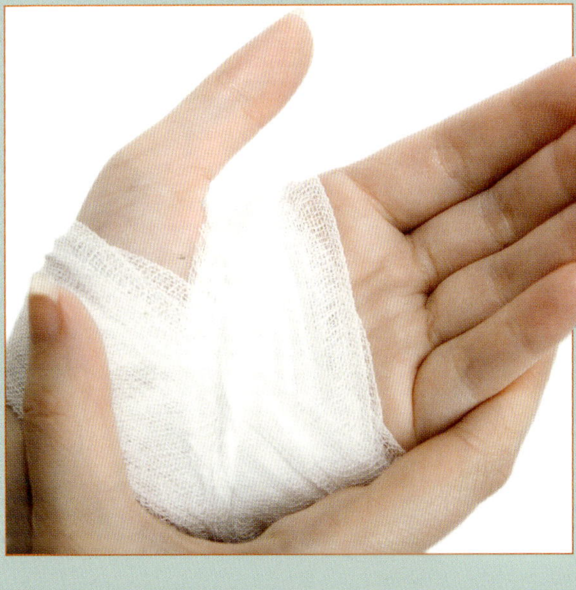

Rettungshubschrauber

Auch wenn Sie von einem Flugzeug oder Schiff aus geortet worden sind, fliegt Sie in der Regel anschließend ein Rettungshubschrauber aus. Helikopter können in der Luft stehen, schwer zugängliches Gelände besser erreichen und Personen oder Ausrüstungsgegenstände per Seilwinde bergen. Doch auch sie sind Beschränkungen unterworfen. Im Gebirge oder auf unebenem, nassem oder sehr felsigem Untergrund können sie nicht landen. Sichtverhältnisse, Windstärke und Entfernung spielen ebenso eine Rolle wie die Höhe: Da die Luft immer dünner wird, je höher man steigt, verringert sich entsprechend die Tragkraft des Hubschraubers. In extremen Höhen können Hubschrauber nicht mehr fliegen, wobei ich schon gesehen habe, wie Verletzte in einer Höhe von 5500 Metern von einem Helikopter geborgen wurden.

Auch wenn Sie überzeugt sind, gesichtet worden zu sein und auf die Rettungsmannschaft warten, sollten Sie mit Ihren Routinen hinsichtlich Nahrungsmitteln, Wasser und Lager fortfahren. Es kann Tage dauern, bis ein Rettungshubschrauber zu Ihnen gelangt. Es kann auch erforderlich sein, sich zu einem besser zugänglich Ort zu bewegen und eine Landefläche zu ebnen. In dem Fall müssen Sie dies signalisieren oder den Weg zu Ihrem neuen Standort sowie die Landezone deutlich sichtbar markieren. Aber brechen Sie nicht überstürzt auf, nur weil der Helikopter abgedreht und weggeflogen ist. Es könnte sicherer sein, an Ort und Stelle zu bleiben. Oder der Hubschrauber kehrt womöglich mit einer Seilwinde zurück. Treffen Sie Ihre Entscheidungen der Situation und dem Gelände entsprechend, in dem Sie sich befinden.

Eine Landezone (LZ) auswählen

Wenn Sie von einem Flugzeug oder Helikopter aus gesichtet worden sind, befinden Sie sich vermutlich in einem übersichtlichen Gelände, das sich auch als LZ eignet. Ist dies nicht der Fall und müssen Sie eine LZ finden oder ebnen, gilt es folgende Regeln zu beachten:

- Versuchen Sie nicht, eine dicht bewaldete oder Dschungelfläche zu roden: Es ist viel zu aufwändig und so gut wie unmöglich. Suchen Sie nach natürlichen Freiflächen. Im Dschungel finden sich oft Lichtungen an Flussufern. Schlammlawinen können Schneisen im Wald eröffnet haben. Treten Sie Schnee bei Bedarf nieder. Nehmen Sie jedoch Abstand von zugefrorenen Seen – es könnte sein, dass die Eisdecke nicht trägt, und der Hubschrauberpilot wird das Risiko einer Landung kaum eingehen.
- Halten Sie Ausschau nach einem offenen, flachen Areal mit einem Durchmesser von etwa 30 Metern. Eine leichte Neigung ist kein Problem, sollte aber 7 bis 10° nicht übersteigen.
- Markieren Sie die LZ nach Möglichkeit mit Material, Felsbrocken oder Kleidung in auffälligen Farben.
- Befreien Sie das Gelände von Pfählen, aufrecht stehenden Stöcken und kleinen Bäumen – diese sind aus der Luft meist schlecht zu erkennen. Füllen Sie große Schlaglöcher auf.
- Schätzen Sie die Anflugrichtung. Sie muss frei von Hindernissen sein und eine uneingeschränkte Rundumsicht erlauben.
- Meiden Sie Klippen und Steilhänge, da sie Abwinde und Aufwinde verursachen können.

- Eruieren Sie die Windrichtung und markieren Sie den Boden mit einem großen T, wobei der Querstrich gegen den Wind zeigt. Können Sie kein T machen, dann stellen Sie sich mit dem Rücken zum Wind an den Rand der LZ und halten Sie die Arme schulterbreit über dem Kopf ausgestreckt.
- Entzünden Sie bei Nacht an geeigneten Stellen kleine Feuer, um die LZ zu markieren und die Windrichtung anzuzeigen. Benutzen Sie Fackeln, falls Sie welche zur Hand haben, aber achten Sie darauf, die Piloten nicht zu blenden. Ist der Hubschrauber für den Nachtflug ausgerüstet, verfügt er über leistungsfähige Suchscheinwerfer.

Bei Ankunft des Rettungshubschraubers:

- Gehen Sie zum Rand der LZ und schauen Sie dem Helikopter entgegen, sodass der Pilot Sie sehen kann. Sichern Sie lose Kleidung oder Ausrüstungsgegenstände und kauern Sie sich auf den Boden, ggf. die ganze Gruppe zusammen. Schützen Sie Gesicht und Augen vor aufwirbelndem Bodenbelag. Warten Sie, bis einer der Helikopterinsassen Ihnen signalisiert, sich zu nähern.
- Bewegen Sie sich in einem Winkel von etwa 45° und mit Blickkontakt zum Piloten/Kopiloten auf den Hubschrauber zu. Nähern Sie sich niemals von hinten, sondern immer von vorn. Ziehen Sie dabei den Kopf ein.
- Ist der Helikopter in schrägem Gelände gelandet, achten Sie darauf, dass die Rotorblätter auf der Bergseite einen geringeren Abstand zum Boden haben als an der Talseite.
- Setzen Sie sich auf den zugewiesenen Platz und legen Sie den Sicherheitsgurt an. Steigen Sie nicht aus, bevor Sie dazu aufgefordert werden.
- Viele Hubschrauberpiloten sind in der Lage, den Helikopter knapp über dem Boden in der Luft zu halten, sodass die Kufen den Untergrund kaum berühren. Dies ist vor allem bei nassen und gebirgigen Einsatzorten von großem Wert. Steigen Sie in dem Fall nicht alle zugleich in den Hubschrauber, sondern warten Sie auf Anweisungen. Durch zu viel Gewicht auf einmal kann der Helikopter kippen. Die Verständigung mit dem Piloten und der Besatzung sollte per Handzeichen erfolgen. Schaltet der Pilot den Motor aus, warten Sie vor einer Annäherung bis zum Stillstand der Rotorblätter.

Rettungsboote

Befinden Sie sich auf See oder an der Küste, wird zur Rettung wahrscheinlich ein Schiff eingesetzt. Das sind die wichtigsten Regeln:

- **Besteigen Sie kleine Boote nacheinander von den Seiten in Richtung Heck.**
- **Klettern Sie etwaige Boots- und Rettungsleitern einzeln hoch. Durch das Gewicht der Nachfolgenden können Sie sich die Finger leicht zwischen Leiter und Schiff einklemmen.**
- **Erklimmen Sie das Boot an einem seitlich heruntergelassenen Rettungsnetz, ziehen Sie sich mit den Händen an den senkrecht verlaufenden Seilen hoch. So verhindern Sie, dass der Vordermann Ihnen auf die Finger tritt.**
- **Betreten Sie ein Schiff niemals vom Heck aus, dort befindet sich der Propeller.**
- **Bei starkem Wellengang und auf offener See warten Sie, bis das Wasser seinen höchsten Stand längsseits des Schiffs erreicht, und versuchen dann, sich an Bord zu ziehen.**
- **Boote können bei starkem Wellengang nicht anlanden, sofern Sie nicht entsprechend gebaut wurden. Sie müssen also entweder rausschwimmen oder eine geschützte Bucht finden.**
- **Achten Sie bei einem Wechsel von einem Boot auf ein anderes auf den Wellengang bzw. die unregelmäßigen Schaukelbewegungen der Boote. Nehmen Sie sich vor einem Zusammenprall der Schiffe in acht, dabei können leicht Finger zertrümmert werden!**
- **Vorsicht vor Seepocken, die auf dem Schiffsrumpf sitzen können und freigelegt werden, wenn das Schiff durch den Seegang aus dem Wasser gehoben wird. Sie können ausgesprochen scharfkantig sein.**
- **Stellen Sie sicher, dass Sie sich ständig im Blickfeld der Rettungsmannschaft befinden, während Sie sich einander annähern. Bei stürmischer See und bei Nacht kann das Schiff Sie schnell aus dem Blick verlieren.**
- **Helfen Sie anderen ins Boot, indem Sie an der Kleidung rund um die Schultern ziehen oder unter die Achseln greifen.**

ÜBERLEBEN IN DER KÄLTE

Es erscheint nahezu unmöglich, in kalten bis extrem kalten Klimata zu überleben. Dennoch haben Menschen dies geschafft und schaffen es noch immer. Die entsprechenden Umgebungen erscheinen unglaublich rau und kompromisslos, aber mit etwas Wissen und Überlegung ist es möglich, sich dort einzurichten und auch unter härtesten Bedingungen in der Kälte zu überdauern. Trotz Schnee und Eis liegt die Temperatur womöglich nur geringfügig unter null Grad – bei Windstille kann dies fast angenehm sein. Lernen Sie ein paar Grundlagen, passen Sie sich an die Umgebung an und Ihre Überlebenschancen – und hoffentlich auch die Ihres Teams – erhöhen sich.

Kältezonen

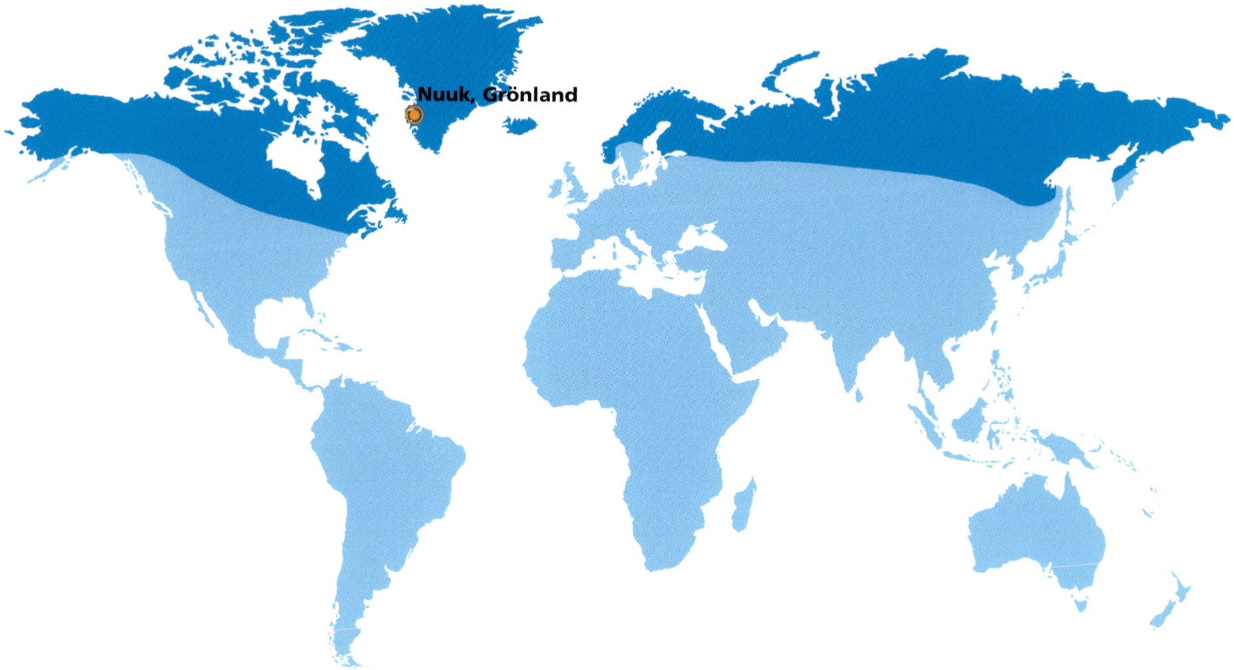
Nuuk, Grönland

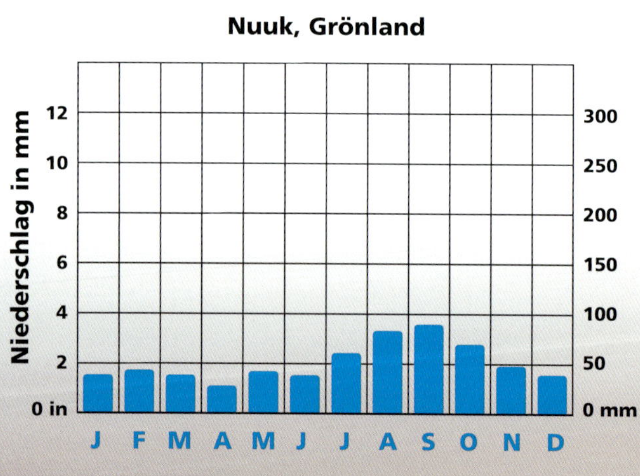
Nuuk, Grönland
Niederschlag in mm
12
10
8
6
4
2
0 in
300
250
200
150
100
50
0 mm
J F M A M J J A S O N D

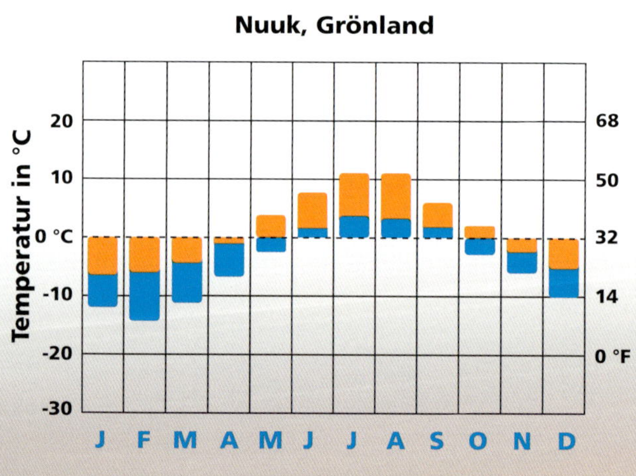
Nuuk, Grönland
Temperatur in °C
20
10
0 °C
-10
-20
-30
68
50
32
14
0 °F
J F M A M J J A S O N D

Arktis und Polargebiete sind gefrorene Wüsten, die sich weit über bergiges Land und Meer erstrecken und wenig Raum für Leben und Grün bieten. Im Sommer können die Temperaturen über den Gefrierpunkt steigen, im Winter jedoch auf unter -40 °C sinken. Denken Sie außerdem daran: Je höher Sie kommen, desto kälter wird es.

In dieser extremen Kälte gefriert verschüttetes Wasser, bevor es den Boden erreicht. Windstärken von 160 km/h senken die Temperatur leicht auf -60 °C ab. Solche peitschenden Winde können Schneestürme entfesseln, die ein Fortkommen unmöglich machen und den Schnee zu einer steinharten Masse zusammenpressen. In der langen Dunkelheit des Polarwinters können Sie auf Gletscher, Spalten, Seracs und Eisberge treffen. Der niedrige Winkel der Sonneneinstrahlung während des langen Sommers hat ebenfalls einen zu bedenkenden Effekt auf die Umwelt: Nahe der Küsten können warme Temperaturen starke Schmelzwasserströme hervorrufen.

In den Polargebieten herrschen extreme Bedingungen vor – hier unvorbereitet in eine Notlage zu geraten, ist äußerst gefährlich. Die Überlebenschancen liegen fast bei null Prozent – es sei denn, Sie werden schnell gerettet. Wenn Sie in der Nähe Ihres Fortbewegungsmittels bleiben können, verbessern sich Ihre Chancen etwas, aber die Witterungsverhältnisse werden Ihrem Körper schneller Schaden zufügen als der Mangel an Nahrung und Wasser.

Eine sehr kleine Bevölkerungsgruppe lebt, jagt und bewegt sich in dieser feindlichen Umgebung. Sie, ihre Körper und ihr Stoffwechsel haben sich an die Extrembedingungen gewöhnt – etwas, das den meisten anderen Menschen nicht gelingt. Ebenso haben sie Kleidung, Unterkünfte und Essgewohnheiten angepasst, sodass sie hier überleben können.

• WEISE WORTE •

Bei dem Überqueren eines Gletscherflusses in Grönland verlor unsere Film-Crew ein Schneemobil. Unser Expeditionsteam musste sich nachts fortbewegen (wenngleich es nie richtig dunkel wurde), da die Gletscherflüsse bei Tagestemperaturen zu gefährlich waren – selbst in einem Polargebiet.

Schutzunterkünfte errichten

Wenn Sie kein für die Arktis geeignetes Zelt haben und auch nicht in Ihrem Transportmittel Schutz finden können, bieten Schnee und Eis eine Alternative. Sie müssen sich gegen den Wind schützen. Niederschlag gibt es in den gefrorenen Wüsten kaum, doch der in diesem Fall willkommene Wind kann Schneeverwehungen bringen. Andererseits hat der Wind den Schnee womöglich so stark komprimiert, dass sich ohne Schaufeln und Sägen sehr schwer hineingraben lässt. Die beste Option ist der Bau einer Schneehöhle wie auf Seite 157 beschrieben.

»Schneesärge«

- Graben Sie eine sarggroße Grube im weichen Schnee und geschützter Lage, wenn möglich.
- Heben Sie Schneeblöcke aus und schneiden Sie Platten für das Dach zu.
- Lehnen Sie die Platten wie bei einem Satteldach gegeneinander. Dadurch gewinnen Sie etwas Höhe.
- Verschließen Sie das eine Ende.
- Konstruieren Sie am anderen Ende mit Blöcken einen kleinen Eingang.
- Graben Sie an jedem Ende des »Sargs« eine Kältegrube, tiefer als Ihre Liegefläche. Die kalte Luft wird dorthin absinken.
- Errichten Sie zusätzlich einen Schutz entgegen der vorherrschenden Windrichtung.
- Dichten Sie Löcher im Dach mit Schnee ab.
- Isolieren Sie die Liegefläche so gut wie möglich.

Iglus

Der Bau eines Iglus ist etwas anspruchsvoller, aber dafür müssen Sie keine Grube graben. Bei sehr kompaktem Schnee brauchen Sie eine Säge, je nach Schneedichte reicht womöglich aber auch eine Schaufel.

- Markieren Sie im Schnee einen Kreis von etwa 4 m Durchmesser.
- Beginnen Sie nahe des Lagers damit, Schneeblöcke auszuheben.
- Platzieren Sie die Blöcke rundherum auf dem markierten Kreis. Sie sollten Kantenlängen von ca. 50 cm bis 1 m haben.
- Schrägen Sie die Oberseite der Blöcke nach innen etwas ab und setzen Sie die nächste Schicht darauf.
- Halten Sie die Schräge Reihe für Reihe bei, bis Sie eine Kuppel errichtet haben. Dichten Sie die Lücken mit Schnee ab.
- Schneiden Sie einen Eingang und setzen Sie mit weiteren Platten einen Tunnel davor.
- Bauen Sie zusätzlich einen Windschutz vor den Eingang.

Mit guter Isolierung, einer brennenden Kerze und durch die Körperwärme werden Iglus erstaunlich behaglich. Obgleich der Bau eines Iglus wirklich nicht leicht ist, kann mit ausreichend Zeit und praktischem Denken jedoch etwas geschaffen werden, das annähernd an die Iglus der Einheimischen herankommt.

Bau eines »Schneesargs«

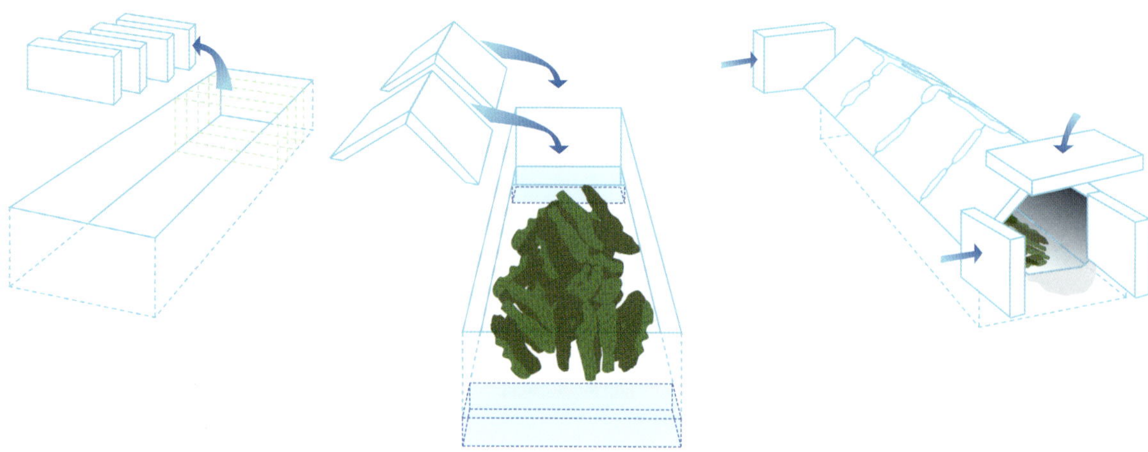

Bau eines Iglus

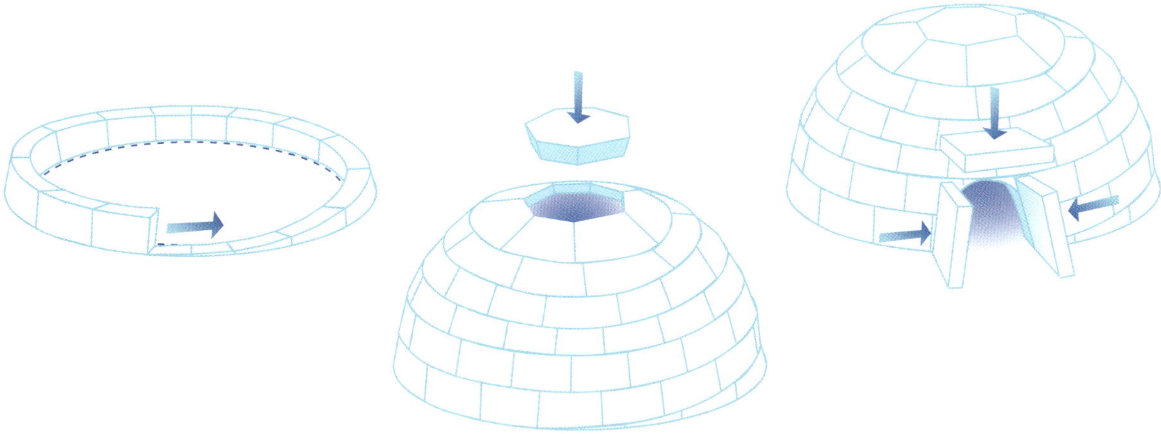

Improvisation mit Schutzdach

- Markieren Sie mit einem Kreis oder Quadrat die Fläche Ihres Schutzunterstands im Schnee. Sie sollte etwas kleiner sein als Ihr Dachmaterial. Dafür eignet sich ein Stück Plane, Fallschirm oder Canvas – intakt und von etwa 4 m Durchmesser bzw. im Quadrat.
- Errichten Sie ca. 1 m hohe Wände aus Schneeblöcken.
- Legen Sie die Dachplane darauf und fixieren Sie sie mit Blöcken auf den Wänden.
- Schneiden Sie eine kleine Eingangsöffnung, bauen Sie einen Tunnel und einen Windschutz davor, falls notwendig.
- Stellen Sie die Dachplane von innen mit einem Skistock, Ski oder einer Schaufel hoch. Dadurch kann Schnee abrutschen und Sie haben mehr Bewegungsfreiheit.
- Isolieren Sie den Boden so gut wie möglich.
- Legen Sie eine Kältegrube am Eingang an.

Dichten Sie nicht jedes Loch ab. Eine Belüftung ist wichtig.

Improvisation mit Schutzdach

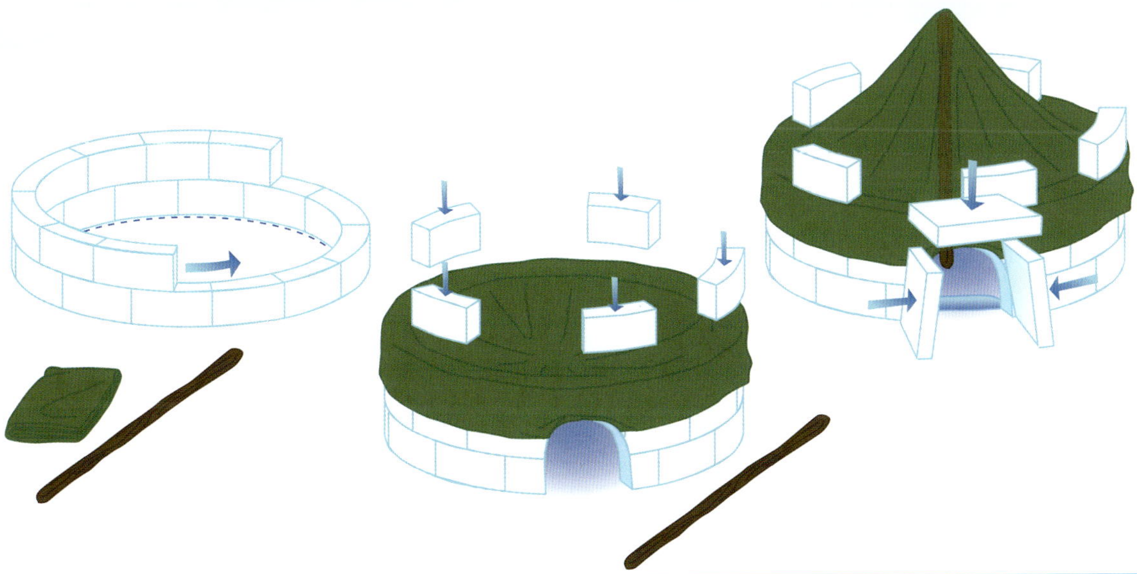

Kälte-Basics

Wasser

Wasser ist in dieser Umgebung kein Problem, falls Sie die Mittel haben, Schnee und Eis zu schmelzen. Sammeln Sie Schmelzwasser, wenn möglich. Gletscher in Küstennähe werden im Sommer tagsüber Schmelzwasser führen. In kalten Klimata ist das Trinken genauso wichtig wie überall sonst auch.

Richten Sie abseits des Lagers eine Latrine ein und stellen Sie sicher, dass jedes Mitglied Ihrer Gruppe diese kennt und nutzt.

Nahrung

Im Landesinneren der Polarregionen gibt es wenig bis nichts Essbares. Das Meer und die Küsten bieten die meisten Nahrungsquellen. An freiliegenden Felsen finden sich vielleicht ein paar Flechten und Moose, Bäume gibt es bis auf die Nadelbäume in tieferen Höhenlagen jedoch nicht. Tiere werden in abgelegenen Gegenden selten mit Menschen konfrontiert und sind daher manchmal relativ leicht zu fangen. In den Polarregionen sind dies:

- Pinguine – gibt es nur in der Antarktis. Bei vielen frühen Forschungsreisen standen sie auf dem Speiseplan.
- Hasen und Lemminge.
- Füchse und Wölfe.
- Rentiere, Moschusochsen, Karibus und Elche.
- Seehunde – reich an Speck, aber groß und manchmal aggressiv.
- Eisbären sind zu meiden – zu groß, zu aggressiv.

Die meisten Pflanzen in den Polarregionen sind essbar. Sie können gepflückt, getrocknet und gekocht werden. Mit kochendem Wasser lässt sich Kräutertee daraus zubereiten, und manche sind auch roh genießbar. Einige giftige Pilze gibt es jedoch auch. Am häufigsten sind folgende Pflanzen zu finden:

- Arktis-Weide – die Rinde sowie junge Triebe und Wurzeln sind essbar. Reich an Vitamin C.
- Rentierflechte – zu kochen und einzuweichen.
- Flechten und Moose, die auf Felsen wachsen, sind meistens genießbar, vor dem Verzehr aber zu kochen oder zu garen. Essen Sie nicht zu viel auf einmal. Am besten eignen sich Umbilicariales. Diese flechtenbildenden Schlauchpilze können roh gegessen werden.
- Fichten- und Piniennadeln, wenn zu finden. Junge Triebe und Rinde können gekocht und gegessen werden.
- Preiselbeeren – rote, sehr nährstoffhaltige Beeren. Die Blätter können gekocht oder geröstet werden.
- Moltebeeren – gelborange Beeren, reich an Vitamin C. Mit den Blättern kann Tee zubereitet werden.

Wenn Ihnen brennbares Pflanzenmaterial zur Verfügung steht, können Sie zum Kochen ein Feuer entzünden. Auch tierisches Fett brennt sehr effektiv. Errichten Sie Feuer wie in Kapitel 3 beschrieben.

Flechten und Moose sind eine gute Nahrungsquelle – in Maßen!

Signalgebung und Rettung

Hier gelten dieselben Anweisungen wie in den Bergen: Leuchtende Farben und gradlinige Formen sind aus der Luft gut auszumachen. Sogar ein rechteckiges schwarzes Kleidungsstück, platziert auf einem ebenen Schneeplateau, ist aus der Ferne leicht zu sehen. Die Verbrennung von tierischem Fett erzeugt Rauch. Und Sie können mit Asche und verbrannten Abfällen ein Zeichen in Schnee und Eis kratzen.

Such- und Rettungsflugzeuge werden nur bei guten Wetterverhältnissen aufbrechen, seien Sie darauf vorbereitet. Helikopter werden zur Rettung wahrscheinlich nicht eingesetzt, sondern Flugzeuge mit Kufen; finden Sie also einen Ort, der sich als Landebahn eignet. Das Gebiet muss nicht komplett eben, jedoch frei von Hindernissen sein, die das Flugzeug beschädigen könnten. Große, sehr harte Schneekämme namens »Sastrugi« beispielsweise machen eine Landung unmöglich. Einige hundert Meter ebenerdiges, von einer dünnen Schneeschicht bedecktes Gelände, sind ideal.

Fortbewegung in der Kälte

Wenn Sie gezwungen sind weiterzureisen, wägen Sie zuvor sorgfältig die Risiken ab. Oft ist es auch nachts hell genug dafür, jedoch liegen die Temperaturen dann deutlich niedriger. Tagsüber kann die Sonne wortwörtlich blind machen. Augen und Gesicht vor der Sonne zu schützen ist ebenso wichtig wie der Schutz vor Kälte und Wind. Ist Ihre Haut einmal vorgebräunt, werden Sie nicht mehr ganz so schnell verbrennen. Bleiben Sie aber auf der Hut – sogar Ihre Zunge kann Sonnenbrand bekommen, wenn Sie bei anstrengenden Arbeiten mit offenem Mund atmen.

Wenn Sie kein GPS haben, richten Sie sich am besten nach den Himmelskörpern. Kompasse funktionieren in der Nähe der Pole nicht zuverlässig. Richten Sie Ihre Marschroute an einem konkreten Ziel aus, denn ein planloses Umherwandern in dieser Umgebung ist töricht. Halten Sie sich gegebenenfalls bergabwärts, denn mit zunehmender Höhe sinken die Temperaturen noch weiter.

Haben Sie die Richtung festgelegt, suchen Sie sich einen entsprechenden Orientierungspunkt in größtmöglicher Entfernung. Suchen Sie sich von dort aus den nächsten Punkt usw. Bedenken Sie, dass die weitläufigen Polarregionen eintönig gestaltet sind und Sie eine am Horizont ausgemachte Landmarke nicht unbedingt schnell erreichen werden – sie kann leicht mehr als 100 km entfernt sein. Als wir beispielsweise im Grönlandeis unterwegs waren, konnten wir am Horizont gerade so eine kleine schwarze Spitze erkennen. Wir hatten auf unserer Reise zuvor wochenlang keine Landschaftsmarken gesehen. Unser Ziel waren die Berge an der Küste, und wir wussten, dass diese schwarze

Hygiene

Wenngleich die Polargebiete nahezu steril sind und ich dort nie krank geworden bin, ist Hygiene wichtig:

- Richten Sie abseits des Lagers eine Latrine ein und stellen Sie sicher, dass jedes Mitglied Ihrer Gruppe diese kennt und nutzt.
- Sammeln Sie Schnee und Eis zum Schmelzen für Wasser. Tun Sie dies deutlich abseits von Toilette und anderen möglichen Verunreinigungsquellen wie Hunden oder Treibstoff.
- Lüften Sie Ihre Kleidung wenn möglich, und legen Sie sie an warmen, sonnigen Tagen ins Sonnenlicht.
- Putzen Sie regelmäßig die Zähne.
- Kochen Sie das Essen gut und trinken Sie ausreichend.
- Säubern Sie nach dem Erlegen und Ausnehmen von Tieren sorgfältig Hände, Messer und andere Werkzeuge.
- Entkleiden Sie sich und nehmen Sie ein »Bad« im Schnee und anschließend in der Sonne, insofern es Wetter und Temperatur erlauben. Das UV-Licht und die saubere Luft auf der Haut wirken Wunder für Körper und Seele.

Dave bei einem »erfrischenden« Schneebad.

Spitze unser erster Blickkontakt war. Es war sehr aufregend, endlich etwas Anderes zu sehen, und als wir unser Lager aufschlugen, unterhielten wir uns noch voller Vorfreude darüber, die Berge am nächsten Morgen zu erreichen. Zwei Tage später waren wir noch immer nicht dort! Das war eine sehr eindrückliche Erinnerung an die gewaltige Weite dieser Regionen.

In nördlichen Breitengraden, wo das Meer zugefroren ist, können durch die Bewegung der Eisdecke im Zuge der Gezeiten offene Stellen und Rinnen entstehen. Umgehen Sie diese, indem Sie sichere Übergänge suchen. Ein Sturz ins Wasser endet ohne die richtige Schutzausrüstung in den Polargebieten nahezu sicher mit dem Tod. Da Sie sonst kaum Nässe zu befürchten haben, sollte Ihre Kleidung vor allem gegen den Wind schützen. Überanstrengen Sie sich jedoch nicht. Sie können auch bei Temperaturen unter dem Gefrierpunkt schwitzen. Feuchte Kleidungsschichten werden dann gefrieren, wenn Sie sich nicht mehr bewegen. Disziplinieren Sie sich daher und stoppen Sie regelmäßig für Pausen und Kontrollen. Behalten Sie andere Gruppenmitglieder im Auge und führen Sie ein Partnersystem ein, mit dem aufeinander achtgegeben wird. Kontrollieren Sie vor allem das Gesicht auf Anzeichen von Erfrierungen (siehe Seite 99).

Wenn sich unterwegs das Wetter verschlechtert, schlagen Sie frühzeitig das Lager auf. Kämpfen Sie sich nicht weiter voran – bei zu schlechten Konditionen wird es womöglich schwer, ein Lager zu errichten. Scharfe Winde und eisige Temperaturen können selbst einfachste Aufgaben unmöglich werden lassen.

• WEISE WORTE •

Eines Morgens hatten wir es eilig weiterzukommen und bauten bei leichtem Wind und etwa –25 °C unser Lager ab. Die Verhältnisse schienen ein wenig ungewöhnlich: Der Himmel sah bedrohlich aus und es lag eine unheilvolle Stimmung in der Luft, doch wir beluden unsere Schlitten, schirrten die Hunde an und brachen auf. Nach kurzer Zeit schlug das Wetter zum Schlechten um, sodass wir sofort mühsam ein neues Lager errichten mussten – nur zwei Stunden, nachdem wir das alte abgebrochen hatten. Ein beißender Sturm zog auf und nagelte uns für fast drei Tage fest. Wir konnten kaum das Zelt verlassen und taten es nur, um die Hunde freizuschaufeln, die sonst erstickt wären. Es war unmöglich, außerhalb des Zelts auf Toilette zu gehen. Wir mussten uns abstimmen und uns jeweils alle gleichzeitig im Zelt erleichtern. Dafür hoben wir die Bodenplane an, schaufelten jeder ein Loch in den Schnee und ließen das Toilettenpapier in der Runde kreisen – grauenvoll!

Dave demonstriert, dass das Schwimmen im Meer auch in Polarregionen möglich ist – wenngleich es nicht empfehlenswert ist!

ÜBERLEBEN AN DER KÜSTE

Mitten auf dem Meer, weit ab vom Land und ohne Boot, ist die Überlebensdauer kurz, wenn Sie nicht zeitnah gerettet werden. Ohne entsprechende Ressourcen ist das Überleben auf See schwierig.

Wenn Sie jedoch die Küste erreichen oder auch vom Inland zur Küste marschieren, steigen Ihre Chancen. An den Küsten leben viele Menschen, häufig ist das Nahrungsangebot üppig und es können Schiffe vorbeikommen. Es ist erstaunlich, welche Dinge das Meer an den entlegensten Küsten der Welt anspült. Wenn Sie wissen, was Küste und Ozean Ihnen in einer Notlage alles bieten können, verbessern sich Ihre Überlebenschancen.

Küstenregionen

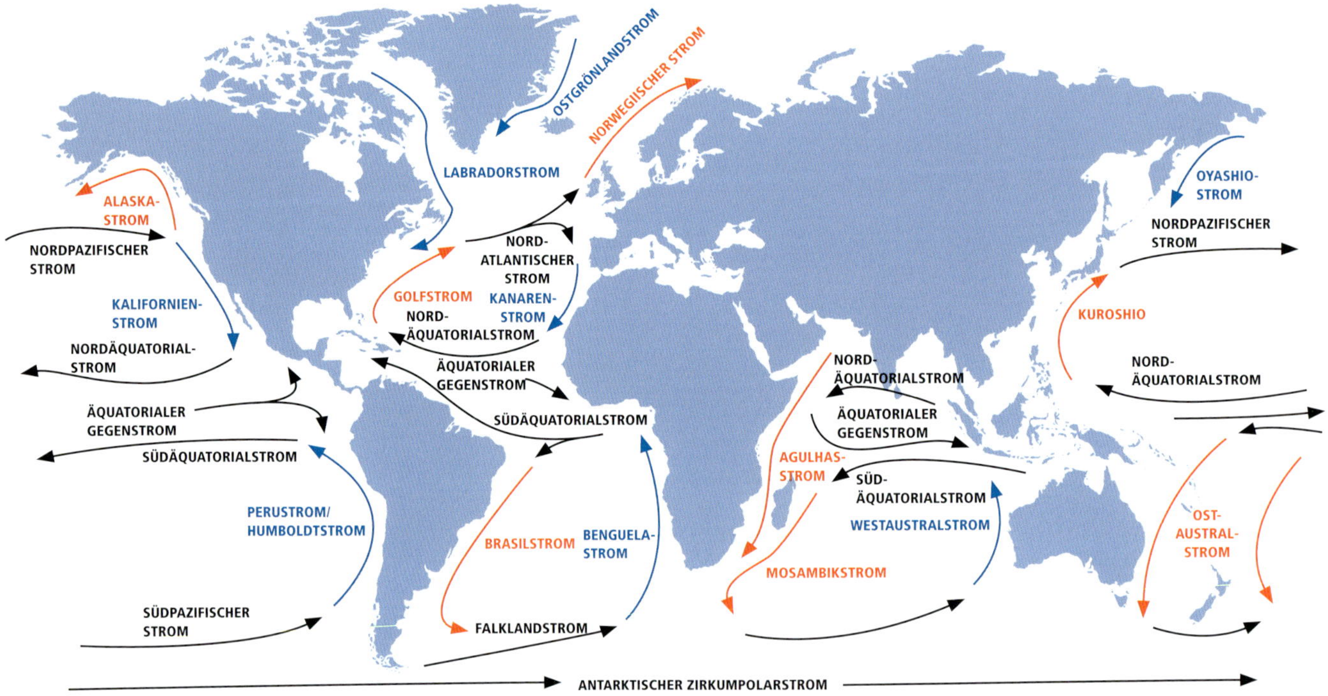

Vier Fünftel der Erdoberfläche sind von Wasser bedeckt, und ein großer Teil der menschlichen Bevölkerung lebt an den Küsten. Viele Gemeinschaften nutzen Wasserwege für den Handel, und die meisten von uns reisen zumindest einmal im Leben per Schiff oder Flugzeug über einen Ozean. Fast jeden Tag ereignen sich Seeunfälle, und wenngleich viele Menschen schnell gerettet werden, haben andere nicht so viel Glück.

Man kann sagen, dass eine Notlage auf See von allen Survival-Situationen die schwierigste ist. Auf einem Floß oder Boot zu treiben stellt schon eine enorme Herausforderung dar, aber wenn Sie ohne jegliches Transportmittel im Wasser schwimmen, werden Sie ohne schnelle Rettung kaum überleben. Gezeiten, Strömungen, Wetter, Wasserzustand und Meerestiere können die Überlebenszeit weiter dramatisch verkürzen. Es drohen außerdem Unterkühlung, Erfrierungen, Sonnenbrand, Blindheit (durch die UV-Strahlung der Sonne), Seekrankheit, Dehydration, Verstopfung und Hitzschlag.

Die See kann sich schnell gegen Sie wenden, auch wenn Sie es gar nicht erwarten, der Himmel blau ist und der Wind günstig steht. Ich erinnere mich an einen Segeltrip mit einem guten Freund. Wir segelten bei gutem Wetter die Küste entlang, im Abstand von fünf Meilen zum Land. Als mein Freund unter Deck ging, übernahm ich das Steuer. Plötzlich hörte ich ihn rufen: »Wir haben ein Leck, und zwar ein großes!« Als ich nach unten sah, schoss das Wasser durch die Kabine – nicht gut! Nach einem harten Kampf schafften wir es in eine Bucht, wo wir das Problem soweit beheben konnten, dass wir zurück zum Hafen fahren konnten. Obwohl wir uns in Sichtweite des Festlands befanden, war der Gedanke, ohne Boot im Meer zu enden, sehr beängstigend.

Trotz moderner Technik wie Notfunkbake (engl.: Emergency Position Indicating Radio Beacon/EPIRB), GPS, UKW, Kälteschutzanzug und Survival-Ausrüstung ist es noch immer eine Herausforderung, eine Seenotlage zu überleben. Dennoch gibt es zahlreiche entsprechende Survival-Geschichten. Glauben Sie an Ihre Chance!

Auf See wie an Land bleibt es bei diesen Grundanforderungen:

- Schutz.
- Wasser.
- Nahrung.
- Rettung.

Sie sollten so schnell und genau wie möglich Ihre Position bestimmen (siehe Kapitel 2). Das Wissen darum erleichtert Ihnen gewisse Entscheidungen und stärkt die Zuversicht.

Schutz

In jedem Fall müssen Sie so schnell wie möglich Schutz vor den Elementen finden. Der Wind kann dramatische Auswirkungen auf einen Körper in nasser Kleidung haben: Er reduziert die Kerntemperatur und führt zu Hypothermie. Zu viel Sonne und Salzwasser schaden der Gesundheit und verschlechtern den körperlichen Zustand.

Wenn Ihr Boot gekentert ist, versuchen Sie es umzudrehen. Gewöhnlich gelingt das, indem Sie an Leinen ziehen, die an einer Seite des Boots befestigt und über den Rumpf auf die andere Seite geführt werden. Stemmen Sie die Füße gegen den Rumpf und ziehen Sie an den Seilen. Drehen Sie dabei den Rumpf Schritt für Schritt unter Ihren Füßen, während das Boot sich aufrichtet. Wenn Sie das nicht schaffen, bleiben Sie beim Boot und versuchen Sie, aus dem Wasser zu klettern. Durch das Boot sind Sie besser sichtbar und können leichter gefunden werden. Ziehen Sie umhertreibende Gegenstände aus dem Wasser, aber riskieren Sie dabei nicht, vom Boot getrennt zu werden. Sie können sehr schnell abtreiben, und wenn Gezeiten oder Wind gegen Sie spielen, wird es Ihnen nicht gelingen, zurück zum Boot zu gelangen.

Viele moderne Rettungsflöße haben ein integriertes Schutzdach. Haben Sie dies nicht, müssen Sie improvisieren. Errichten Sie ein Überdach zum Schutz gegen die Elemente, das Ihnen aber erlaubt, nach Nahrung zu suchen, das Wetter zu überprüfen und nach Rettung Ausschau zu halten. Wenn möglich, sollte das Schutzdach auch bei Sturm und rauer See wasserdicht sein.

Sichern Sie alles auf Ihrem Boot oder Floß, so gut Sie können. Jeder Gegenstand dient Ihrem Schutz und Überleben. Auch wenn das Meer ruhig erscheint und das Wetter gut ist, verzurren Sie lieber alles dreimal!

Weitere Schutzmaßnahmen:

- Bedecken Sie Ihren Körper zum Schutz gegen Sonne oder Unterkühlung mit Kleidung.
- Improvisieren Sie aus denselben Gründen eine Kopfbedeckung.
- Tragen oder improvisieren Sie eine Sonnenbrille zum Schutz gegen die Strahlung.
- Trocknen Sie nasse Kleidung oder wringen Sie zumindest alles sorgfältig aus.
- In kalten Klimata können Sie sich mit etwas Bewegung warmhalten. Es kostet mehr Energie, sich aufzuwärmen, wenn man richtig ausgekühlt ist, als wenn man sich einigermaßen warm hält.
- Kauern Sie sich zusammen, um die Körperwärme zu erhalten.
- Wenn Sie in einer Gruppe sind, teilen Sie Schichten ein, in denen Sie Ausschau nach Wasser, Nahrung und Rettung halten, das Steuer übernehmen und schlafen.
- Reservieren Sie ein oder zwei Behälter zum Wasserschöpfen.
- Wenn notwendig und möglich, bringen Sie mit Luft gefüllte Behälter an, um den Auftrieb zu verstärken.
- Achten Sie auf die Hygiene. Körperliche Ausscheidungen gehen über Bord, daran führt kein Weg vorbei. Alle anderen können sich zur Seite drehen. Nach einer Weile werden Sie wunde Stellen, rissige Lippen und vielleicht Schnitte von irgendwelchen Arbeiten bekommen. Halten Sie das Hygienelevel so hoch wie möglich, um Infektionen einzudämmen. Durch Krankheit dehydrieren Sie noch stärker. Halten Sie Salzwassergeschwüre so lang wie möglich fern, indem Sie sich etwas bewegen und nicht zu lang sitzen. Vermeiden Sie Schnitte und Abschürfungen, wischen Sie Salzkristalle ab, halten Sie die Haut so trocken wie möglich und lassen Sie in kleinen Dosen Sonnenlicht und Luft an Ihren Körper.

Ihre erste Priorität wird sein, Ihr Floß oder Boot bei Sturm vor dem Kentern zu bewahren. Wenn Sie lang genug auf See sind, steigt die Wahrscheinlichkeit auf schlechtes Wetter und raue Bedingungen. Versuchen Sie, Ihren Bug in den Wind zu drehen und die Wellen von vorn über den Bug brechen zu lassen. Wenn große Wellen, insbesondere Brecher, auf die Backbordseite schlagen, können sie das Boot zum Kentern bringen, gerade bei Flößen oder Schlauchbooten. Runde Rettungsinseln sind so gebaut, dass sie Wellen aus allen Winkeln standhalten können, und sie sind selten mit Ruder oder Steuervorrichtung ausgestattet.

Wenn Ihr Boot einen Seeanker hat, nutzen Sie ihn, um nah an der Unglücksstelle zu bleiben und um es im Wind und gegen die Wellen zu halten. Ein Seeanker lässt sich am besten als eine Art Fallschirm beschreiben, der über eine Leine mit dem Boot verbunden ist. Er füllt sich mit Wasser und verleiht dem Boot durch den entstehenden Zug Stabilität; es dreht so tendenziell in den Wind und gegen die Wellen. Strömungen wirken sich dabei allerdings auf Anker und Boot aus, behalten Sie das Geschehen also im Blick. Wenn an Bord ein Seeanker fehlt, improvisieren Sie möglichst einen. Verlängern Sie die Verbindungsleine bei rauer See auf etwa fünf Meter, sodass der Seeanker im Wellental liegt, während das Boot auf dem Wellenkamm schwimmt.

Im Wasser

Wenn Sie im Wasser treiben, ist es besser, die Kleidung anzubehalten als sie auszuziehen. Das gilt für alle Klimazonen. Wenn Sie dennoch Kleidung ausziehen müssen, dann vermutlich, um einen Auftrieb zu improvisieren.

Auftrieb können Sie zum Beispiel gewinnen, indem Sie die Hose ausziehen und ans Ende jeden Hosenbeins einen Knoten machen. Legen Sie die Hose dann hinter Ihren Kopf, greifen Sie sie am Bund und ziehen Sie sie kräftig durch die Luft, um so viel Luft wie möglich darin einzufangen. Halten Sie unter Wasser den Hosenbund zu und fest. Wiederholen Sie den Vorgang von Zeit zu Zeit.

Wenn Sie nicht allein sind, drängen Sie sich zusammen. Wenn Sie auf sich gestellt sind, versuchen Sie, die Knie an die Brust zu ziehen und verschränken Sie die Arme, um Wärme zu speichern. Am wenigsten Energie kostet es, auf dem Rücken zu treiben. Strecken Sie Arme und Beine aus und drücken Sie den Rücken durch. Atmen Sie gleichmäßig ein und aus und halten Sie Ihr Gesicht aus dem Wasser (in dieser Position können Sie sogar für kurze Zeit schlafen). Wenn Sie nicht auf dem Rücken treiben können, drehen Sie sich mit dem Gesicht ins Wasser wie unten beschrieben.

Schwimmen Sie langsam und gleichmäßig. Wenn Sie eine Rettungsweste anhaben, lassen Sie diese die Arbeit machen. Schwimmen Sie jedoch langsam und kontinuierlich weiter, wenn Sie Land erreichen wollen. Teilen Sie Ihre Kräfte ein und denken Sie daran, dass es sehr weit bis zur Küste sein kann, auch wenn sie in Sichtweite ist.

Wenn es sehr kalt ist, kann es einen Schock auslösen, ins Wasser zu fallen. Es ist aber möglich, den Schock zu überwinden, wenn Sie ruhig und gelassen bleiben. Die nächste Herausforderung ist, aus dem Wasser zu kommen und trocken und warm zu werden. Die Überlebenschancen in kaltem Wasser sinken drastisch, je länger Sie darin sind. Ich bin ein paar Mal in sehr kalten Klimazonen ins Wasser gestürzt, manchmal bekleidet, manchmal nicht. Ich bin auch schon acht bis zehn Meter unter Eis entlanggetaucht. Nachdem ich mich beruhigt und entspannt hatte, war ich in der Lage, den Atem anzuhalten und eine gewisse Strecke unter dem Eis zurückzulegen.

Treiben lassen

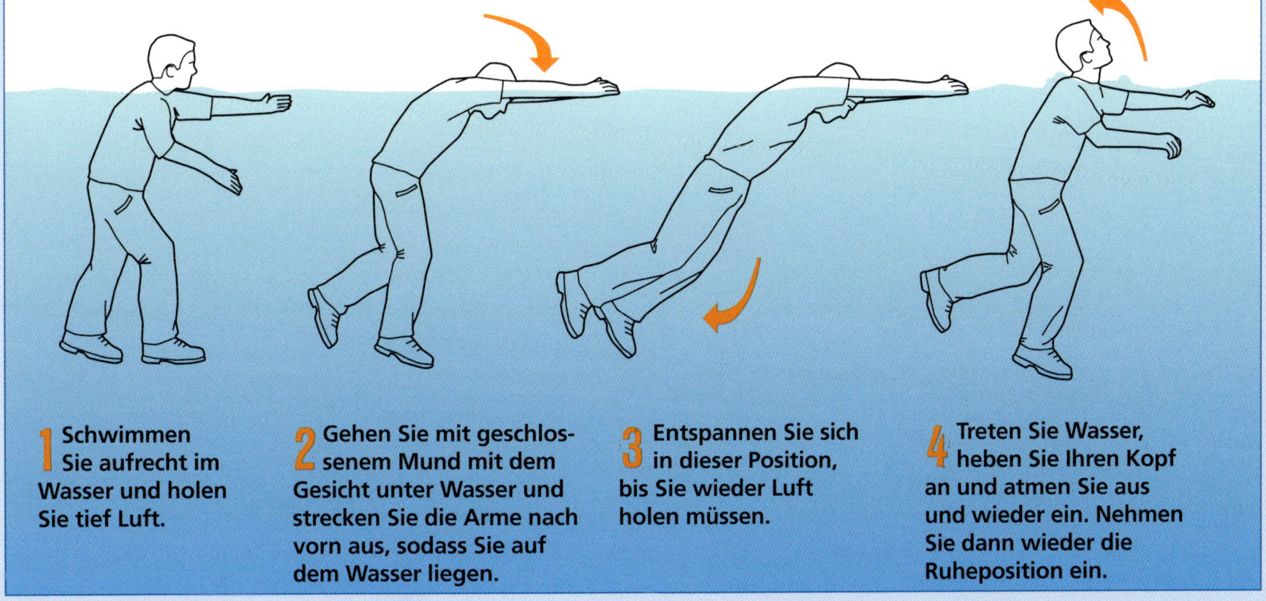

1 Schwimmen Sie aufrecht im Wasser und holen Sie tief Luft.

2 Gehen Sie mit geschlossenem Mund mit dem Gesicht unter Wasser und strecken Sie die Arme nach vorn aus, sodass Sie auf dem Wasser liegen.

3 Entspannen Sie sich in dieser Position, bis Sie wieder Luft holen müssen.

4 Treten Sie Wasser, heben Sie Ihren Kopf an und atmen Sie aus und wieder ein. Nehmen Sie dann wieder die Ruheposition ein.

Wasser finden

Unser Körper braucht Wasser. Bereits nach wenigen Tagen ohne Wasser, in denen der Körper dem Seeklima ausgesetzt ist, zeigen sich die Auswirkungen. Wassermangel beeinträchtigt die Leistungsfähigkeit. Auch für die Verdauung wird Wasser benötigt; durch die hohe Luftfeuchtigkeit auf See nimmt der Körper jedoch allein durch das Atmen etwas Wasser auf. Dies ist zum Beispiel in dürren, trockenen Landregionen nicht gegeben, weshalb man auf See im Vergleich länger ohne Wasser auskommen kann. Dennoch verliert der Körper kontinuierlich an Flüssigkeit, sogar in Ruhephasen. Es hat daher Priorität, an sauberes Süßwasser zu gelangen. Je nach Umgebung und anderen Faktoren tritt der Tod durch Dehydration nach sechs bis zehn Tagen auf. Es gibt einen Bericht von einem Mann, der 15 Tage ohne Wasser überlebte, nicht überliefert ist aber, ob es in dieser Zeit geregnet hat.

Wenn Sie über Wasser verfügen, wachen Sie sorgsam darüber, schützen Sie es vor Verunreinigungen und rationieren Sie es. Zur Wasserrationierung beachten Sie diese generelle Regel:

Fischaugen liefern etwas Flüssigkeit.

Tag 1	kein Wasser
Tag 2–4	ca. 110 ml pro Tag
Tag 4–8	ca. 110–200 ml pro Tag
Tag 8–?	ca. 220 ml pro Tag

Es wäre unvernünftig, viel zu trinken und anschließend zu urinieren, außer, Sie haben sehr große Reserven oder wissen, dass Nachschub gesichert ist. Selbst einmal tägliches Urinieren ist eine Verschwendung von Körperflüssigkeit. Bemessen Sie Ihre Flüssigkeitsaufnahme in etwa nach der Menge, die Sie ausscheiden. Selbstverständlich richten sich die oben angegebenen Rationen nach Vorrat und Verfügbarkeit. Wenn Sie trinken, sollte das Wetter ruhig und die Gefahr klein sein, etwas zu verschütten oder mit Salzwasser oder Motoröl zu verunreinigen.

Wenn Wasser nicht unmittelbar verfügbar ist, ist das kein Grund aufzugeben, denn es gibt immer noch die Chance, welches zu bekommen. Verwenden Sie in heißen Klimata nasse Kleidungsstücke, um den Körper tagsüber zu kühlen (und weniger zu schwitzen).

Süßwasser

Trinken Sie niemals Salzwasser! Das gilt auch für Wasser, das durch Motoröl oder menschliche Ausscheidungen verunreinigt wurde.

Beginnen Sie gleich am ersten Tag damit, Wasser zu sammeln und zu gewinnen.

Wasser sammeln

- Platzieren und sichern Sie auf Ihrem Boot jegliche Gegenstände, die Regenwasser auffangen können – improvisieren Sie Behältnisse aus Schuhen, Taschen und Plastikfolien. Versuchen Sie außerdem eine Regenrinne und Abflussleitungen zu errichten, um noch mehr Wasser auffangen zu können. Wenn vorhanden, halten Sie einen Vorratscontainer bereit, in den Sie regelmäßig das gesammelte Wasser füllen. Dieser Container sollte gut gesichert sein!
- Halten Sie größere Auffangflächen wie das Überdach sauber und frei von Salzkristallen, insbesondere nach schwerem Seegang. Wenn ein Sturm aufzieht, kann es zwar regnen, doch Sie müssen Ihre Behälter vor Verunreinigung durch Salzwasser schützen, da Wellen über das Boot schlagen können.
- Wenn vorhanden, können Sie mit einem sauberen, salzwasserfreien Schwamm den Morgentau aufsaugen.
- Eisberge können Wasser liefern, aber nur altes Eis ist frei von Salz (nach etwa einem Jahr). Sie erkennen es an den runderen Ecken und einer dunkleren blauen Färbung. Probieren Sie vorsichtig, bevor Sie es in Mengen konsumieren. Auf den Eisbergen können sich auch Tauwasserlachen gebildet haben. Dieses Wasser ist noch leichter einzusammeln.
- Füllen Sie Behälter nicht bis zum Rand, sondern lassen Sie etwas Luft unter dem Deckel. Dadurch versinkt der Behälter nicht, sollte er ins Wasser fallen. Er kann außerdem als Auftriebsmittel dienen. Verwenden Sie möglichst dunkle Container oder bewahren Sie sie im Schatten auf, um das Algenwachstum zu reduzieren.

• WEISE WORTE •

Ich habe einige Male Fisch- und andere Augen gegessen. Sie lassen sich leicht hinunterschlucken; im Ganzen geschluckt, bemerkt man sie kaum. Dank ihrer wässrigen, etwas schleimigen Beschaffenheit und ihren runden Form gleiten sie anscheinend besonders gut die Kehle hinunter.

Andere Wasserquellen

- Wenn Sie dehydriert sind, verschaffen Fischaugen etwas Erleichterung. Je größer der Fisch, desto größer die Augen und die Menge der darin enthaltenen Flüssigkeit. Wie in vielen Survival-Situationen kostet es Energie, große Fische und Säugetiere zu fangen. Und manchmal wiegt deren Nährwert die durch den Kampf und die Mühen verbrauchte Energie nicht auf. Wenn Sie einen Fisch fangen, holen Sie das Auge vorsichtig mit einem Messer heraus.

Alte Eisberge sollten salzfrei sein, testen Sie jedoch vorab eine Probe.

- Schieben Sie die Messerspitze vorsichtig auf die Augenrückseite, ohne das Auge zu beschädigen und die Flüssigkeit zu verlieren. Essen Sie das Auge roh und im Ganzen.
- Sie können auch kleine Mengen Spinalflüssigkeit aus Fischen gewinnen. Wieder gilt die Regel: Je größer der Fisch, desto mehr Flüssigkeit. Häuten Sie den Fisch um den Schwanz herum und am Ende der Wirbelsäule. Machen Sie einen kleinen Schnitt gerade oberhalb des Schwanzes in die Wirbelsäule. Halten Sie den Fisch dabei kopfabwärts, damit nichts herausläuft. Drehen Sie den Fisch dann kopfaufwärts und fangen Sie die Flüssigkeit in einem Behälter auf. Oder saugen Sie sie heraus. Wenn Sie die Haut an der Stelle nicht entfernen, verunreinigen Sie die Flüssigkeit womöglich mit etwas Salzwasser, sodass sie Ihnen weniger nützt.
- Schildkrötenblut kann getrunken werden und Flüssigkeit spenden. Diese Tiere bewegen sich schnell und können am leichtesten mit einem Netz gefangen werden. Hängen Sie die Schildkröte kopfüber auf, wenn Sie eine gefangen haben. Sobald ihr Kopf aus dem Panzer kommt, schneiden Sie ihn ab und fangen das Blut in einem Behälter auf. Trinken Sie es sofort, bevor es gerinnt. Der Salzgehalt von Schildkröten- und menschlichem Blut ähnelt sich, der Nutzen ist entsprechend hoch.
- Vielleicht gehört zu der Notfallausrüstung an Bord auch ein Solar-Destillierapparat. Er hat meistens eine kugel- oder kegelförmige Form. Die Sonnenstrahlung fällt durch die durchsichtige äußere Wand des Apparats auf eine dunklere Schicht im Inneren, die mit Salzwasser durchtränkt ist. Zwischen beiden Lagen ist Luft, die sich nun mit Wasserdampf anreichert, welcher sich an der Innenseite der klaren Außenschicht niederschlägt und salzfreie Tropfen bildet. Das Wasser rinnt nach unten in einen Sammelbehälter. Es kann jedoch schwierig sein, den Sammelbehälter frei von Salzwasser zu halten, und das derart gewonnene Wasser stellt tendenziell nur eine Ergänzung zu anderen Quellen dar.
- Mit einer Umkehrosmoseanlage lässt sich zuverlässig Trinkwasser gewinnen, falls sich eine solche an Bord befindet. Dabei wird Salzwasser mit hohem Druck durch eine Membran gepumpt, die für Salzpartikel undurchlässig ist. Es kostet jedoch Kraft, die Pumpe zu bedienen. In heißen Klimata bedeutet das eine Herausforderung, wenngleich modernere Anlagen leichter zu bedienen sein sollten. Auch in diesem Fall ergänzt das gewonnene Wasser Ihre Versorgung nur.
- Es gibt kaum Nachweise für den Nutzen von Salzwassereinläufen. Ein Einlauf mit zum Beispiel durch Motoröl verschmutztem Wasser hat jedoch womöglich ein paar Vorteile. Die Idee ist, dass der Darm die Flüssigkeit absorbiert. Da der Magen umgangen wird, kommt es dabei nicht zu Erbrechen oder Durchfall. Suchen Sie sich einen dünnen Schlauch, lang genug, um über Kopfhöhe einen Behälter daran anzuschließen. Legen Sie sich hin, entspannen Sie sich und führen Sie den Schlauch mindestens 10 bis 14 cm weit ein. Füllen Sie wenigstens einen halben Liter des verschmutzten Wassers in den Behälter.

Nahrung finden

Nahrung kommt in der Prioritätenliste lange nach Wasser, denn an Dehydration können Sie innerhalb von sechs bis zehn Tagen sterben, während Sie erst nach 40 bis 60 Tagen ohne Nahrung verhungern.

Fisch und andere Meeresfrüchte sind nahrhaft und enthalten eine geringe Menge Flüssigkeit. Da der Körper Flüssigkeit für die Verdauung braucht, verschlechtert sich Ihre Lage durch viel Essen ohne Wasser womöglich noch. Eiweiß erfordert mehr Wasser zur Verdauung als Fett. Fisch enthält viel Protein, während Schildkrötenbäuche sehr fettreich sind.

Nahrung auf See

- Improvisieren Sie Angelhaken und Köder, um Fisch anzulocken. Haken können Sie aus Nadeln, Draht, Holz, kleinen Taschenmessern, Metall und Knochen herstellen. Für die Schnur können Sie Material aus einem Kleidungsstück, Segeltuch oder Schnürsenkel verwenden. Fixieren Sie idealerweise etwas Glänzendes als Köder an dem Haken. Schärfen Sie den Haken und schneiden Sie möglichst dicht bei der Spitze einen Widerhaken hinein. Improvisieren Sie auch einen Speer, um bei Gelegenheit Meerestiere harpunieren zu können.
- Meerestiere können von Ihrem Boot angezogen werden und an der Unterseite Schutz vor der Sonne suchen, halten Sie also danach Ausschau.
- Wenn Sie eine Lichtquelle haben, nutzen Sie diese, um damit nachts Fische und andere Meerestiere anzulocken. Noch ergiebiger kann das Angeln bei Vollmond sein.
- Wenn Ihr Boot vor Anker liegt, streuen Sie Blut und Gedärme als Köder in das Wasser rundherum.
- Nehmen Sie Fisch und andere Tiere aus, essen Sie die Augen und verwenden Sie die Eingeweide als Köder. Frischen Fisch können Sie roh essen – inklusive Blut, Leber und Herz. Kleine, etwa 5 cm lange Fische können vollständig verspeist werden. In kälteren, nicht ganz so feuchten Regionen können Sie Streifen von Fisch trocknen und so konservieren. Schneiden Sie die Streifen dünn und wenden Sie sie regelmäßig.
- Nehmen Sie den Fisch über dem Wasser oder auf einer abwaschbaren Unterlage aus, um das Boot sauber zu halten.
- Auch Seevögel können eine gute Nahrungsquelle sein. Ihre Anwesenheit deutet auf Land hin, denn sie entfernen sich zumeist nicht weiter als 160 km von der Küste (mit einigen Ausnahmen). Vögel nutzen Ihr Boot eventuell zum Ausruhen, sodass sie mit einem Köder gelockt und erlegt werden können. Nutzen Sie Schlingen oder die Dachplane, um den Vogel zu fangen, oder greifen Sie einfach schnell mit der Hand nach ihm.
- Seetang bietet ebenfalls eine gute Nahrungsquelle. Ziehen Sie einen Haken hinter Ihrem Boot her oder fischen Sie den Seetang aus dem Wasser, wenn Sie welchen sehen. Er ist salzig und sollte ohne ausreichend Wasser nicht in großen Mengen gegessen werden. An ihm können auch kleine Krustentiere haften, die Sie roh verspeisen können. Seetang findet sich häufig im Wattenmeer, Sie sind also womöglich nah an der Küste, wenn Sie welchen finden.
- Seien Sie vorsichtig im Umgang mit Fischen und anderen Meerestieren. Sie können beißen, stechen, um sich schlagen und scharfe, giftige oder zumindest schmerzhafte Stacheln haben. Verwenden Sie daher Handschuhe oder etwas ähnlich Geeignetes.
- Einige tropische Fische sind giftig, aber solche, die Sie im tiefen Ozean fangen, sind es wahrscheinlich nicht.
- Riskieren Sie nicht, Ihr Boot durch einen großen Fang zum Kentern zu bringen. Befestigen Sie die Leine nicht am Boot, sondern wickeln Sie diese um Ihren Körper. Haben Sie stets ein Messer parat, um die Schnur notfalls zu kappen.

Nahrung an der Küste

Gehen Sie bei Ebbe die Küste entlang. Sie werden Nahrung, Köder und nützliches Treibgut finden. Wenn bei einem gro-

ßen Tidenhub gar wassergefüllte Felsbecken am Strand zurückbleiben, sind Sie womöglich so gut mit Essbarem versorgt, dass Sie nicht aufs Meer hinausfahren müssen.

Lassen Sie sich nicht von der Flut den Rückweg abschneiden und seien Sie sich bewusst, dass in Küstenregionen durchaus – oft versteckte – Gefahren lauern. Nehmen Sie sich vor starken Wellen in Acht, die unerwartet auf die Küste schlagen können. Beobachten Sie Abschnitte eine Weile, die der Brandung ausgesetzt sind, bevor Sie sich nähern.

Suchen Sie am Strand und in den Felsbecken unter Steinen nach Essbarem. Heben Sie die Steine langsam an, um nicht zu viel Schlick aufzuwühlen und die Sicht zu trüben. Schneiden Sie Napfschnecken mit einem Messer oder Stein los und nehmen Sie ein Behältnis mit, um Weichtiere, Krebse, Muscheln und andere Nahrung einzusammeln. Gehen Sie dabei niemals barfuß; eine durch eine Koralle oder einen Fels verursachte Infektion kann sich schnell ausbreiten, wenn sie nicht behandelt wird.

Wenn Sie nicht sicher sind, ob ein Fisch genießbar ist, legen Sie ihn in die Nähe von Ameisen oder Termiten. Wenn er giftig ist, werden sie ihn wahrscheinlich nicht anrühren.

Muscheln öffnen Ihre Schalenhälften, um Wasser durch ihren Verdauungsapparat zu filtern. Zu ihnen gehören etwa Jakobsmuscheln, Miesmuscheln, Austern und Venusmuscheln. Muscheln kommen in Salz- wie Süßwasser vor. In verschmutzten oder stehenden Gewässern können sie Gifte anreichern. Wenn Sie diesen Verdacht hegen, »entschlacken« Sie die Muscheln ein oder zwei Tage und kochen Sie sie.

• WEISE WORTE •

Ich habe die Lektion, nicht barfuß auf Nahrungssuche zu gehen, auf die harte Tour gelernt. Auf einer abgelegenen Insel vor der Küste Asiens wollte ich mit einem behelfsmäßigen Speer nach Tintenfischen und Fischen tauchen. Dabei musste ich ein paar Felsen überqueren. Eine Welle drückte mich hintenüber und ich riss mir den nackten Fuß an ein paar Seepocken auf. Es war ziemlich schwierig, die Infektion in den tiefen, blutigen Schnitten in Griff zu bekommen.

Dave auf der Suche nach Meeresfrüchten.

Schnecken wie die Uferschnecke, Wellhornschnecke, Abalone und Napfschnecke werden am besten gekocht gegessen. Sie geben außerdem gute Köder ab. Auch roh sind sie genießbar, jedoch kann dies zu Krankheiten führen. Wenn Sie sich dennoch dafür entscheiden, sollten Sie die Schnecken frisch essen und vorher in Süßwasser waschen. Seepocken, Meeresschnecken und Nacktkiemenschnecken sind ebenfalls genießbar und sollten auch gekocht werden.

Nutzen Sie ein paar Strumpfhosen oder ein ähnlich fein gewebtes, improvisiertes Netz, um es durch trübes Wasser zu ziehen. Spannen Sie das Netz an zwei Stöcken auf. Sie wissen nie, was Sie fangen – Shrimps, kleine Fische oder auch Plankton. Das alles gibt gutes, nahrhaftes Survival-Essen ab.

Krebse, Hummer und Seeigel lassen sich geröstet oder gekocht gut essen. Passen Sie auf die Stacheln des Seeigels auf: Sie lassen sich mit Steinen oder Stöckern leicht abbrechen, aber einer dieser Widerhaken in Ihrem Fuß verursacht schnell eine Infektion.

Wenn die Stacheln entfernt sind, können Sie entweder die ganze Schale in die Glut legen und rösten, oder Sie nehmen die Ein-

Seeigel-Eingeweide.

Einsiedlerkrebs – schmeckt wirklich gut!

geweide heraus und essen den Rest roh oder gekocht. Krebse und Hummer lassen sich mit Ködern leicht fangen und schmecken gut. Ein Teil der Krebse ist giftig und sollte entfernt werden: Brechen Sie Beine und Scheren ab (aber schmeißen Sie sie nicht weg, sie liefern gutes Fleisch), öffnen Sie den Panzer und suchen Sie nach den Kiemen, die knöchernen »Fingern eines toten Manns« ähneln. Diese sollten Sie entsorgen oder als Köder verwenden.

Kraken und Kalmare lassen sich gut essen, für gewöhnlich gekocht, wenngleich Küstenkraken kleiner ausfallen als ihre Tiefseeverwandten. Wenn Sie eine gute Sicht auf den Meeresgrund haben, legen Sie Köder aus und halten Sie einen Speer bereit! Sie sind womöglich schwer zu fangen, oft muss man tauchen oder Haken, Leine und Köder benutzen. Mit einem Licht können sie nachts angelockt werden. Manche Kraken können giftig sein, vermeiden Sie den Hautkontakt daher, indem Sie einen Speer oder Stock verwenden. Entfernen Sie die Eingeweide und kochen oder braten Sie Ihren Fang. Das Fleisch ist zäh, aber sehr nahrhaft. Essen Sie alles bis auf Schnabel und Eingeweide.

Schildkröten sind ebenfalls äußerst nahrhaft und leicht zu fangen – an Land zumindest. Wenn Sie das Glück haben, auf Schildkröten und Eier zu treffen, steht ein feines Mahl bevor. Braten oder kochen Sie das Fleisch, nachdem Sie die Schale aufgebrochen haben. Sie können das Tier im Ganzen auf das Feuer oder in den Kochtopf legen.

Eine mögliche Nahrungsquelle bieten an der Küste nistende Seevögel. Legen Sie auf einer offenen Fläche, nahe bei Nestern und Klippen einen Fisch am Haken aus. Verstecken Sie sich am anderen Ende der Leine.

Die Seevögel werden Sie zur Verteidigung ihrer Gelege und Jungen angreifen und können Sie leicht aus dem Gleichgewicht bringen. Andererseits ist es mir auf einer abgelegenen mittelamerikanischen Insel schon passiert, dass die Vögel Menschen gar nicht kannten und sich sehr leicht fangen ließen. Deren Nester lagen zudem ebenerdig, sodass wir ohne Probleme an die Eier kommen konnten. Allerdings hatte alles einen starken Fischgeschmack!

Algen

Sie mögen wenig appetitlich aussehen, aber die meisten Algen sind genießbar und sehr nahrhaft. Alle Algen, die bspw. an den Küsten Britanniens vorkommen, sind essbar. Roh verzehrt ist Seetang salzig und entzieht dem Körper Wasser. Sie sollten also einen ausreichenden Süßwasservorrat zur Verfügung haben. Algen können als Suppe oder Beilage zu anderen Speisen gekocht werden. Wenn möglich, waschen Sie sie vor dem Verzehr in Süßwasser. Sammeln Sie nur lebende Algen, keine angespülten. Sie verfaulen schnell, wenn sie einmal aus dem Salzwasser sind, und sollten daher schnell gekocht oder getrocknet werden. Dehydrieren Sie die Algen, indem Sie sie heiß genug kochen, um das Wasser schnell zu verdampfen und so Schimmelbildung zu unterbinden, aber niedrig genug, um sie nicht zu kochen, anstatt zu trocknen. Der Seetang sollte innerhalb von sechs bis 16 Stunden trocken sein und dann eine ledrige Konsistenz haben. Wenn Sie den Tang in der Sonne trocknen wollen, müssen Temperatur und Luftfeuchtigkeit mitspielen. Typischerweise benötigen Sie drei bis vier Tage mit Temperaturen über 38 °C und eine sehr geringe Luftfeuchtigkeit, um die Algen erfolgreich zu dehydrieren. Dies gilt auch, wenn Sie ein Trockengerüst nutzen, das die Algen von allen Seiten belüftet, sodass sie gleichmäßig und vollständig durchtrocknen können.

Rettung

Wenn Sie auf Ihrem Boot Leuchtraketen, Rauchgranaten, Seewasserfärber, Fackeln, Pfeifen oder andere Signalmittel haben, machen Sie sich mit ihrem Umgang vertraut, sodass Sie bei Bedarf schnell reagieren können. Verwahren Sie die Mittel sicher, aber schnell erreichbar. Setzen Sie sie ein, wenn die Chancen, gesehen zu werden, nach Ihrer Einschätzung am besten stehen.

Wenn Sie über keinerlei Signalmittel verfügen, improvisieren Sie. Versuchen Sie, einen möglichst großen, farbigen »Fußabdruck« zu schaffen, um wahrgenommen zu werden. Machen Sie es sich zur Gewohnheit, jeden Winkel des Horizonts zu beobachten. Wenn Sie nicht allein sind, wachen Sie abwechselnd. Ein Schiffslicht bei Nacht oder ein tief am Horizont fliegendes Flugzeug sind schnell übersehen, wenn Sie nicht rund um die Uhr aufmerksam bleiben.

Land finden

Ihre Überlebenschancen steigen, wenn Sie nach Land oder Anzeichen von Land Ausschau halten. Es stärkt nicht nur die psychische Verfassung, sondern erhöht auch die Wahrscheinlichkeit, auf Menschen zu stoßen, da viele Leute an den Küsten leben und in deren Nähe mehr Schiffsverkehr herrscht. Doch auch nach den ersten Anzeichen von Land kann die Küste noch weit entfernt sein, sorgen Sie daher weiter für Süßwasser und rationieren Sie Ihre Vorräte. Halten Sie an Ihren Survival-Routinen fest.

Wolken sind ein guter Indikator, besonders auf dem offenen Meer, wo sich sonst keine Wolken bilden. Sie entstehen durch Luftmassen, die über Land aufsteigen und dann kondensieren. Womöglich sehen Sie einzelne Wolken in der Ferne, jedoch kein Land – es liegt vielleicht hinter dem Horizont verborgen.

Gewitter in der Ferne kann Stürme über Bergregionen anzeigen. Dies ist insbesondere in den Tropen der Fall.

Auch Vögel weisen oft auf Land hin. Sie entfernen sich nicht allzu weit von den Küsten. 160 km können es aber schon mal sein, in Ausnahmen auch mehr, insbesondere auf den Wanderrouten von Zugvögeln. Viele Seevögel fliegen morgens zur Nahrungssuche aufs Meer hinaus und kehren am Abend zurück. Folgen Sie also der Richtung, in die die Tiere spät am Tag fliegen.

Schließlich können auch zunehmende Mengen an Müll, der auf dem Wasser treibt, das nahe Land anzeigen.

Maritime Survival-Tipps

- Wenn Sie ein Segel gesetzt haben, fixieren Sie es nicht fest an beiden unteren Ecken. Eine Seite sollte sich von Hand bewegen und schnell lösen lassen. Ansonsten kann eine starke Böe, die ins Segel schlägt, das Boot zum Kentern bringen oder das Segel zerreißen und Sie verlieren wertvolle Ressourcen.
- Wenn Land in Sicht kommt, suchen Sie nach Landepunkten – besonders bei starker Brandung. Es ist gefährlich, in die Brecher zu geraten, womöglich befinden sich auch Riffe unter Wasser. Setzen Sie nach all der Mühe des Überlebens nicht Ihr Leben aufs Spiel, wenn Sie an Land gehen! Es wird Stellen geben, an denen die Brandung schwächer ausfällt. Allerdings sieht sie vom Meer betrachtet kleiner aus als sie tatsächlich ist, nähern Sie sich also mit Vorsicht. Beobachten Sie Brecher an Felsen und am Strand, um die Größenverhältnisse besser einschätzen zu können.
- Wenn die Wellen zurückbranden, kann es zu Rippströmungen kommen. Diese ziehen Sie wieder aufs Meer hinaus und lassen Sie nicht an Land gelangen. Anzeichen solcher Strömungen sind:

  1. Ein Kanal flacherer Dünung, der sich zwischen größeren Wellen bildet.
  2. Kabbeliges, aufgewühltes Wasser.
  3. Eine andere Wasserfärbung oder Schaumlinien mit Treibgut an den Rändern.

- Wenn Sie in eine Rückströmung geraten, kämpfen Sie nicht dagegen an. Geben Sie nach und lassen Sie sich mittreiben – sie wird sich auflösen, für gewöhnlich weiter draußen vor der Brandung. Legen Sie eine Strecke parallel zur Küste zurück und wenden sich dann erneut Richtung Land, womöglich durch eine stärkere Brandung hindurch. Versuchen Sie, sich an Ihrem Floß festzuhalten, wenn Sie in der Brandung kentern. Positionieren Sie sich dabei unbedingt mit dem Rücken zum offenen Meer und dem Floß vor sich. Binden Sie sich niemals an Ihrem Untersatz fest! Passen Sie auf Monster- oder Riesenwellen auf, die Sie kalt erwischen können, und halten Sie sich senkrecht zu den Wellen.
- Halten Sie an Ihren Routinen fest, selbst wenn Sie meinen, von einem Schiff, Flugzeug oder von Land aus entdeckt worden zu sein. Bleiben Sie aufmerksam und arbeiten Sie weiter, bis Sie die Hände Ihrer Retter schütteln.

Eine Survival-Situation auf See bedeutet psychischen wie physischen Stress. Anfangs mag die Lage hoffnungslos erscheinen: durch die traumatische Konfrontation mit der Notfall-Situation, die Auswirkungen der Umwelt auf den Körper und womöglich den Tod von Mitreisenden. Ihr Überlebenswille wird jedoch erstarken, wenn Sie mental und physisch vorbereitet sind und ruhig, durchdacht, effektiv und – wenn möglich – als Team agieren. Geben Sie nicht auf, sondern ergreifen Sie so schnell wie möglich Maßnahmen und motivieren Sie auch andere dazu. Durch Passivität erreichen Sie nichts.

ÜBERLEBEN IN DER WÜSTE

Ohne Akklimatisierung oder eine gewisse Gewöhnung werden Sie in jeder Umgebung anfänglich Probleme haben. Die Wüste ist da keine Ausnahme. Wüsten können schwierig und gnadenlos sein, dennoch leben Menschen in Wüstengegenden, bereisen sie und haben sich an diese Umwelt gewöhnt. Mir persönlich setzen Klima und Hitze der meisten Wüsten zu Beginn sehr zu – diese Schwierigkeiten kenne ich aus keiner anderen Umgebung. Nach einer Weile stelle ich mich jedoch auf die Verhältnisse ein und bin in der Lage, effektiv zu funktionieren. Auf den ersten Blick erscheinen manche Wüsten komplett leblos und das Existieren in dieser Umgebung unmöglich. Dennoch gibt es Mittel und Wege, die Überlebensdauer zu verlängern, bis eine mögliche Rettung erfolgt. Mit etwas mehr Wissen über die Wüste fällt es Ihnen leichter, Hoffnung und Zuversicht zu schöpfen, und Sie gewinnen Zeit.

Wüstengegenden

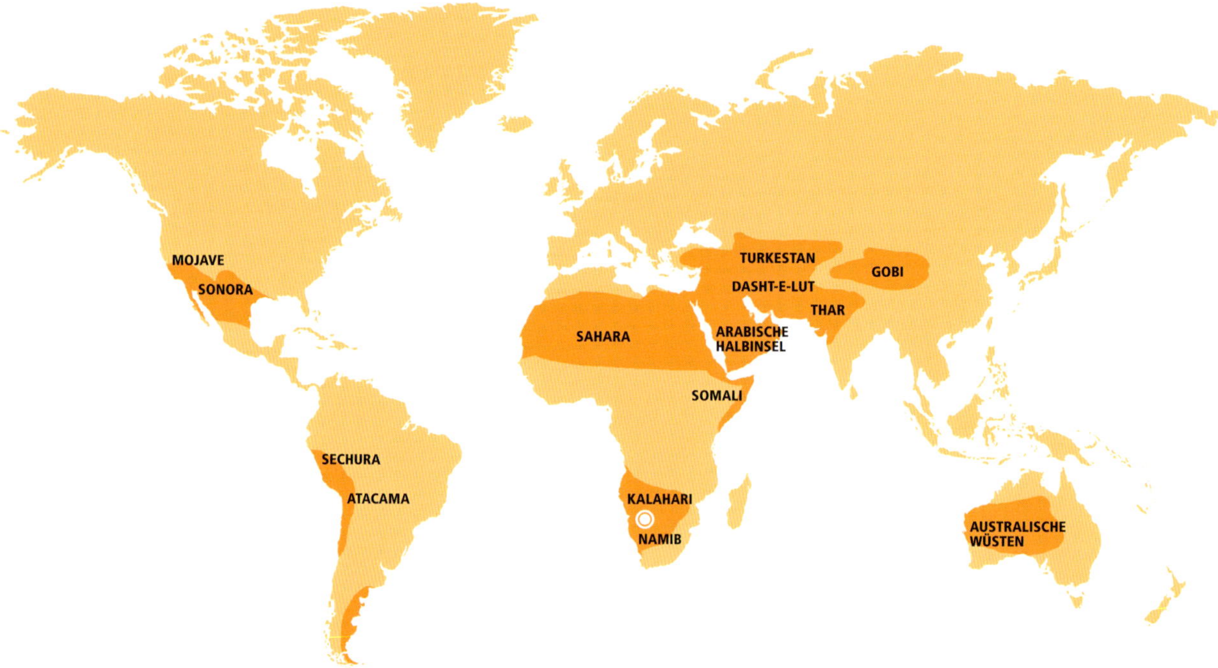

Namib, Afrika

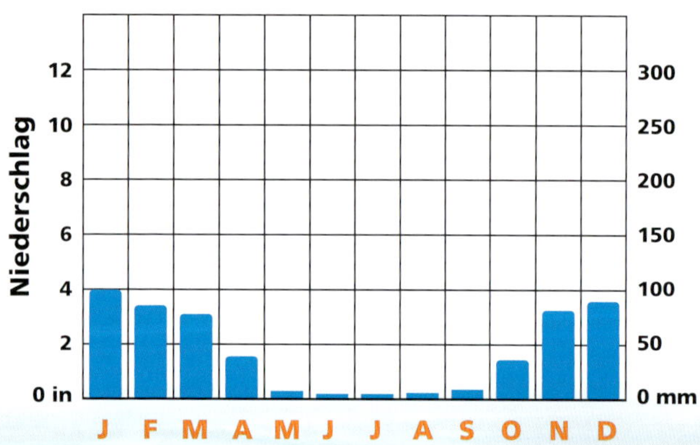

Namib, Afrika

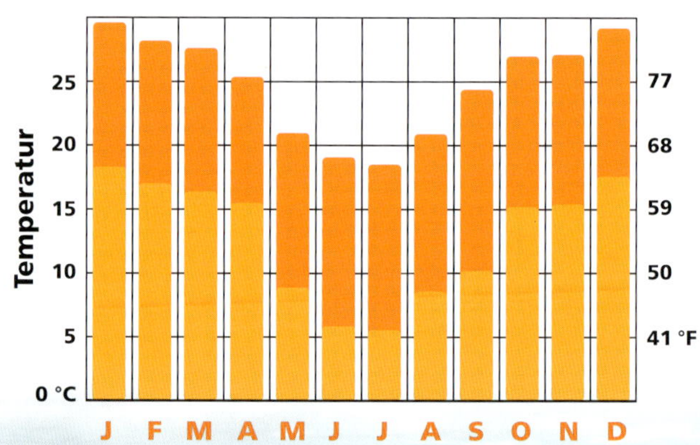

Ob steile Hänge, steinige Schluchten oder gestaltlose Sandflächen – Wüsten bedecken etwa 15 % der Erdoberfläche. Durch die sehr geringen Niederschlagsmengen ist die Wüstenluft trocken, der Boden ausgetrocknet und die Sonne brennt gnadenlos. Schneller als der Mangel an Wasser oder Nahrung können die Witterungsbedingungen zum Tod führen, denn die Temperaturen können zwischen 0 °C nachts und 50 °C am Tag schwanken. In Hochgebirgswüsten stellen Hypothermie und andere kältebedingte Gesundheitsschäden ein ernsthaftes Risiko dar.

Staub- und Sandstürme können ohne große Vorwarnung zuschlagen und jeden Winkel Ihrer Ausrüstung, Kleidung und Ihres Körpers mit Sand füllen. Nach Monaten der Trockenheit können auch Sturzfluten auftreten, die alles auf ihrem Weg mit sich reißen. Niederschläge verdunsten jedoch immer schnell, egal wie groß die Wassermenge war.

Es ist ein hartes Dasein, aber trotzdem leben Insekten, Reptilien und andere Tiere in dieser unwirtlichen Umgebung. Sie haben sich angepasst, kommen mit sehr wenig Wasser und Nahrung aus und vermeiden zumeist die Hitze des Tages. Viele bewohnen Erdhöhlen, und einige überdauern schlafend die regenfreien Zeiten. Pflanzen, Büsche und Bäume überleben und wachsen, indem sie sich reproduzieren, wenn der Regen kommt. Oft speichern sie Wasser in ihren Zellen. Wir Menschen leben schon lange in extrem trockenen Umgebungen. Der Schlüssel war jedoch immer Anpassung, nie »Eroberung« der Wüste.

• WEISE WORTE •

Ein Ranger, der uns in Mexiko Fertigkeiten zum Leben in der Wüste beibrachte und dort seit seiner Kindheit gelebt hatte, sagte einmal zu unserem Team: »Warum Energie verschwenden und gegen etwas kämpfen, das man sowieso nicht ändern kann?«

Schutz

Schutz bieten vor allem mitgebrachte, geborgene oder improvisierte Kleidungsstücke. Idealerweise helfen sie gegen Sandstürme und Kälte wie auch gegen die Hitze der Sonne. Mit einem Schutz gegen Sonne und Hitze verlieren Sie weniger Wasser, sparen Energie und beugen Gesundheitsschäden vor. Schirmen Sie Ihr Gesicht so gut wie möglich ab und ziehen Sie Kleidungsstücke nicht aus, wenn Ihre Haut dadurch entblößt würde.

- **Bedecken Sie Ihr Gesicht so vollständig wie möglich: Tragen Sie einen Hut mit breiter Krempe oder ein Kopftuch.**
- **Tragen Sie eine Sonnenbrille oder improvisieren Sie einen Augenschutz, indem Sie zwei schmale Schlitze in etwas schneiden. Einige Pflanzen eignen sich gut dafür, die Herausforderung besteht allerdings darin, sie an Ihrem Kopf zu befestigen.**
- **Bedecken Sie Nacken, Arme und Beine.**
- **Tragen Sie lockere Kleidung. Dadurch kann die Luft zirkulieren.**
- **Tragen Sie Unterwäsche, um Scheuerstellen zu vermeiden.**
- **Tragen Sie hohe Stiefel, damit weniger Sand in Schuhe und Socken dringen kann. Befestigen Sie die Hosenbeine eng an den Stiefeln und dichten Sie alle Löcher in den Schuhen so gut wie möglich ab – Sand und Splitter scheuern und verursachen Blasen. Für zusätzlichen Schutz oder als Reparaturmaterial können Reifen zerschnitten werden.**
- **Wenn Sie Kleidung mitnehmen können, ziehen Sie nachts mehrere Schichten an.**

Schutz finden

Irgendwann müssen Sie eine Notunterkunft finden oder errichten, das ist unumgänglich. Sie entscheiden zu Anfang vielleicht, nachts zu reisen und tagsüber zu ruhen, aber bedenken Sie, dass Schatten die Temperatur bedeutend senkt (um bis zu 8 °C). Schatten zu finden oder zu improvisieren wird daher mit ziemlicher Sicherheit notwendig sein. Einen Regenschutz brauchen Sie höchstwahrscheinlich nicht. Sie werden im Gegenteil versuchen, den Regen aufzufangen und zu bewahren.

Stehengebliebene Transportmittel werden Ihre erste Ressource für die Errichtung eines Schutzes sein, aber verschwenden Sie nicht Energie und lebenswichtige Körperflüssigkeit für den Bau eines Luxusunterschlupfes, wenn es auch einfacher geht: etwa in Form eines natürlichen Unterstands oder indem Sie etwas gegen das Fahrzeug lehnen. Schauen Sie auch nach Abhängen, Büschen, Bäumen oder Bodenwellen in der Umgebung.

Die Grundanforderung an Ihren Schutz besteht darin, Schatten zu spenden und so den Flüssigkeitsverlust zu reduzieren sowie die Luft frei um Sie zirkulieren zu lassen.

- Suchen Sie sofort irgendeinen Schutz und warten Sie die kühleren Stunden ab, bevor Sie etwas Robusteres konstruieren.
- Nutzen Sie Ihre natürliche Umgebung: Höhlen, Felsen, Bäume, Vegetation und Flussbetten. Denken Sie daran, dass Steine Hitze abgeben, insbesondere abends.
- Auf steinigen Flächen halten sich gern Skorpione auf. Drehen Sie die Steine mit Stöcken oder den Stiefeln um und »säubern« Sie das Gelände gut, bevor Sie dort Ihr Lager aufschlagen.
- Ein an Büschen oder Felsen befestigtes Schutzdach sorgt umgehend für Schatten. Geeignet ist auch ein an Ihrem Fahrzeug befestigtes Vordach auf der Schattenseite. Suchen Sie nicht in einem Fahrzeug Schutz: Es kann sich aufheizen wie ein Ofen. Befestigen Sie die Ränder Ihres Schutzdachs mit Schnüren an Büschen, im Sand, an Steinen oder Pflöcken aus Stöcken. Bringen Sie das Dach hoch genug an, um darunter sitzen oder stehen zu können. Dadurch ist es luftiger. Wenn möglich, bringen Sie Abstand zwischen sich und den Boden.
- Wenn Sie genug Material zur Verfügung haben, errichten Sie ein doppeltes Schutzdach mit ca. 20 bis 30 cm Abstand zwischen den beiden Lagen. Dadurch kann die Luft zirkulieren.
- Ihr Unterstand sollte den ganzen Tag über Schutz und Schatten bieten. Es ist Energieverschwendung, sich immer wieder neu vor der wandernden Sonne in Sicherheit bringen zu müssen.

- Sand verhält sich ähnlich wie Schnee. Bei windigen Verhältnissen sammelt er sich an der Lee-Seite von Hängen. Vermeiden Sie solche Zonen während Sandstürmen.
- Kalte Luft sinkt. Denken Sie daran, wenn Sie einen Schutz für den Tag oder die Nacht errichten.
- Auch eine Grube im Boden kann Schutz bieten. Als letzte Möglichkeit können Sie sich im Sand vergraben. Das Graben ist anstrengend, aber achten Sie dennoch auf eine Tiefe von mindestens 80 cm. Bedecken Sie Ihre Grube mit einem Schutzdach, Zweigen oder anderen Behelfen.
- Errichten Sie Ihre Notunterkunft so, dass der Eingang im Windschatten liegt, oder schirmen Sie die windausgesetzte Seite ab. Schlamm, Steine oder andere Materialien können als Windschutz dienen, aber schränken Sie die Luftbewegung nicht unnötig ein.
- Blitz und Gewitter kommen auch in der Wüste vor, achten Sie darauf, falls sich Ihr Schutz auf einem Bergrücken oder Gipfel befindet.

• WEISE WORTE •

Aus der Zeit meines aktiven Militärdienstes erinnere ich mich an einen schnell errichteten Unterstand in der Wüste. Wir konstruierten ein einfaches Schrägdach an ein paar großen Felsblöcken. Es bot unserem kleinen Team Tarnung, Schutz und eine gute Position, um Bewegungen in der Ferne zu beobachten. Als aber die Sonne unterging, strahlten die Steine so viel Hitze ab, dass wir fast gekocht wurden. Es dauerte einige sehr unangenehme Stunden, bis der Fels abkühlte. Eine frühe Survival-Lektion!

Wüsten-Basics

Nahrung

Nahrung wird in der Wüste nicht Ihre erste Sorge sein. Wichtiger ist es, sich auf Rettung, Wasser und Schutz zu konzentrieren. Dennoch kann man in der Wüste Nahrung finden und daraus Zuversicht schöpfen. Denken Sie jedoch daran, dass der Körper für die Verdauung Wasser benötigt: Essen Sie also nur sehr kleine Mengen und trinken Sie dazu Wasser, falls möglich.

Pflanzliche Nahrung

- Alle Gräser sind essbar, haben aber wenig Nährwert.
- Die jungen Triebe der meisten Pflanzen sind genießbar, und viele der Blätter können in Wasser gekocht werden.
- Palmen: Die jungen Triebe und die Herzen können Sie essen, ebenso wie die Früchte von Dattelpalmen.
- Akazien: Die Samen dieser dornigen, mittelgroßen Bäume können Sie rösten, die Blüten und Blätter kochen. Diese Bäume sind größtenteils essbar und die Wurzeln können Wasser enthalten.
- Feigenkakteen: Die Früchte sind essbar. Entfernen Sie die Dornen und schneiden Sie die Frucht auf. Verzehren Sie das Fleisch roh. Die inneren Schichten der Kaktuszweige sind ebenfalls essbar; sie sind klebrig, und Sie sollten nicht zu viel auf einmal davon essen. Auch junge, zarte Kaktusblätter sind genießbar.
- Die meisten Kaktusfrüchte sind essbar und spenden Feuchtigkeit. Besonders gut ist die Drachenfrucht. Sie ist klein, und die Samen darin sind ebenfalls essbar.
- Rohrkolben und Schilfgras: Sie sind am Wasser zu finden. Die jungen Triebe können gekocht und roh verzehrt werden. Da sie oft um stehendes Gewässer herum wachsen, sollten Rohrkolben für ein paar Minuten auf offenen Kohlen gegart werden. Ziehen Sie die verkohlte Schale ab und essen Sie das Mark.
- Rauschopf und Agavengewächse: Ihre Herzen sind an der Basis und schwer zu ernten, da sie nur mit einigem Kraftaufwand aufgebrochen werden können. Schälen Sie ab, was Sie können, und rösten Sie sie je nach Größe für mindestens zwölf Stunden auf Kohlen. Die äußeren Blätter lassen sich abziehen und essen wie eine Artischocke. Essen Sie sie nicht, wenn sie bitter schmecken.
- Mesquitebaum: Die reifen Hülsenfrüchte können geröstet und getrocknet werden. Reich an Protein und Zucker.
- Yucca: Die Blüten, Früchte und jungen Triebe sind roh oder geröstet genießbar.
- Kreosotbusch: Diese dichten Sträucher mit den kleinen Blättern riechen nach Teer. Sie können gekocht und als Kräutertee getrunken werden.
- Affenbrotbaum/Baoab: große, essbare Früchte.

Es ist immer besser, nach leicht verfügbarer Nahrung zu suchen. Die Energie, die für den Bau von Fallen oder das Aufspüren und Jagen größerer Tiere aufgebracht werden muss, wird meist nicht durch den gewonnenen Nährwert aufgewogen.

Tierische Nahrung

Suchen Sie an kühlen, geschützten Orten nach Nagetieren und Reptilien, etwa in Höhlen oder am Fuß von Steilhängen. Verrottete Bäume und Baumstümpfe können auf Larven abgesucht werden, aber seien Sie wie immer vorsichtig dabei. Heben Sie Steine und Felsen langsam hoch und nutzen Sie einen Stock, falls möglich. Tiere, die relativ leicht gefunden werden können, sind unter anderem:

- Skorpione: Nehmen Sie einen Stock oder ein anderes Werkzeug, um den Skorpion auf dem Boden festzunageln. Schneiden Sie die Schwanzspitze und die Scheren ab. Rösten oder essen Sie die kleinen Exemplare roh.
- Schlangen: Halten Sie den Kopf mit einem Stock nach unten und töten Sie das Tier schnell. Trennen Sie Kopf und Schwanz ab und holen Sie die Eingeweide heraus. Rösten Sie das Fleisch oder essen Sie es roh.
- Eidechsen lassen sich mit etwas Tarnung und einer geschickten Hand fangen. Nähern Sie sich langsam von hinten. Töten und kochen Sie das Tier.
- Größere Spinnen können gekocht und verzehrt werden.
- Larven, Heuschrecken, Grashüpfer und Ameisen können gut roh gegessen werden.

Kreisende, Aas fressende Vögel zeigen einen Tierkadaver an. Er liegt vielleicht schon länger dort, kochen Sie das Fleisch also gut durch.

Drachenfrucht des Pitahaya-Kaktusses.

Wasser finden

Die große Bedeutung von Wasser in einem heißen, trockenen Klima liegt auf der Hand. Sie müssen Wasser sparen, speichern und lokalisieren, wann immer Sie können. Es ist sinnlos, Wasser zu trinken, wenn Sie es nicht bei sich behalten können. Jede Anstrengung verbraucht mehr Körperflüssigkeit. Die Menge an Wasser, die Sie benötigen, hängt von dem Ausmaß Ihrer körperlichen Aktivität ab. Als Grundregel können Sie aber von vier bis fünf Litern pro Tag ausgehen, wenn Sie physisch arbeiten. Abhängig von Faktoren wie Temperatur, körperliche Verfassung, Verletzungen und psychische Verfassung können Menschen zwischen zwei und fünf Tagen ohne Wasser in der Wüste überleben – wenn sie im Schatten liegen. Um Wasser zu sparen:

- Bleiben Sie vollständig angezogen. Lockere Kleidung hält die Transpiration niedriger, weil der Schweiß nicht so schnell verdunstet. Außerdem schützt Kleidung gegen Sonnenbrand.
- Wenn Sie urinieren müssen, tun Sie dies auf ein Tuch oder – besser noch – auf etwas Saugstarkes wie einen Tampon oder eine Windel. Es klingt unhygienisch, aber menschliches Urin ist tatsächlich ziemlich steril, wenn der Mensch nicht dehydriert ist. Das feuchte Tuch um Ihren Kopf zu wickeln oder Gesicht und Körper damit zu betupfen, bringt Kühlung.
- Essen Sie nur, wenn Sie wirklich müssen. Zur Verdauung wird Wasser benötigt. Der Körper kann länger ohne Nahrung als ohne Wasser auskommen.
- Hetzen Sie nicht. Bewegen Sie sich langsam und konstant, um möglichst wenig zu schwitzen.

- Verwenden Sie kein Wasser zum Waschen, Säubern oder Kochen, es sei denn, Ihr Vorrat ist unbegrenzt oder eine Rettung ist sicher.
- Stürzen Sie das Wasser nicht hinunter, sondern trinken Sie kleine Schlucke.
- Atmen Sie immer durch die Nase, wenn möglich. Dadurch verliert Ihr Körper weniger Wasser.
- Behalten Sie etwas Wasser im Mund. Dadurch dehydrieren Sie langsamer, denn Sie sind gezwungen, durch die Nase zu atmen. Die inhalierte Luft wird befeuchtet und Ihr Körper kann sehr langsam Flüssigkeit absorbieren.
- Sprechen Sie nur, wenn es notwendig ist.
- Meiden Sie Salz.
- Kein Alkohol, Kaffee oder Tee und keine gezuckerten Getränke, außer Sie haben nichts anderes. Reines Wasser ist am besten.
- Schlafen Sie so viel wie möglich.
- Stellen Sie sicher, dass die Wasserbehälter dicht sind und kein Wasser verdunsten kann. Jeder muss wissen, wo die Wasserbehälter stehen. Es ist nicht ausgeschlossen, dass jemand versehentlich das Wasser umstößt.

Wasser lokalisieren

Wasser in der Wüste zu finden, stellt immer eine Herausforderung dar, doch es ist möglich. Es gibt einige Indikatoren in der Wüste, die Wasserquellen anzeigen. Auch gibt es Methoden der behelfsmäßigen Wassergewinnung. Wägen Sie stets die Notwendigkeit, Wasser zu finden, gegen den durch die Suche verursachten Flüssigkeitsverlust ab.

- Suchen Sie am Fuß von Bergen und hohen Hügeln. Hoch oben und an der Windseite haben sich vielleicht Wolken und Niederschlag gesammelt. Das Wasser ist womöglich bis zu einer undurchlässigen Schicht in den Boden gesickert. Kalkstein führt Sickerwasser relativ wahrscheinlich ab. Das Wasser bildet dann Lachen am Fuß des Bergs, wo sich evtl. auch Vegetation findet.
- Wenn Sie in das ausgehöhlte Ufer von ausgetrockneten Flussläufen graben, können Sie Wasser finden. Graben Sie nicht tief, falls Sie nicht auf feuchten Boden stoßen. Es ist den Aufwand nicht wert. Gewöhnlich findet sich flussabwärts eher Wasser.
- In tiefen, engen und schattigen Schluchten finden Sie unter der Erdoberfläche vielleicht Wasser, besonders wenn dort auch Pflanzen wachsen.
- In trockenen Regionen zeigt eine Konzentration von Vegetation Wasser an. Sie müssen vielleicht tief gra-

ben, aber Bäume, Palmen und Pflanzen wachsen dort, wo das Wasser am dichtesten unter der Oberfläche liegt.

- In manchen Wüstennächten bildet sich Tau oder Schnee. Nutzen Sie die Nacht in diesem Fall, um Tau aufzusaugen oder Schnee zu sammeln. Auch wenn es nur wenig Schnee ist, ist das besser als nichts. In einer Wüste im Westen der USA habe ich einmal in den eiskalten Nächten den leichten Frost gesammelt, der sich auf unseren Ausrüstungsgegenständen gebildet hatte.
- Verlassene Siedlungen und Arbeitsstationen wie Minen verfügen meistens über eine Wasserquelle.
- Eine Ansammlung von Tierspuren führt oftmals zu einer Wasserstelle, wahrscheinlich der einzigen in einem großen Umkreis. Bei V-förmigen Kreuzungen verschiedener Fährten zeigt das V wahrscheinlich in Richtung Wasser.
- Vögel fliegen oft in Schwärmen Richtung Wasser. Aasfresser gewinnen die meiste Flüssigkeit aus dem Fleisch, das sie verzehren, andere Vögel müssen trinken. Halten Sie nach regelmäßigen Verhaltensmustern Ausschau.
- Bienen, Wespen und Fliegen halten sich nie zu weit von Wasser entfernt auf.

Wenn Sie Wasser finden, stauen, sammeln und bewahren Sie es, indem Sie es abdecken und so die Verdunstung einschränken.

Wasser gewinnen

Wasser kann mit unterschiedlichen Techniken extrahiert und aufgefangen werden. Diese setzen oft einen längeren Aufenthalt voraus, sodass Sie sich womöglich zuerst um einen Schutzunterstand kümmern müssen.

Pflanzliche Quellen

- **Feigenkakteen: Wie die meisten Kakteen haben sie gemeine Dornen, sind fest und nicht leicht zu ernten. Sie müssen sie mit Vorsicht schneiden und die Dornen entfernen. Das Fleisch kann zerquetscht werden, um daraus Flüssigkeit zu gewinnen, die aber klebrig und nicht schmackhaft ist. Die jungen Blätter können gegessen werden und bieten Feuchtigkeit und Nahrung.**
- **Goldkugelkaktus: Die fassförmigen Kakteen können sehr groß werden und haben spitze, hakenartige Dornen. Trennen Sie den Kopf wie bei einem gekochten Ei ab und zerdrücken Sie das innere Mark. Versuchen Sie, Flüssigkeit herauszusaugen, oder pressen Sie die Flüssigkeit heraus. Sie ist oft milchig trüb. Eigentlich lautet die Regel, nur klare Flüssigkeiten zu trinken.**
- **Kaktusfrüchte sind meistens saftig und spenden neben Flüssigkeit auch Nahrung. Die meisten sind genießbar, seien Sie jedoch vorsichtig: Essen Sie kleine Rationen und nehmen Sie einige Früchte mit.**
- **Andere Pflanzen wie die Agave haben ein dichtes Büschel dicker Blätter, die aus einem zentralen Punkt wachsen. Tief in diesem Zentrum kann Wasser gespeichert sein.**
- **Pflanzen abdecken: Bei dieser Methode wird ein Plastiksack über das grüne, lebende Blattwerk eines Baumes oder Buschs gezogen. Wählen Sie eine Stelle mit direkter Sonneneinstrahlung. Falls notwendig, ziehen Sie den Stamm zu sich herunter bis auf Kopfhöhe und fixieren Sie ihn mit einem Seil oder Tuch an einem Fels oder Holzpflock. Wählen Sie einen möglichst üppigen Zweig aus, stülpen Sie Ihren größten Sack darüber und schnüren Sie ihn am besten luftdicht zu. Arrangieren Sie den Sack so, dass sich Wasser darin ansammeln kann. Es kann bis zu fünf Stunden dauern, bis Sie Ergebnisse sehen. Das derart gewonnene Wasser ist normalerweise bitter und kann pflanzliche Giftstoffe enthalten.**

Feigenkaktus.

Solar-Destillieranlage

Es ist aufwändig, mithilfe von Destillieranlagen Wasser zu gewinnen, und die Ausbeute ist meist limitiert. Die Flüssigkeitsmenge hängt von dem Feuchtigkeitslevel der Erde bzw. des Stoffs ab, aus dem Sie das Wasser destillieren.

Die Anlage braucht direkte Sonneneinstrahlung. Graben Sie in der Nacht oder während der »kühlen« Zeiten eine Grube in feuchtem Boden. Sie sollte mindestens 90 cm tief und im Durchmesser etwas kleiner als die Plastikfolie sein, die Sie zur Verfügung haben. Idealerweise haben Sie eine Folie von 90 bis 100 cm Durchmesser.

- Stellen Sie einen offenen Behälter in die Mitte der Grube.
- Um den Behälter herum können Sie Teile von Kakteen, Buschwerk, verunreinigtes Wasser oder sogar tierische Eingeweide legen.
- Decken Sie die Grube mit der Plastikfolie ab, indem Sie sie mit Steinen oder Sand beschweren. Achten Sie darauf, dass die Folie luftdicht abschließt.
- Legen Sie einen tennisballgroßen Stein in die Mitte der Folie. Sie sollte nicht zu straff gespannt sein, sodass die beschwerte Mitte in Richtung Behälter absinkt. Die Folie darf die Grubenwände nicht berühren, und die Lücke zwischen Folie und Behälter sollte relativ klein sein, sodass die Wassertropfen bis zum tiefsten Punkt der Folie rinnen und von dort in den Behälter tropfen.
- Legen Sie nach einer Weile Feuchtigkeit spendendes Material nach. Wenn Sie urinieren müssen, tun Sie dies auf den Boden der Grube oder in ein Behältnis, das Sie in die Grube stellen können. Jede Feuchtigkeit hilft, aber urinieren Sie nur, wenn Sie müssen.

Unter der Folie wird durch die generierte Hitze ein Treibhauseffekt in Gang gesetzt. Die Luftfeuchtigkeit nimmt zu, kondensiert an der Folie und läuft daran herunter in den Behälter.

Solar-Destillieranlage

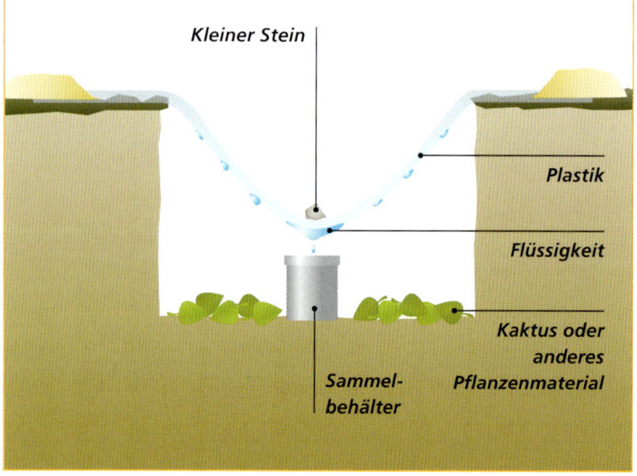

Umkehr-Destillieranlage

Sie funktioniert ganz ähnlich wie die Solar-Destillieranlage, ist aber weniger aufwändig. Wenn Sie ein stehendes Gewässer lokalisiert haben, eignet sie sich am besten.

- Treiben Sie einen Stock in das Zentrum des feuchten Bodens, stehenden Gewässers oder der geschnittenen Pflanzenteile. Sie können auch Wasser abfüllen und die Anlage etwas abseits aufbauen.
- Der Stock sollte etwa 60 cm hoch sein.
- Spannen Sie die Plastikfolie über den Stock und rollen Sie die Ränder nach innen. Legen Sie ein Ende tiefer als den Rest (dadurch wissen Sie, wo die Flüssigkeit sich sammelt, sodass Sie beim Entrollen der Folie nichts verschütten). Beschweren Sie die Außenseiten der Ränder mit Erde und versiegeln Sie alles luftdicht.

Umkehr-Destillieranlage

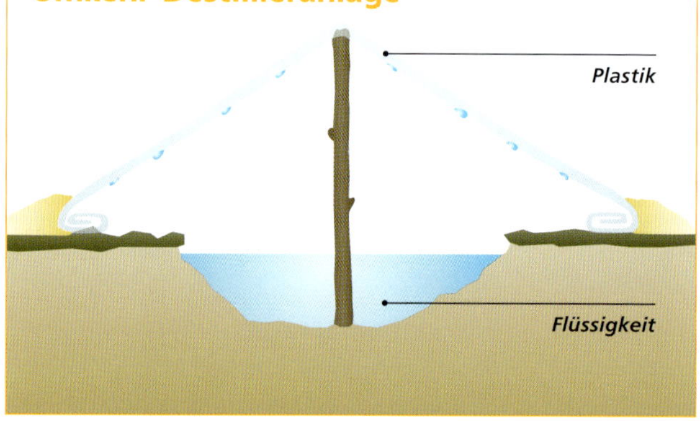

Tauwasser-Grube

Legen Sie die Grube mit der Plastikfolie aus und beschweren Sie die Ränder. Platzieren Sie Steine auf dem Grund und halten Sie die Grube offen. Wenn sich nachts die Luft abkühlt, kondensiert die Luftfeuchtigkeit an den Steinen und tropft auf die Folie. Saugen Sie das Wasser rechtzeitig vor Tagesanbruch auf.

Tauwassergrube

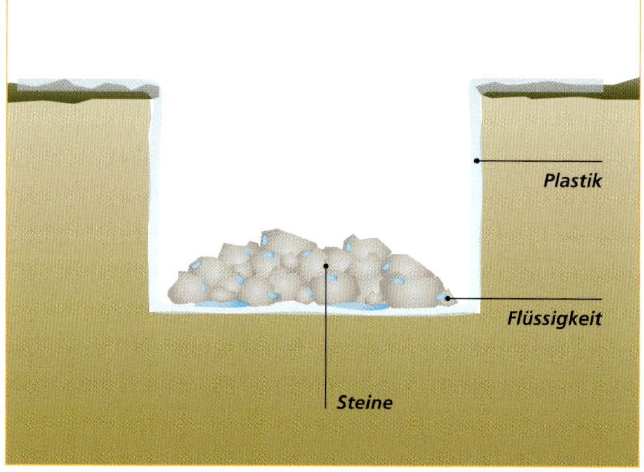

Sickerwasser

Sickerwasser und Rinnsale, die Steinen oder Moosen entspringen, können Sie einfach aufsaugen oder -lecken. Falls Sie aber einen Faden, Schnürsenkel oder Baumwollstreifen und einen Sammelbehälter haben, können Sie Folgendes machen:

- Knüpfen Sie einen kleinen Knoten in den Faden und befestigen Sie ihn in einem Felsspalt oder in dem Moos, aus dem das Wasser tropft.
- Führen Sie das andere Ende des Fadens in den Behälter.
- Die Feuchtigkeit tropft an dem Faden hinunter in den Behälter. Je länger Sie warten, desto mehr Wasser bekommen Sie. Achten Sie darauf, dass die Konstruktion auch bei zunehmendem Gewicht des Behälters standhält.

Ich habe dies mit ein paar Freunden ausprobiert. Das Ergebnis übertraf bei weitem unsere Erwartungen. Aus dem Moos auf der Felsoberfläche tropfte zwar kein Wasser, aber es war feucht und Sickerwasser eindeutig vorhanden. Wir konnten eine ordentliche Anzahl von Flaschen füllen.

Wasseraufbereitung

Stehendes oder verunreinigtes Wasser muss aufbereitet werden. Eine Möglichkeit dazu bietet die Solar-Destillieranlage wie zuvor beschrieben, aber verbreiteter sind chemische Reinigungsmittel wie Tabletten oder Kristalle. Eine kleine Menge Kaliumpermanganat auf einen halben Liter sterilisiert verunreinigtes Wasser: Es wird sich leicht violett verfärben und erinnert an Mundspülungen beim Zahnarzt.

Am effektivsten ist es, das Wasser abzukochen. Erhitzen Sie es und lassen Sie es fünf bis zehn Minuten kochen.

Falls Ihnen nichts weiter bleibt als ein stehendes Gewässer, dann reinigen Sie das Wasser so gut Sie können. Vielleicht ist es das Risiko wert, wenn Sie dafür eine längere Zeit bis zur möglichen Rettung überdauern können. Mit einem einfachen Filter sieben Sie größere Teilchen heraus. Filtern Sie das Wasser Schritt für Schritt durch ein Hemd, Socken, feinen Kies, Sand und Kohle. Das hilft, tötet aber nicht alle Bakterien ab.

Fortbewegung in der Wüste

Entscheiden Sie sich nur dafür weiterzuziehen, wenn keine andere Chance auf Rettung mehr besteht. Das Reisen in der Wüste ist hart. Das Gelände kann sehr unterschiedlich sein und sich im Lauf Ihrer Reise radikal verändern. Sie treffen vielleicht auf steile Schluchten, Sumpfland, Berge, Felsen und Sand.

Wenn Ihnen an Ihrem Ausgangspunkt Wasser zur Verfügung steht, nehmen Sie so viel wie möglich mit. Je mehr Wasser, desto besser, aber dennoch müssen Sie abwägen, welchen Aufwand es bedeutet, in diesem schwierigen Klima schwere Lasten zu schleppen. Schätzen Sie ab, für wie viele Tage Sie Wasser haben. Planen Sie auf dieser Basis Erkundungstouren. Sie haben zum Beispiel Wasser für drei Tage: Wenn Sie nach zwei Tagen nicht auf Anzeichen einer möglichen Rettung oder menschlichen Präsenz treffen, kehren Sie ggf. lieber zu Ihrer Wasserquelle zurück. Planen Sie dann eine weitere Erkundungstour in eine andere Richtung. Wenn Sie sich entschieden haben aufzubrechen:

- Nehmen Sie robuste Wasserbehälter mit und achten Sie gut auf sie.
- Schützen Sie sich und Ihr Wasser vor den Elementen. Improvisieren Sie einen Rucksack für Vorräte und etwas, das an Ihrer Schattenseite hängt.
- Ziellos umherzuwandern, kann desaströs enden. Richten Sie sich nach einem Kompass, wenn Sie einen haben. Merken Sie sich Landmarken: Dadurch fällt es leichter, die Richtung beizubehalten und Strecke und Geschwindigkeit zu schätzen. Versuchen Sie, etwa 3 km/h zurückzulegen. Entfernungen können täuschen in der Wüste, da oft nur wenige Orientierungspunkte zur Verfügung stehen. Gehen Sie in einem gleichmäßigen Tempo, hasten Sie nicht und überschätzen Sie nicht Ihre Fähigkeiten. Pausieren Sie stündlich für fünf bis zehn Minuten. Suchen Sie den Horizont nach natürlichem Schutz ab – Steilhänge, Höhlen, zerklüftete Hügel oder Bäume und Sträucher.
- Reisen Sie während der kühleren Stunden oder nachts. Verbringen Sie die heißeste Tageszeit unter einem Schutzdach.
- Wüstennächte können sehr dunkel sein. Suchen Sie sich vor Einbruch der Dunkelheit Landmarken, an deren Silhouetten Sie sich orientieren können. Nutzen Sie Himmelskörper, um die Richtung beizubehalten.
- Halten Sie nachts in regelmäßigen Abständen und horchen Sie. Schallwellen verbreiten sich leicht in Wüstennächten, Sie könnten menschliche Aktivitäten hören.
- Falls möglich, wandern Sie Richtung Küste. Küstenregionen sind kühler und mit größerer Wahrscheinlichkeit bewohnt. Außerdem können Sie Signale abgeben, wenn Sie Schiffe sehen.
- Suchen Sie während kühlerer Zeiten möglichst höheres Gelände auf. Errichten Sie dort Ihr Lager und nehmen Sie bei Sonnenaufgang die Umgebung in Augenschein. Bei Sonnenaufgang ist die Sicht am besten.
- Wandern Sie in weiten Kehren und nicht zu steil bergauf. Gehen Sie niemals geradeaus hoch, da dies mehr Energie kostet.
- Reisen Sie nicht durch Sandstürme. Wenn Sie bemerken, dass ein solcher Sturm heraufzieht, errichten Sie rechtzeitig einen Schutzunterstand. Schützen Sie Ihr Gesicht und Ihre Augen mit einem Schal oder Tuch.
- Gehen Sie den Weg des geringsten Widerstands, auch wenn dieser nicht die direkteste Marschroute ist. Vermeiden Sie möglichst lockeren Sand und bewegen Sie sich auf festem Untergrund.
- Errichten Sie Steinmännchen, markieren Sie Ihren Weg oder halten Sie sich beim Reisen an Landmarken. Falls Sie umdrehen müssen, ist der Rückweg gekennzeichnet. Außerdem kann eine Rettungsmannschaft Ihren Weg nachverfolgen, sollte sie Ihren Ausgangspunkt entdeckt haben. Versuchen Sie, eine deutliche Spur zu hinterlassen.
- Ziehen Sie in Ruhephasen möglichst Socken und Kleidung aus, um sie zu trocknen und zu lüften. Lassen Sie unter Ihrem Schutzdach Luft an Ihren nur dünn bekleideten Körper. Nehmen Sie sich die Zeit, sich um Ihren Körper zu kümmern und Schnitte, Blasen und andere kleine Verletzungen zu versorgen.

Signalgebung und Rettung

Dies sollte in jedem Survival-Notfall von Anfang an Ihre erste Priorität sein. Such- und Rettungsflugzeuge haben über offenen Trockengebieten eine gute Sicht und können einen weiten Umkreis erfassen. Seien Sie vorbereitet. Sobald Sie ein Flug- oder Fahrzeug hören, sollten Sie ein Signal abgeben können. Die Suchmannschaften werden vermutlich nach einem bestimmten Muster vorgehen und jedes Gebiet nur ein Mal absuchen.

- Versichern Sie sich, dass das Flugzeug in Ihre Richtung fliegt. Dreht es ab, ist Ihr Signalfeuer verschwendet.
- Verlassen Sie Ihr Transportmittel nur, falls unbedingt nötig. Nehmen Sie Treibstoff für das Signalfeuer: Diesel erzeugt mehr Rauch als andere Treibstoffe, und Rauch ist wichtiger als Flammen. Benzin explodiert eher als dass es brennt; tränken Sie das Brennmaterial also damit, bevor Sie es anzünden. Reifen und Polster entwickeln viel Rauch.
- Ziehen Sie in Erwägung, Ihr Signalfeuer am Fuß eines Baums oder Strauchs zu entzünden, sodass dieser ebenfalls Feuer fängt.
- Errichten Sie ein Signalfeuer, das schnell entflammt. Sie sollten das Feuer mit einem Vorrat trockenen Brennmaterials füttern können, sobald es brennt und raucht. Fügen Sie aber nicht zu viel Material zu früh hinzu, sonst ersticken Sie das Feuer womöglich.
- Wenn Sie kein Feuer entzünden können, bieten geradlinige Markierungszeichen auf dem Boden eine Alternative. Legen Sie sie so groß wie möglich und in offenem Gelände an. Sie können auch Wörter wie HELP, SOS oder MAYDAY buchstabieren. Verwenden Sie Materialien in Kontrastfarben zum Untergrund.
- Nutzen Sie glänzende Gegenstände, um Lichtreflexe in Richtung Flugzeug zu erzeugen. Signalisieren Sie mit Hupe und Lichtern Ihres Fahrzeugs. Wenn Sie eine Taschenlampe haben, machen Sie nachts wie tags durch wiederholte Lichtsignale auf sich aufmerksam. Machen Sie nicht sinnlos Licht; sparen Sie die Energie vorhandener Lichtquellen für die Signalgebung.
- Bewegte Objekte können Rettungsmannschaften auffallen. Auf Erhebungen und Bergrücken hebt sich Ihre Gestalt besser ab.
- Halten Sie an Ihrem Survival-Plan fest, auch wenn Sie glauben, entdeckt worden zu sein. Womöglich haben Sie sich getäuscht oder es dauert noch Tage, bis die Rettungsmannschaft Sie erreicht.
- Wenn Sie sich entschließen, Ihren Ausgangspunkt zu verlassen, errichten Sie ein großes Zeichen, oder machen Sie kenntlich, dass Sie hier waren und in welche Richtung Sie aufgebrochen sind.
- Bereiten Sie einen Hubschrauberlandeplatz vor, falls notwendig. Rauch zeigt dem Piloten die Windrichtung an. Sollten Sie kein Feuer haben, versuchen Sie die Windrichtung mit einer improvisierten Flagge anzuzeigen. Wenn der Hubschrauber zur Landung ansetzt, kauern Sie sich abseits der Piste auf den Boden. Drehen Sie dem Hubschrauber den Rücken zu und schützen Sie Ihre Augen.

ÜBERLEBEN IM DSCHUNGEL

Dschungel sind komplexe Ökosysteme, reich an Tieren und Pflanzen. Unter jedem Blatt und jedem Stein scheint sich etwas zu verstecken und alles gedeiht üppig – inklusive Insekten und Bakterien. Dem Uneingeweihten mag der Dschungel bedrohlich, chaotisch und beklemmend erscheinen, aber mit etwas Zeit, Akklimatisierung und Wissen können Sie lernen, seinen Reichtum an Wasser, Nahrung und Ressourcen auszuschöpfen. Dennoch ist der Dschungel ohne Zweifel eine der anspruchsvolleren Umgebungen. Er ist in vielerlei Hinsicht unerbittlich und kräftezehrend. Es ist aussichtlos, gegen den Dschungel anzukämpfen, Sie müssen sich mit ihm arrangieren.

Dschungelgebiete

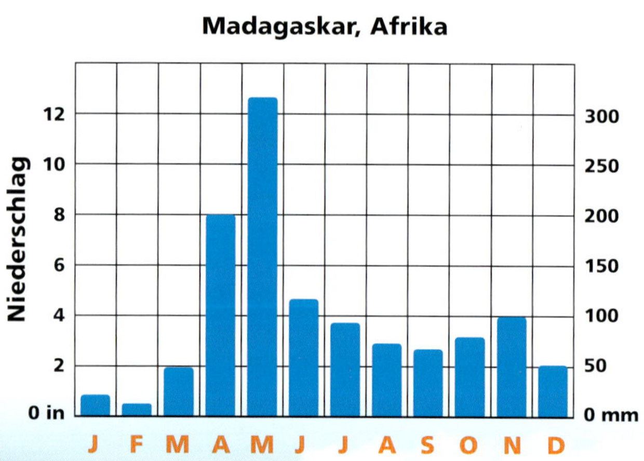

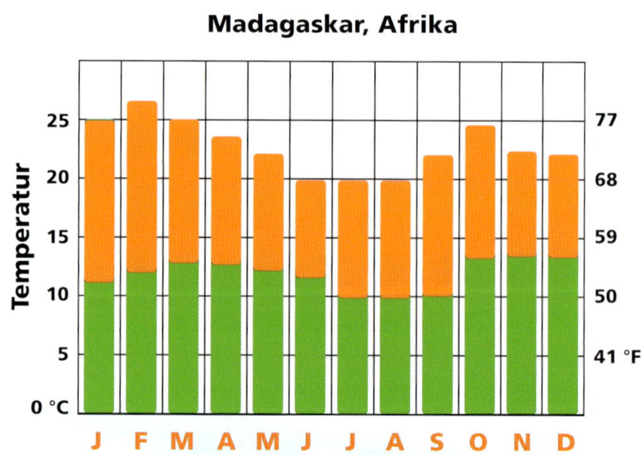

Nehmen Sie sich vor Brüllaffen in Acht, die aus großer Höhe auf Sie urinieren können.

Ich erinnere mich noch an meine erste Nacht im Dschungel. Ich habe so gut wie gar nicht geschlafen. Um mich herum schien alles lebendig zu werden. Mit der absoluten Dunkelheit der Nacht erhob sich ein unglaublicher Lärm und ich sah viele Augen leuchten, die allein mich anzustarren schienen. Dieses Erlebnis werde ich nie vergessen – seither liebe ich Reisen in den Dschungel.

»Primärdschungel« weist eine Fülle von riesigen Bäumen – manche höher als 40 Meter – auf, die ein dichtes Dach bilden. Durch dieses Dach dringt nur wenig Licht, und der Pflanzenwuchs darunter ist nicht so üppig. Die Fortbewegung fällt entsprechend relativ leicht, aber dafür kann man aus der Luft nur schwer entdeckt werden. Wo der Primärdschungel zu Kultivierungszwecken abgeholzt wurde und so das Licht einfallen kann, findet sich ein dichtes Unterholz aus niedrigeren Pflanzen und Rankengewächsen. Dies nennt sich »Sekundärdschungel« und ist viel schwerer zu durchqueren.

Manche Dschungelregionen liegen recht hoch, sodass Sie dort Kiefern vorfinden können und die Nachttemperaturen kühl sind. In solchem Hochland-Regenwald fällt das Überleben schwer, da er oft von Wolken bedeckt und alles konstant feucht ist. Er wird daher manchmal auch als »Nebelwald« bezeichnet. Steigen Sie hier so schnell wie möglich in tieferes Gelände ab. Sammeln Sie vorher aber etwas Kiefernharz zum Feuermachen und ein paar (vitaminreiche) Nadeln für Tee ein.

In Dschungelregionen regnet es häufig stark, die Luftfeuchtigkeit ist erdrückend. Meistens treten die schweren Niederschläge am Nachmittag und eventuell in Kombination mit Gewitter auf. Flüsse schwellen innerhalb von Minuten an, Blitze können in besonders exponierte Bäume einschlagen und Schlammlawinen sich ohne Vorwarnung lösen. Die Dunkelheit bricht sehr schnell herein, eine Fortbewegung bei Nacht ist unmöglich, also planen Sie genug Zeit für die Errichtung des Lagers ein. In Küstennähe können großflächige Sumpf- und Mangrovengebiete den Dschungel durchziehen.

Es gibt abertausende von Säugetieren, Insekten, Spinnentieren, Reptilien und Fischen im Dschungel. Manche sind harmlos, andere giftig oder aggressiv. Viele Augen werden Sie im Dschungel beobachten, doch Ihr unbekannter Geruch wird die meisten Tiere auf Distanz halten.

Schutz

Infektionen können sich im Dschungelklima sehr schnell ausbreiten, der Schutz vor Kratzern und Bissen ist daher ebenso wichtig wie ein Schutz gegen die Elemente. Zwar bekleiden sich indigene Dschungelbewohner eher spärlich, doch wer Stiche, Bisse und Schrammen hier nicht gewohnt ist, sollte sich in erster Linie durch die Kleidung schützen. Tragen Sie langärmlige Hemden, die sich am Kragen und an den Handgelenken eng zuknöpfen lassen. Die Stiefel sollten hoch sein, wenn möglich binden Sie die Hosenbeine daran fest, um Egel oder andere Bodenbewohner fernzuhalten. Falls das nicht klappt, raffen Sie die Hosenbeine zusammen und stecken Sie sie in die Schuhe. Hüte oder improvisierte Kopfbedeckungen schützen Ihren Nacken gegen herabfallendes Getier.

Wenn möglich sollten Sie zwei Sätze Kleidung haben. Einer wird trocken gehalten und nur nachts, der andere tagsüber getragen. Dies dient Hygiene und Komfort. Bewahren Sie Ihr »Nachtzeug« in einem wasserdichten Behältnis auf. Im Dschungel wird alles durchnässt und verrottet schnell, selbst bei guter Pflege. Durch die Luftfeuchtigkeit ist das Trocknen sehr schwierig, außer Sie haben Feuer oder Sonnenlicht.

Dave im Dschungel von Sumatra – Wasser bis zur Hüfte, darüber dichtes Unterholz: äußerst beschwerlich!

Schutzunterkünfte errichten

Der Bau eines Notlagers im Dschungel zielt darauf, Abstand zum Boden und ein Dach über dem Kopf zu erlangen. Glücklicherweise gibt es dort viel Baumaterial, dennoch sollten Sie so viel wie möglich dabei haben: Leinen, Schnüre, Plane und Messer.

- Suchen Sie einen Platz abseits von Sumpf oder stehendem Gewässer, denn dort wimmelt es vor Moskitos.
- Denken Sie daran, dass schwere Regenfälle Schlammlawinen an Hängen auslösen und Flüsse fluten können.
- Stellen Sie sicher, dass sich weiter oben keine abgebrochenen großen Äste oder Stämme verfangen haben. Sie können bei Starkregen oder Stürmen herabfallen.

- Suchen Sie die Umgebung nach Schlangen, Ameisen und anderen Tieren ab. Machen Sie Lärm und schlagen Sie mit einem Stock auf den Boden rundherum.
- Wählen Sie eine Stelle in der Nähe von Palmen und großblättrigen Bäumen.
- Errichten Sie das Schutzdach in einem steilen Winkel.
- Graben Sie einen Abflussgraben rund um Ihr Lager.
- Errichten Sie das Bett auf einem Podest oder improvisieren Sie eine Hängematte.
- Verwenden Sie ein Moskitonetz, falls vorhanden. Falls nicht vorhanden, erzeugen Sie Rauch oder schützen Sie wenigstens Ihr Gesicht.

Einfacher A-Rahmen

- Rammen Sie vier starke Äste, die Ihr Gewicht tragen können, senkrecht in den Boden, sodass sie ein Rechteck formen. Sie sollten eine Körperlänge bzw. -breite Abstand voneinander haben. Die Äste müssen lang genug sein, um (als Fundament) tief in den Boden einzusinken und die Liegefläche zumindest auf Hüfthöhe zu bringen. Falls Sie mit lebenden Strukturen arbeiten können, tun Sie das; es kostet Zeit und Mühe, Holz zu schlagen. Suchen Sie Äste, die am oberen Ende zu einem »V« geschnitten werden können: Sie tragen den horizontalen Bettrahmen.
- Konstruieren Sie einen Bettrahmen aus stabilen Ästen. Binden Sie die Enden mit Schnur oder einer starken Rebe wie Rattan an den V-Gabeln der Pfosten fest. Zu hoch muss der Bettrahmen auch nicht sein; Sie sollten leicht hoch- und runterklettern können.
- Verwenden Sie Schnur oder starke Reben, um die Liegefläche zu weben oder zu knüpfen. Das Geflecht muss Ihr Gewicht tragen können.
- Polstern Sie die Fläche für mehr Bequemlichkeit dick mit Palmenblättern und Zweigen aus.
- Befestigen Sie 2 m oder höher über dem Bett einen Dachbalken, der mindestens Bettlänge hat.
- Hängen Sie Äste vom Dachbalken zum Bettrahmen oder Boden hinunter, legen Sie auch den Boden mit Zweigen aus und bedecken Sie das Überdach mit breiten Palmenblättern.

Schlagen Sie möglichst große Palmenstämme. Schneiden Sie den Stamm an der Basis schräg ein und haken Sie ihn an dem Dachbalken ein, sodass er flach anliegt. Es kann notwendig sein, das Palmendach mit einigen Zweigen zu stabilisieren, die Sie quer oder senkrecht an der Dachkonstruktion festbinden. Legen Sie die Palmenblätter so übereinander, dass Wasser ablaufen kann.

Bambushängematte

Bambusgras ist kräftig, flexibel und leicht zu bekommen. Es gibt ein hervorragendes Material für Schutzunterkünfte ab, aber seien Sie vorsichtig: Beim Schneiden und Spalten von Bambus entstehen extrem scharfe Kanten. Wenn Sie auf große Bambuspflanzen stoßen, gibt eine Bambushängematte ein nützliches Bett ab.

Bei Dschungelstürmen können die großen Bambusrohre jedoch geräuschvoll zerbrechen. Die Splitter können sich überall verteilen und sind sehr gefährlich.

- **Schlagen Sie ein etwa 3 m langes und 15 cm dickes Bambusrohr.**
- **Spalten Sie das Rohr in Längsrichtung zwischen den jeweils äußersten Knoten beider Enden.**
- **Entfernen Sie die eine Hälfte.**
- **Zerteilen Sie die andere Hälfte in 2–3 cm dicke Streifen.**
- **Fächern Sie die Streifen auf und weben Sie Bambusfasern ein, um die Liegefläche daraus zu fertigen.**
- **Schneiden Sie Löcher in die Enden des Bambusstabs und binden Sie ihn mit kräftigen Ranken oder Schnur zwischen zwei Bäume.**
- **Polstern Sie die Liegefläche mit reichlich Blättern und weichem Pflanzenmaterial aus.**
- **Errichten Sie ein A-förmiges Überdach, falls notwendig.**

Spannen Sie andere, eventuell vorhandene Überdächer (wie Planen, Fallschirme oder Ponchos) stets so straff wie möglich. Dschungelstürme können schnell und gewaltig sein, Ihr Lager sollte gegen dramatische Wetterwechsel gewappnet sein.

Dschungel-Basics

Wasser

Auch wenn Sie in dieser Umgebung viel schwitzen, ist es meistens einfach, den Flüssigkeitsverlust auszugleichen. Wasser ist für gewöhnlich nie weit entfernt. Es ist allerdings riskant, Wasser aus Flüssen zu trinken: Stromaufwärts können verwesende Tierkadaver im Wasser liegen. Ratten und andere Nagetiere leben oft in Flussnähe und graben ihren Bau in die Ufer. Schwillt der Fluss an, überflutet er die Höhlen und schwemmt ihr Urin mit sich. Das Urin kann die Weilsche Krankheit bzw. Leptospirosen verursachen, welche tödlich verlaufen können.

Sumpfige, stehende Gewässer sollten vermieden werden. Trinken Sie keine milchigen oder gefärbten Flüssigkeiten aus Pflanzen. Kochen Sie Wasser immer ab, wenn möglich. Regenwasser ist Ihre beste Option.

Aus Bromelien lässt sich Wasser gewinnen.

Möglichkeiten, um an Wasser zu kommen:

- Richten Sie Ihre Überdach so aus, dass sich das Regenwasser in einem Behälter sammeln lässt. Aus Bambus lassen sich ausgezeichnete Abflussrinnen bauen.
- Nutzen Sie fixierte Hüte, Dosen und anderes Material, um Wasser zu sammeln.
- Die Abschnitte zwischen den Knoten eines Bambusstabs enthalten oft sauberes Wasser. Klopfen Sie mit Ihrem Messer auf den unteren Teil eines Abschnitts. Die Abschnitte, die nicht hohl klingen, können Wasser enthalten.
- Kokosnüsse können Flüssigkeit enthalten, besonders wenn sie noch grün sind. Öffnen Sie die Schale, indem Sie einen oben angespitzten Stock in den Boden rammen. Splitten Sie die Kokosnuss daran oder bohren Sie Löcher in den unteren Teil. Aus der faserigen Schale können Sie Zundmaterial oder Schnur gewinnen.
- Manche Pflanzen – wie Bromelien oder Kannenpflanzen – sind natürliche Wasserfänger. Sie sammeln Wasser in ihren und um die Blätter herum. Es mag etwas verfärbt sein und ein paar tote Insekten enthalten, aber trinken Sie ruhig alles, da die Insekten gutes Protein liefern.
- Bananenbäume saugen sich schnell mit Wasser voll. Schneiden Sie den Stamm nahe der Basis ein und höhlen Sie eine Vertiefung aus. Das ist bei dem weichen Holz nicht schwer. Die Mulde wird sich schnell mit Wasser füllen.
- Wasserreben sind faltige, hölzern aussehende Lianen, die Wasser enthalten. Schneiden Sie ein Stück ab und halten Sie es waagerecht. Zum Trinken kippen Sie es schräg an ihren Mund.

Survival-Tipp

Wenn es zu regnen beginnt, warten indigene Völker häufig 10 bis 15 Minuten, bevor sie Wasser sammeln. So können zunächst kleine Tiere und Insekten sowie ihre Ausscheidungen aus dem Blätterdach gewaschen werden. Anschließend ist das Wasser noch sauberer. Ein guter Tipp.

Sie können auch ein eimergroßes Loch in den Boden oberhalb der Wasserlinie von Sümpfen oder stagnierenden Gewässern graben, die eventuell durch eine Quelle gespeist werden. In dem Loch wird sich trübes Wasser sammeln. Kochen Sie es ab oder filtern Sie das Wasser so:

- Lassen Sie schmutziges Wasser durch Socken, Strumpfhosen, Hemden oder anderes dichtgewebtes Material laufen. Wiederholen Sie das mehrmals oder konstruieren Sie einen Dreifuß mit mehreren Filtereinsätzen. Kippen Sie Wasser oben hinein und lassen Sie es durch alle Schichten laufen, bevor Sie es unten auffangen.
- Legen Sie eine Schicht trockenen Sand oder feinen Kies auf das Filtermaterial. Lebendes Moos stellt einen guten Filter dar.
- Nehmen Sie eine Handvoll Kohle aus Ihrem Feuer und legen Sie sie in den Filter. Kohle hat hervorragende Filtereigenschaften. Auch wenn sich das Wasser verfärbt, können Sie es trinken.

Nahrung

Der Dschungel bietet eine Fülle an Nahrung, tierischer und pflanzlicher. Mit den in Kapitel 4 beschriebenen Techniken können Sie Tiere aufspüren, fangen und zubereiten. In manchen Dschungelgegenden mag es weniger mühsam sein Pflanzen zu ernten, als Fallen zu bauen oder zu jagen. Halten Sie dennoch immer nach Schlangen, Skorpionen und anderen Tieren Ausschau. Haben Sie eine Waffe parat und seien Sie bereit, zuzuschlagen.

- Nahezu alle Dschungeltiere, Insekten, Käfer, Vögel und Reptilien, sind essbar. Einige können roh verzehrt werden, aber kochen Sie lieber alles, wenn möglich. Reptilien sollten gehäutet werden, da manche Gift absondern. Waschen Sie sich daher nach dem Häuten die Hände mit Wasser. Lassen Sie das Häuten, wenn Sie ungeschützte offene Wunden haben.
- Holz kompostierende Larven und Käfer sind eine gute Lebendnahrungsquelle und leicht zu sammeln. Maden können roh gegessen werden: Schlucken Sie sie unzerkaut hinunter. Es mag herausfordernd klingen, aber sie sind sehr nahrhaft.
- Termiten können roh, besser aber geröstet verzehrt werden.
- Fisch gibt es in Dschungelflüssen und -seen reichlich. Mit den Standard- oder auch improvisierten Fischfangmethoden werden Sie vermutlich erfolgreich sein. Werfen Sie ein Stück Termitenhügel ins Wasser, das zieht schnell Fische an. In und an Flüssen können Sie auch Krustentiere, Schlangen und Shrimps finden.
- Dattel-, Sago- und Nipapalmen. Die meisten Palmenherzen sowie junge Triebe sind essbar. Sie schmecken besser, wenn sie gegart oder gekocht werden. Gute Kohlenhydratquelle.
- Bambus – die jungen Triebe können roh gegessen werden und sind reich an Stärke und Kohlenhydraten. Ziehen Sie die äußeren Schichten ab, legen Sie das weiße Mark frei und essen Sie sie. Achten Sie auf feine braune Haare an jungen Trieben. Diese können stechen und die Haut irritieren.
- Sie können im Dschungel auch Bananen essen. Essen Sie keine jungen, grünen Bananen, da sie zu Durchfall und dadurch Dehydration führen können.
- Die jungen Triebe der Rattanpalme lassen sich roh oder gegart essen.
- An genießbaren Pflanzen finden sich außerdem Mango, Brotfrucht, Feige, Süßkartoffel, Papaya und Kokosnuss. Früchte und junge Triebe sind essbar.
- Fledermäuse können ausgeräuchert und mit einem improvisierten Schläger getötet werden. Wenn Sie eine Fledermaushöhle finden, verkleinern Sie den Eingang so weit wie möglich mit Pflanzenmaterial. Blockieren Sie alle anderen sichtbaren Ausgänge. Entzünden Sie in der Höhle nahe dem Ausgang eine Fackel oder ein kleines Feuer. Die Fledermäuse werden fast sofort auf den Rauch reagieren, seien Sie also bereit, sie abzufangen, wenn sie durch den schmalen Ausgang fliegen. Kochen Sie die Fledermäuse vor dem Verzehr gut durch und denken Sie daran, dass sie Tollwut übertragen können.
- Eier sind immer eine nahrhafte Speise, wenn sie welche bekommen können. Krokodile nisten am Boden. Ein deutlich sichtbares weißes Band um die Eier bedeutet, dass sie befruchtet wurden, also genießbar sind.
- Meiden Sie Dschungelpilze, wenn Sie nicht sicher wissen, dass sie genießbar sind.

Fledermäuse sollten vor dem Verzehr gut durchgekocht werden.

• WEISE WORTE •

Ich habe im Dschungel schon einige ziemlich gruselig aussehende Dinge gegessen, roh wie auch gekocht. Ein guter Freund von mir hat das aber noch übertroffen. Ich habe zugesehen, wie die Innereien eines Käfers aus seinem Mund spritzten und die langen, dünnen schwarzen Beine eines Insekts in seinem Schlund verschwanden. Wir hatten nach solchem Essen nie Probleme, aber seien Sie dennoch stets vorsichtig mit dem, was Sie im Dschungel verzehren.

Fortbewegung im Dschungel

Wenn eine Rettung unwahrscheinlich erscheint oder Gefahr droht und Sie deswegen weiterziehen müssen, brechen Sie nicht planlos auf. Gehen Sie möglichst erst los, wenn Sie an Temperatur und Luftfeuchtigkeit gewöhnt sind. Überdenken Sie Ihre körperliche und mentale Verfassung, Ihre Fitness, Ihre Ressourcen und die Richtung, in die Sie gehen wollen. Nehmen Sie mit, was Sie können. Sie sollten die Stunde des Sonnenuntergangs kennen, sodass Sie abschätzen können, wie viele Reisestunden Ihnen täglich zur Verfügung stehen. Lassen Sie sich nicht von einem Marsch durch den Dschungel einschüchtern; wie beschrieben gibt es für gewöhnlich reichlich Nahrung und Wasser. Kämpfen Sie sich nicht durch den dichtesten Dschungel, um starr an Ihrem Kurs festzuhalten, das wird nicht funktionieren. Folgen Sie besser der Linie des geringsten Widerstands und überprüfen Sie regelmäßig Ihre Position.

- Suchen Sie eventuell zunächst eine erhöhte Position auf, um sich einen Überblick über das Terrain und die Richtung zu verschaffen. Wählen Sie Etappenziele wie besonders markante Bäume oder Felsen aus. Manche Bäume sind deutlich höher als die umstehenden. Zwar werden Sie das unter dem Blätterdach nicht sehen können, aber wenn Sie ein System haben, um die Richtung zu halten, und der Baum nicht zu weit entfernt ist, sollte er auch von Bodenhöhe aus zu finden sein.
- Brechen Sie Ihr Lager kurz vor Tagesanbruch ab, um die maximale Stundenzahl an Tageslicht zur Fortbewegung zu nutzen. Errichten Sie rechtzeitig vor der Dunkelheit das nächste Lager.
- Improvisieren Sie zur Not einen Rucksack und nehmen Sie mit, was Sie können. Schlagen Sie beispielsweise Essen, volle Wasserkanister und trockene Kleidung in ein Hemd oder ein Tuch ein und binden Sie es sich wie ein Bandelier um den Oberkörper.
- Vermeiden Sie es, quer über diverse Höhenzüge zu laufen. Beim Militär nennt man dies »Querschliff«.
- Flüssen und Flusstälern zu folgen, kann eine gute Option sein. Dennoch können Flüsse auch extrem schnell anschwellen, und die Vegetation um sie herum ist besonders dicht. Sie können außerdem auf Wasserfälle und Stromschnellen, sehr steile, schlammige Uferböschungen oder Sumpf stoßen.

Survival-Tipp

Die Rattanpalme lässt sich ausgezeichnet zu Schnur verarbeiten, aber sie weist sehr scharfe, stachlige Dornen auf, die beträchtlich lang wachsen. Sie wird beim Militär oft »Wait-o-While« (deutsch »Warte einen Augenblick«) genannt, weil sie sich umso tiefer in Haut und Kleidung bohrt, je stärker man gegen sie ankämpft. So bleiben am Ende nur Fetzen übrig. Wenn Sie an einer Rattanpalme hängenbleiben, gehen Sie langsam rückwärts und zupfen Sie dabei die Ranken ab. Denken Sie aber daran, dass man die jungen Triebe gegart essen kann.

Dave auf der Suche nach einem Weg die steilen, unbekannten Dschungelhänge hinunter.

- Gehen Sie langsam; je nach Vegetation können Sie mit kaum mehr als 2–3 kmh rechnen, manchmal weniger. Wenn Sie in schwierigem Dschungelgelände mehr als 5 km pro Tag schaffen, ist das wirklich gut. Planen Sie anfangs weniger ein.
- Nutzen Sie Erhöhungen und offene Areale für Pausen, und um das kommende Gelände zu studieren.
- Halten Sie regelmäßig, um zu trinken, zu rasten und eine Kleinigkeit zu essen. Suchen Sie sich bei diesen Gelegenheiten nach Egeln und anderen Parasiten ab. Besser Sie entfernen sie früh, bevor sie sich im Laufe des Tages festsaugen.

Indem Sie dem Weg des geringsten Widerstands folgen, erhöhen Sie Ihre Chancen, auf Tierfährten oder Trails von Einheimischen zu stoßen. Halten Sie immer nach Anzeichen von Menschen Ausschau.

• WEISE WORTE •

Im Dschungel sollte jedes Teammitglied regelmäßig anhalten, um sich zu orientieren. Manche Menschen neigen dazu, blind ihrem Gruppenführer zu folgen, aber da man sich hier so leicht verirren kann, sollte jeder Einzelne Position, Marschrichtung und Fluchtrouten kennen.

Signalgebung und Rettung

Suchmannschaften sind höchstwahrscheinlich nicht bei Nacht im Dschungel unterwegs, weder zu Fuß noch in der Luft. Die Wetterbedingungen spielen ebenfalls eine Rolle, denn Piloten werden kein Risiko eingehen: Durch die Luftfeuchtigkeit im Dschungel entstehen oft im Laufe des Tages und mit zunehmender Hitze Wolken, gefolgt von schweren Niederschlägen. Stellen Sie sich daher auf eine Signalgebung in der ersten Tageshälfte ein, besonders am frühen Morgen, wenn das Wetter stabiler ist. Rettungsmannschaften versuchen, das Suchgebiet soweit einzugrenzen wie möglich, aber dank des dichten Blätterdachs ist es schwer, aus der Luft entdeckt zu werden. Wenn Sie mit einem Transportfahrzeug gestrandet sind, bleiben Sie so lange wie möglich bei ihm und nutzen Sie die vorhandenen Ressourcen. Eventuell hat Ihr Fahrzeug auch eine Lücke in das Blätterdach gerissen, die Sie zur Signalgebung oder als Helikopterlandeplatz nutzen können.

- **Vielleicht gelingt es Ihnen, mithilfe von Lianen an einem Baum bis über das Blätterdach hinaufzuklettern. Drapieren Sie Materialien in Kontrastfarben über den Zweigen. Seien Sie sich jedoch des Risikos bewusst.**
- **Jede Lücke im Blätterdach hilft. Flüsse haben meistens Flächen eröffnet. Wenn Sie sich fortbewegen müssen, folgen Sie einem Fluss bis zu einer Lichtung.**
- **Wenn Sie die Mittel haben, eine Freifläche zu schaffen, tun Sie das. Aber nur so groß, dass ein Helikopter landen kann. Manche Hubschrauber haben Rettungswinden. Näheres zum Thema Hubschrauberlandezone finden Sie in Kapitel 5.**
- **Ziehen Sie höherliegendes Gelände vor. Planen Sie Ihren Signalort gut, legen Sie einen Pfad dorthin an und haben Sie alles griffbereit, um Aufmerksamkeit durch Farben, Bewegungen, auffällige Zeichen, Geräusche, reflektierende Oberflächen, Kamerablitze und Signalleuchten zu erregen. Das gilt auch für die Glut zum sofortigen Entzünden des Signalfeuers.**
- **Verwenden Sie trockenes Pflanzen- und anderes Material, das möglichst viel Rauch erzeugt: tote, trockene Palmen, trockenes Gras, etwas Laub sowie Gummi und andere künstlich hergestellte Stoffe.**
- **Da Rauch sich zwischen Bäumen verfängt, sollten Sie Ihr Feuer an einer möglichst nicht so dicht bewachsenen oder offenen Stelle errichten. Sie können es auch am Flussufer oder auf einem Floß entzünden. Nehmen Sie sich vor Überflutungen in Acht. Viele Flüsse bilden offene, mit Schlamm oder Steinen bedeckte Mäander.**

Gefahren im Dschungel

Egel

Sie lauern auf dem Boden und an feuchten Stellen und warten auf Menschen oder Tiere, an denen sie sich festsaugen können. Egel sind nicht schmerzhaft und Sie werden sie wahrscheinlich kaum bemerken, aber sie sondern ein Sekret ab, das die Blutgerinnung hemmt. Nachdem sie sich vollgesogen haben, fallen sie meist einfach ab. Ziehen Sie die Egel nicht heraus, denn der Kopf könnte steckenbleiben. Betupfen Sie sie mit etwas Glut, Salz, Sonnencreme oder einem Insektenschutzmittel.

Moskitos

Diese kleinen Tierchen können im Dschungel eine Plage sein. Besonders zahlreich sind sie am Abend, in der Nacht und am frühen Morgen unterwegs. In einigen Teilen der Welt übertragen sie Malaria, schützen Sie sich also gut. Wenn Sie ohne Insektenschutzmittel und Netz in einem moskitoverseuchten Gebiet unterwegs sind, bedecken Sie Ihren Kopf so gut wie möglich mit einem Kleidungsstück. Es hilft auch, den Kopf mit Schlamm zu bestreichen. Biwakieren Sie fern von Sümpfen und (insbesondere stehenden) Gewässern. Rauch vertreibt Moskitos ebenfalls gut. Kratzen Sie Stiche nicht auf, da sie sich sonst infizieren können. Mildern Sie die Irritationen besser mit warmem Wasser oder Schlamm.

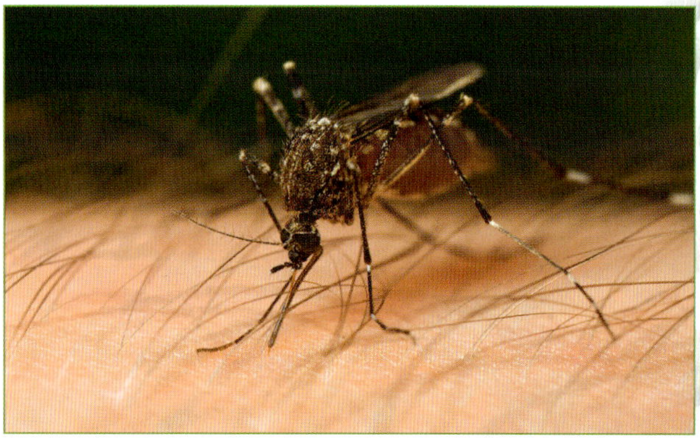

Mangrovensümpfe

Es gibt verschiedene Arten von Mangrovenbäumen, aber alle stellen ein erhebliches Hindernis dar. Mangroven wachsen im Gezeitenbereich von Küsten und Flussmündungen. Der Tidenhub kann sehr groß sein. Zwar sind Mangrovenwälder nicht unbedingt sehr weitläufig, durch die Tide aber schwieriges Gelände. Die Sichtweite ist minimal, die Wurzeln behindern das Fortkommen, bieten jedoch meist die einzige Trittfläche. Es kann sein, dass Sie an einem Tag nur einen Kilometer Strecke machen.

Orientierung ist wichtig. Sie reisen entweder Richtung Inland oder Küste. Wenn Sie ziellos umherwandern, werden Ihnen Nahrung und vor allem Frischwasser ausgehen. Sie können vielleicht Weichtiere sammeln und Frösche, Fische oder Krebse fangen, aber am besten betreten Sie nur mit ausreichenden Vorräten Mangrovengebiet.

Es ist unbequem, hier zu campen, und die Insekten werden Sie plagen. Errichten Sie Ihr Lager in jedem Fall über der Hochwassermarke und schlafen Sie nie auf dem Boden. In Mangrovenwäldern kann es aggressive Salzwasser- und Süßwasserkrokodile geben!

Flüsse

Es wird sich nicht vermeiden lassen, auf dem Weg durch den Dschungel Flüsse zu durchqueren. Deren Breite, Tiefe, Fließgeschwindigkeit sowie Felsen und andere Unterwasserhindernisse stellen ein Risiko dar. Suchen Sie nach einer gut passierbaren Stelle. Im Dschungel schwellen Flüsse sehr schnell an und wieder ab. Wenn es also eine Weile stark geregnet hat, kann es sich lohnen abzuwarten, bis der Fluss sich beruhigt hat.

In vielen Dschungelflüssen gibt es Wasserfälle: Überprüfen Sie das flussabwärts, bevor Sie sich ins Wasser stürzen. Ihre Ausrüstung sollte wasserdicht und als Extra-Floß verpackt sein. Verwenden Sie dafür schwimmende Materialen, etwa ein Bündel Palmenblätter, mit einer Ranke zusammengeschnürt. An den Flussufern können Sie auf tiefen Schlamm und Sand stoßen, peilen Sie also einen Ausstieg an, der passierbar erscheint, und seien Sie darauf gefasst, Ihr Gewicht zu verteilen.

Sie werden auch häufig auf umgestürzte Bäume treffen. Manche fallen ins Wasser, andere überbrücken den ganzen Fluss. Wenn Sie im Wasser liegende Bäume zur Hilfe nehmen, halten Sie sich an die flussabwärts liegende Seite. Stämme außerhalb des Wassers können durchgefault oder durch die konstante Durchfeuchtung sehr glitschig sein.

Treibsand

Seien Sie vorbereitet, wenn Ihnen ein Bodenabschnitt verdächtig vorkommt. Verteilen Sie Ihr Gewicht und haben Sie ein Seil oder eine starke Ranke griffbereit. Wenn der Treibsand Sie hinunterzieht, entspannen Sie sich! Versuchen Sie, Ihr Gewicht zu verteilen und gehen Sie in Bauchlage. Ziehen Sie sich langsam mithilfe Ihres Seils hoch und heraus: Wenden Sie sich dabei lieber zurück als nach vorn. Nutzen Sie auch herabhängende Zweige, Lianen oder die Hilfe von anderen, um aus dem Treibsand zu gelangen.

Hygiene und Gesundheit

- **Schlafen Sie in trockener Kleidung und mit Abstand zum Boden.**
- **Trocknen Sie jeden Abend Ihre Füße und lassen Sie sie über Nacht an der Luft, falls möglich. Versuchen Sie, Socken und Schuhe so gut wie möglich zu trocknen. Durch kontinuierlich feuchte Füße können sonst Fußbrand oder andere Pilzinfektionen entstehen. Benutzen Sie Antimykotika, falls vorhanden.**
- **Waschen Sie Körper und Kleidung regelmäßig.**
- **Lassen Sie so oft wie möglich Luft an den Körper, insbesondere an die Füße, um die Haut zu trocknen. Benutzen Sie Antimykotika, falls vorhanden.**
- **Suchen Sie sich zweimal täglich auf Zecken und Milben ab. Halten Sie Ihr Haar kurz.**
- **Essen und trinken Sie wenig, aber oft. Bereiten Sie das Wasser auf.**
- **Reinigen Sie das Essgeschirr täglich mit sauberem Wasser, oder kochen Sie es regelmäßig ab.**
- **Etwas in Wasser aufgelöste Kohlepaste hilft gegen Magenverstimmung und Durchfall.**
- **Gehen Sie achtsam mit Macheten und Messern um. Versorgen Sie Schnittwunden sofort.**
- **Überprüfen Sie morgens Kleidung und Schuhe. Es kann in der Nacht etwas hineingekrabbelt sein.**
- **Passen Sie auf, wo sie hintreten und stecken Sie die Hände nicht in Löcher oder Spalten.**

Ein Bad im Dschungel ist eine Wonne.

ÜBERLEBEN IM GEBIRGE

Viele Bergregionen haben unterschiedliche Jahreszeiten. Die Winter können hart sein, die Sommer milder. Topografie, Klima, Flora und Fauna variieren mitunter stark. Häufig sind Gebirge vielgestaltige Regionen mit hohen Bergen, Steilhängen, Geröllhalden, Gletschern, reißenden Flüssen und dichten Wäldern im Tal. Sie bergen diverse Gefahren und können eine einschüchternde Atmosphäre verbreiten. Aber es gibt etliche Überlebensgeschichten aus solchen Regionen, und viele Leute zieht es Jahr für Jahr in die Berge. Aufmerksamkeit und solide Kenntnisse können der Schlüssel zum Überleben im Gebirge sein.

Gebirgsregionen

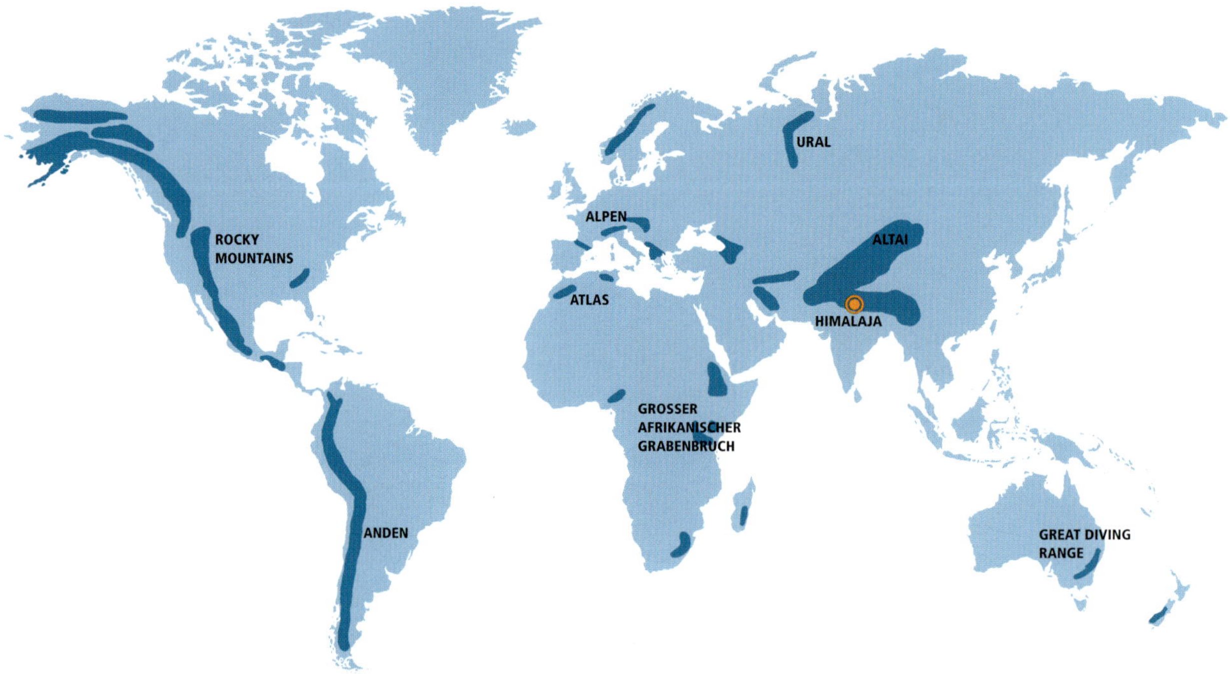

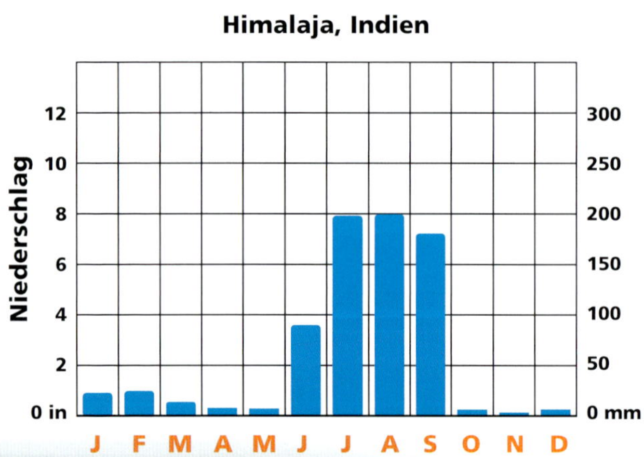

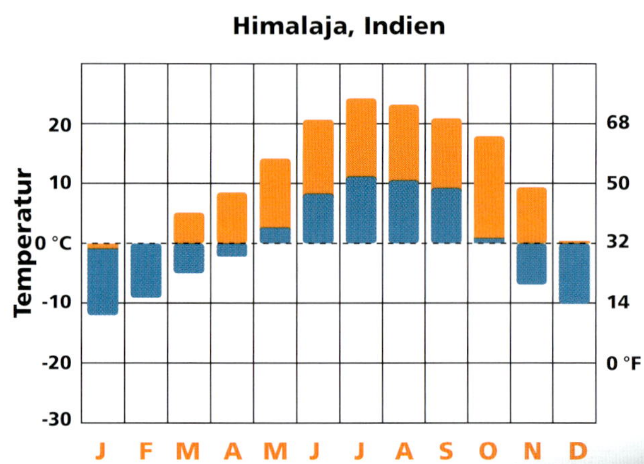

Berge unterscheiden sich stark in Höhe, Gesteinsart, Schneebedeckung oder Pflanzenbewuchs. Ein Berg kann niedriger als 1000 oder höher als 8000 m sein. Temperaturen können zwischen beträchtlichen Minus- und Plusgraden schwanken; die Sonne kann angenehm scheinen oder sengend brennen. Das Gelände variiert zwischen sanften, Baum bewachsenen Hügeln über nasse Gletscher bis hin zu nahezu vertikalen Steilwänden mit hohem Lawinen- bzw. Steinschlagrisiko.

Je höher Sie steigen, desto kälter wird es. Der sogenannte Temperaturgradient hängt von der Luftfeuchtigkeit ab; bei hoher Luftfeuchtigkeit nimmt die Temperatur alle 200 m etwa um 1 °C ab. In trockener Luft nimmt sie etwa alle 100 m um 1 °C ab.

Manche Menschen leiden schon auf 2000 m an der Höhenkrankheit, ab 3000 m kann die Höhe tödlich sein. Der Abfall des Luftdrucks in der Höhe erschwert den Sauerstofftransport im Körper. Auch wenn Sie in Survival-Situationen selten die Gipfel hoher Berge erklimmen werden, müssen Sie vielleicht Pässe überwinden, und einige Bergpässe (etwa im Himalaja) können über 4000 m hoch gelegen sein.

Die Luft im Hochgebirge ist trocken und sauber. Über 4000 m Höhe findet sich nicht mehr viel Leben, die Umgebung ist sehr steril.

Schutz

Im Gebirge stellt die größte Herausforderung der Schutz gegen Kälte, Nässe und Wind dar. Die richtige Kleidung ist hier lebenswichtig. Besser als wenige dicke Schichten sind mehrere dünne bis mitteldicke Lagen, die die durch den Körper erwärmte Luft speichern. Das Zwiebelprinzip gilt auch für Hände und Füße, tragen Sie also beispielsweise ein oder zwei Paar dünne Socken unter einem dickeren Paar.

Die äußerste Schicht Ihrer Kleidung sollte immer einen guten Schutz gegen den Wind bieten, denn er entzieht Ihnen die zwischen den Lagen gespeicherte warme Luft. Ich trage eine robuste, winddichte Jacke und Hose. Außerdem habe ich eine dünne, sehr leichte Pertex® Smock dabei, die ich bei starkem Wind zusätzlich überziehe. Diese Windstopperjacke nimmt weniger Platz als eine Faust ein und wiegt unter 75 Gramm. Sie bietet einen manchmal dringend benötigten Extra-Schutz gegen den Wind.

Viel Körperwärme geben Sie über den Kopf und über die Füße in den Boden ab. Isolieren Sie daher Ihren Kopf mit einer guten Mütze und tragen Sie Schuhe von bestmöglicher Qualität, denn oft werden Sie Schwierigkeiten haben, Ihre Füße zu untersuchen. Die Bergstiefel, die ich mittlerweile trage, haben drei Paar gute Einlegesohlen zur Isolierung gegen die Bodenkälte.

Wichtig ist auch der Schutz der Augen vor der schädlichen Sonneneinstrahlung, insbesondere in Schnee und Eis. Schneeblindheit ist schmerzhaft, und eine eingeschränkte Sicht erhöht das allgemeine Risiko beträchtlich, wenn Sie allein und desorientiert umherwandern. Tragen Sie eine Sonnenbrille guter Qualität, die Ihre Augen rundherum abschirmt und einen hohen UV-Lichtschutz bietet, oder eine Gletscherbrille.

Wenn Sie keine Sonnenbrille haben, improvisieren Sie mit einem Tuch oder einem Karton: Ein Schlitz, gerade groß genug, um hindurchzusehen, minimiert die aufs Auge treffende UV-Strahlung.

Schutzunterkünfte errichten

Wenn Sie nicht in tiefere Lagen absteigen können, um den schlimmsten Wetterbedingungen zu entfliehen, müssen Sie schnell und entschlossen Schutz suchen. Halten Sie Ausschau nach natürlichem Wetter- und vor allem Windschutz in Form von Bäumen oder Felsen.

Baumkoje

Vielleicht hat die Natur Ihnen durch Totholz oder Windbruch einen Teil der Arbeit abgenommen. Ein abgeknickter Nadelbaum, der mit dem Stumpf einen Winkel bildet, kann bereits einen halben Schutzunterstand abgeben.

- Sammeln Sie Zweige mit Nadeln und lehnen Sie sie an den Baum.
- Halten Sie die Hütte gerade hoch genug, um hineinzukriechen, und lang genug, um sich darin hinzulegen.
- Polstern Sie den Boden mit so viel Isoliermaterial wie möglich aus. Zweige mit Blättern oder Nadeln eignen sich gut, aber nehmen Sie, was zur Verfügung steht. Je dicker die Schicht, desto besser.
- Häufen Sie Schnee auf die Außenseiten, um den Schutz zu verstärken.
- Falls möglich, legen Sie einen Graben rund um die Schutzunterkunft an, in den die kalte Luft absinken kann.
- Errichten Sie ein Feuer, so dicht am Eingang, wie gerade noch sicher.
- Wenn Sie kein Feuer machen können, verschließen Sie den Eingang so gut wie möglich.

Offenes Schrägdach

Es funktioniert gut, wenn Sie ein längliches Feuer so davor errichten, dass die Wärme in den Unterstand geleitet wird.

- Suchen Sie zwei lebende Bäume, die stark genug sind, um einen Querbalken, eine Menge Holz und Laubwerk sowie Schnee zu tragen. Der Abstand zwischen den Bäumen sollte etwas mehr als der Körperlänge entsprechen.
- Befestigen Sie in etwa 75 cm Höhe einen Querbalken an den Bäumen.
- Legen Sie Äste gegen den Querbalken. Der Winkel zum Boden sollte etwa 45° betragen. Lassen Sie Lücken zwischen den Ästen, die Sie möglichst mit Totholz füllen, um die Mühe zu sparen, frisches Holz zu schlagen.
- Legen Sie Nadelbaumzweige an das Dach und verschließen Sie damit die letzten Lücken. Häufen Sie darauf Schnee, wenn vorhanden. Polstern Sie die Liegefläche mit einer dicken Schicht Nadelbaumzweige aus, je dicker, desto besser.
- Richten Sie über die ganze Länge des Unterstands den Boden für ein Feuer her. Graben Sie den Boden auf, falls notwendig. Besorgen Sie drei Holzstämme von der Länge des Schutzunterstands sowie Zunder und Anfeuermaterial.
- Errichten Sie etwa einen Meter vor dem Eingang ein Feuer über die ganze Länge des Schutzdachs. Es sollte nah genug sein, damit sich die Hitze unter dem Dach

fängt und in Richtung Ihrer Liegefläche zirkuliert, aber nicht so nah, dass Ihre Bettstatt Feuer fängt! Die langgezogene Form des Feuers hilft, Ihren gesamten Körper warm zu halten.

- Sammeln Sie genug Brennholz, um das Feuer die ganze Nacht in Gang zu halten. So müssen Sie nicht ständig wieder aufstehen. Es muss kein starkes Feuer sein, schonen Sie also Ihre Brennvorräte. Passen Sie aber auf, dass das Feuer nicht ausgeht und Sie es womöglich in den kalten Morgenstunden wieder in Gang bringen müssen.

Eine Höhle graben

Bei ausreichenden Schneeanhäufungen findet sich manchmal am Fuß lebender Nadelbäume eine gute Schutzmöglichkeit.

- Genau außerhalb des Baumschattens wird sich der Schnee am höchsten türmen. Unter den untersten Zweigen des Baums stoßen Sie hoffentlich auf eine natürliche Mulde.
- Graben Sie noch mehr Schnee heraus und schließen Sie die Lücken rundherum mit Ästen und Schneeblöcken.
- Legen Sie eine dicke Isolationsschicht auf den Boden.
- Schaffen Sie einen Eingang und decken Sie ihn mit Schneeblöcken oder Ästen ab, wenn Sie in die Höhle kriechen.

Seien Sie sich bewusst, dass die Liegefläche dieser Schutzunterkunft normalerweise niedriger liegt als die umgebende Schneedecke, die Kälte wird also hierhin absinken. Eine gute Isolationsschicht ist entscheidend.

Falls es viel lockeren Pulverschnee gibt, kann die Schneehöhle eine bessere Alternative darstellen, sogar zwischen Bäumen.

Notfall-Schneehöhle

Schnee isoliert gut. Wenn Sie während eines Sturms Schutz in einer Schneehöhle finden können, steigen Ihre Überlebenschancen beträchtlich. In einer gut gebauten Höhle mit vernünftiger Belüftung und einer brennenden Kerze sinkt die Temperatur nicht viel unter den Gefrierpunkt.

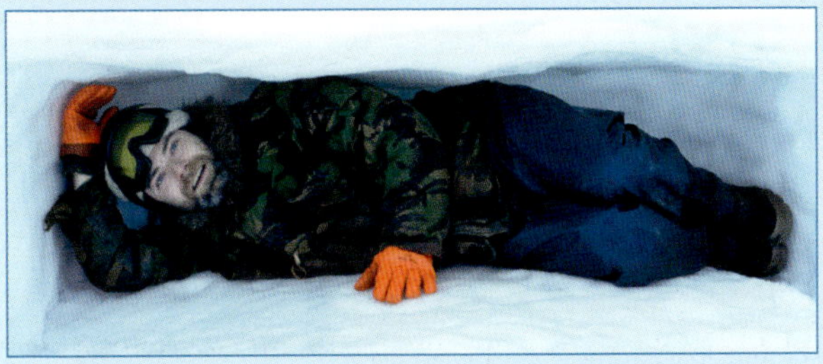

- Schnee sammelt sich an der Lee-Seite von Hängen. Prüfen Sie die Tiefe mit einem Stock: In Abhängigkeit von der Schneekonsistenz können Sie ab 2,50 m Tiefe einen Schutz graben.
- Je steiler der Hang, desto besser – die Sicherheit natürlich vorausgesetzt: An einem steilen Hang rutscht der ausgehobene Schnee nach unten weg. Dadurch haben Sie weniger Mühe, den Eingang zu räumen, wenn Sie tiefer graben.
- Graben Sie etwa einen halben Meter in den Hang und danach rechtwinklig zur Seite weiter. Arbeiten Sie entschlossen und schnell, aber versuchen Sie, nicht zu schwitzen. Schweiß kühlt den Körper schnell aus, wenn Sie zur Ruhe kommen.
- Versuchen Sie, den Eingang niedriger zu halten als die Höhle. Wie bereits erwähnt sinkt kalte Luft an den tiefsten Punkt.
- Halten Sie den Eingang so klein wie möglich. Dadurch lässt er sich leichter verschließen, wenn Sie in der Höhle sind.
- Wenn Sie oberhalb der Baumgrenze sind, legen Sie einen Rucksack als Isolation auf den Boden.
- Verschließen Sie den Eingang so gut wie möglich, aber lassen Sie ein etwa kopfgroßes Luft- und Guckloch. Auf der Lee-Seite eines Hangs lässt der Wind nach und der Schnee setzt sich. Sie werden müde sein, müssen aber das Loch freihalten, um nicht zu ersticken. Zwei Stunden Schneefall können leicht zwei Stunden Arbeit bedeuten, um den Schnee zu entfernen.
- Rollen Sie sich eng zusammen, bewegen Sie Ihre Zehen und Hände und denken Sie positiv. Eine Nacht in einer schlecht isolierten Notunterkunft zu verbringen ist hart, aber Ihre Chancen stehen deutlich besser als draußen im Schneesturm.

Berg-Basics

Wasser

Sich im Gebirge zu bewegen kostet viel Energie, daher muss unbedingt Wasser gefunden werden, auch in kalten Klimata. Fließendes Wasser ist sicherer als stehendes; besonders gut ist durch Torfmoos laufendes Wasser. Gletscherwasser ist trinkbar, es kann jedoch kleine Schuttpartikel enthalten. Zerbrechen Sie an gefrorenen Gewässern die äußere, dünnere Eisschicht, um an das Wasser zu gelangen. Wenn Sie einmal ein Loch geschaffen haben, öffnen Sie es täglich wieder, damit das Eis nicht zu dick wird.

Sie können Eiszapfen oder -stücke lutschen oder wiederholt kleine Mengen Schnee im Mund oder in der Hand schmelzen. Achten Sie aber auch dabei immer auf die Quelle, denn Schadstoffe können gefrieren und einmal in Ihrem Mund aufgetaut Krankheiten verursachen. Frisch gefallener Schnee und Eis aus dem Hochgebirge sind gute Quellen. Flüssiges Wasser ist zwar angenehmer und oft auch leichter zu finden, aber dennoch bieten Schnee und Eis einen unerschöpflichen Vorrat – wenn auch in gefrorenem Zustand. Wenn Sie also Feuer haben, verfügen Sie auch über genug Wasser. Aus Eis lässt sich mehr Flüssigkeit gewinnen als aus Schnee, da es eine höhere Dichte hat. Durch Abkochen können Sie Bakterien am besten abtöten. Ein halber Liter frischer, lockerer Schnee ergibt geschmolzen nur etwa einen Mundvoll Wasser.

• WEISE WORTE •

Einmal habe ich an einem gefrorenen Fluss Eis gesammelt, um es zu schmelzen. Als ich aufsah, entdeckte ich etwas flussaufwärts eine tote, steif gefrorene Bergziege. Sie war offensichtlich von einem Steilhang gestürzt. Ich ging daraufhin zu einer Stelle oberhalb der Ziege, um dort Eis zu sammeln, habe das geschmolzene Wasser aber zusätzlich noch gründlich abgekocht.

Wenn Sie sich auf der Suche nach Wasser auf einen gefrorenen See wagen, seien Sie vorsichtig. Versuchen Sie, vom Ufer aus das Eis zu zerbrechen. Wenn Sie weiter auf den See hinausgehen müssen, prüfen Sie zuerst die Stärke der Eisschicht: Bei Temperaturen unter dem Gefrierpunkt sind 6 cm solides Eis ausreichend, Ihr Gewicht zu tragen. Treffen Sie trotzdem Vorsichtsmaßnahmen, indem Sie sich auf dem Eis ausstrecken oder Ihr Gewicht auf flache Holzstücke verteilen. Sie können es sich definitiv nicht leisten, einzubrechen, insbesondere nicht auf fließenden Gewässern. Unterwasser können Quellen sein, die von oben nicht sichtbar sind, die Eisschicht aber beträchtlich schwächen.

Nahrung

Insbesondere an der Baumgrenze gibt es häufig wenig Nahrung in Form von kleinen Säugetieren, Vögeln oder Fischen. An größeren Tieren kann es zum Beispiel Bären, Elche oder Hirsche geben. Käfer, Würmer, Ameisen oder Termiten sind an der Baumgrenze und in Tälern anzutreffen. Nahrungsvorräte anzulegen ist in kalten Klimata einfach – sie werden einfach im gefrorenen Boden vergraben.

Pflanzen

- Kiefernnadeln liefern viel Vitamin C – verzehren Sie junge Triebe roh oder kochen Sie einen gesunden Tee aus den Nadeln.
- Die inneren Rindenschichten von Birke und anderen Bäumen können in Streifen geschnitten und roh gegessen oder gekocht werden.
- Hagebutten und andere Beeren wie zum Beispiel wilde Erdbeeren lassen sich roh genießen.
- Rohrkolben – die geschälten Wurzeln liefern Kohlenhydrate. Junge Stiele können roh gegessen, ältere gegart werden.
- Rote, blaue, gelbe oder schwarze Holunderbeeren können roh verzehrt werden, aber essen Sie nicht zu viele.

Pilze

Die verschiedenen Pilzsorten füllen mehr als ein Buch. Ich empfehle Pilze zu meiden, da sie auch nur einen geringen Nährwert bieten. Wenn Sie keine Wahl haben, ist es am sichersten, nur die mit Poren – nicht Lamellen – an der Hutunterseite zu essen (aber vermeiden Sie Exemplare mit oranger oder roter Färbung an den Poren oder am Stamm).

Vermeiden Sie im Zweifelsfall Pilze mit Lamellen an der Unterseite und halten Sie sich an welche mit Poren.

Signalgebung und Rettung

Eine Ihrer ersten Prioritäten ist immer, eine mögliche Rettung vorzubereiten. Wenn Sie Feuer machen können, nutzen Sie dies als erstes Signalmittel.

- **Wenn möglich, suchen Sie sich offenes Gelände und bereiten dort Ihr Signalfeuer oder Ihre Markierungszeichen vor. Selbst unterhalb der Baumgrenze gibt es meist Lichtungen, etwa in Lawinenschneisen. Jede Erhebung, die auch gute Ausblicke eröffnet, eignet sich als Signalort.**
- **Bereiten Sie Ihr »Instant«-Signalfeuer im Zentrum der Lichtung vor. Es sollte jederzeit einsatzbereit sein.**
- **Decken Sie das Brennholz mit Nadelbaumzweigen ab, sodass es durch Schneefall nicht zu sehr durchnässt wird. Sehen Sie täglich nach dem Feuer und den Markierungszeichen.**
- **Halten Sie einen Pfad zu Ihrem Signalfeuer offen und treten Sie ihn gut aus. Auf die Weise können Sie Ihr Signalfeuer schnellstmöglich erreichen, wenn Sie ein Flugzeug hören. Durch knietiefen Schnee zu waten verlangsamt Sie extrem. So etwas könnte darüber entscheiden, ob Sie gefunden werden oder nicht.**
- **Wenn Ihr Signalfeuer einmal brennt, legen Sie am besten grüne Nadelzweige auf, um Rauch zu produzieren. Mit Kiefernharz bringen Sie ein Feuer schnell zum Brennen, legen Sie daher so viele Klümpchen wie möglich als Zunder bereit.**
- **Die meisten Helikopter, die in Schneegebieten im Einsatz sind, haben Kufen. Bereiten Sie dennoch eine geeignete Landezone vor. Hubschrauber wirbeln beim Landen viel Schnee auf, gehen Sie also in Deckung.**

Fortbewegung im Gebirge

Um sich in den Bergen sicher und effektiv fortzubewegen, braucht es Ausdauer, mentale Stärke und eine aufmerksame Beobachtung der Umgebung. Wetter und Gelände können zwischen freundlich und feindselig wechseln. Zu wissen, wann, wo und wie Sie sich fortbewegen, spielt in den Bergen eine entscheidende Rolle.

Wenn Sie durch ein Gebirge reisen müssen, planen Sie die Route im Voraus von einem guten Aussichtspunkt aus. Vermeiden Sie es, die Berge zu überqueren, wenn es nicht unbedingt sein muss. Sie mögen bei guten Bedingungen aufbrechen, doch das Wetter kann sich sehr schnell ändern und Sie in größerer Höhe festsetzen. Lässt sich eine Überquerung nicht vermeiden, suchen Sie nach dem Pass, dem niedrigsten Punkt des Bergkamms. Das ist häufig ein windiger Ort, denn die Luft strömt schneller durch solche Trichter. Warten Sie also eine stabile Wetterlage ab. Gehen Sie langsam, aber mit Bedacht, und legen Sie häufig Pausen ein. In der Regel sollten Sie pro Stunde fünf Minuten rasten.

Fällen Sie die Entscheidung, durch die Berge zu reisen, nicht leichtfertig. Sie werden im Gebirge auf viele verschiedene Geländeformen und potenzielle Gefahren treffen: Dazu gehören etwa das wechselhafte Wetter, schwerer Schneefall, Gletscher oder reißende Flüsse.

Wie viel Strecke Sie jeweils schaffen, hängt von der Wegbeschaffenheit, Ihrer Fitness, dem Gelände und dem gewählten Routenverlauf ab.

- Ziehen Sie nur weiter, wenn Sie keine Alternative haben – also zum Beispiel Wasser- und Nahrungsvorräte erschöpft sind –, Sie vor Ort einem zu hohen Risiko ausgesetzt sind oder eine Rettung hier sehr unwahrscheinlich ist.
- Sie sollten einen Plan und einen Grund haben, in eine bestimmt Richtung zu gehen. Bergbewohner leben in den Tälern, wo es Wasser, Nahrung und Schutz gibt.
- Beobachten Sie das Wetter und brechen Sie auf, wenn es für einen gewissen Zeitraum stabil und gut zu bleiben scheint.
- Nehmen Sie so viel Essen wie möglich mit.
- Denken Sie an Extra-Schutzkleidung, insbesondere für Hände, Füße und das Gesicht, wenn Sie in höhere Lagen ziehen.
- Seien Sie auf schlechtes Wetter vorbereitet hinsichtlich Ausrüstung und Notunterkunftsplanung.
- Sie sollten wissen, in welche Richtung Sie gehen. Nutzen Sie große, auffällige Landmarken zur Orientierung. Halten Sie bei Whiteouts und schlechtem Wetter an und schlagen Sie ein Notlager auf.
- Steigen Sie nicht höher als Sie müssen.
- Suchen Sie nach Tierfährten und folgen Sie diesen, falls möglich. Tiere wählen meist den Weg des geringsten Widerstands.
- Fertigen Sie sich bei Bedarf Schneeschuhe aus Zweigen und Blattwerk. Nehmen Sie ein paar stabile Stöcke mit und etwas Scharfes, um Schnee und Eis zu schneiden.
- Packen Sie Seil oder Schnur ein, wenn vorhanden.
- Planen Sie eine kontinuierliche Fortbewegung mit vielen Pausen ein. Versuchen Sie, nicht zu schwitzen.
- Seien Sie darauf vorbereitet, umzukehren und sich neu zu orientieren, wenn das Risiko zu hoch wird.

Hochgebirge

Größere Höhen bieten zweifellos eine bessere Aussicht. Steigen Sie jedoch nur auf Gipfel, wenn diese leicht zu erreichen sind und keine technischen Schwierigkeiten sowie wenige Risiken aufweisen. Auf einem Grat können Sie womöglich andere Gefahren umgehen und einen guten Überblick erlangen, manche jedoch sind messerscharf und technisch anspruchsvoll. Es ist am sichersten, sich auf niedrigere, nichttechnische Erhebungen wie Sättel und Pässe zu konzentrieren. Halten Sie sich an die windgeschützten Seiten von Hängen, aber denken Sie daran, dass dort womöglich mehr Schnee liegt. Wenn Sie eine Erhebung umgehen können, tun Sie dies, anstatt hinüberzusteigen. Es dauert vielleicht länger, kostet aber weniger Kraft. Halten Sie sich an den Weg des geringsten Widerstands.

Gletscher

Gletscher sind sich bewegende Massen aus Eis und Schnee, die sich entweder langsam ausbreiten oder zurückgehen. Manchmal bedecken Sie eine mehrere Quadratkilometer große Fläche. Einige sind schneebedeckt, andere hauptsächlich aus Eis. An den Seiten, der Front und in der Mitte transportieren Gletscher sogenannte Moränen mit sich, das sind Schuttablagerungen und Geröll. Ein anderes, potenziell gefährliches, Kennzeichen sind Gletscherspalten. Dies sind spaltenartige Öffnungen, oft tief und höhlenartig verzweigt, die häufig quer zur Fließrichtung des Gletschers auftreten. Spalten treten gehäuft an der Gletscherzunge, an Felserhebungen oder Abbruchkanten unter dem Eis auf. Durch die Spalten entstehen außerdem gefährliche, teils gewaltig große Eisblöcke und Pfeiler, sogenannte Seracs. Auch Gletscherseen oder Flüsse können auftreten.

Vermeiden Sie das Betreten von Gletschern, wann immer Sie können. Wenn Ihnen keine Alternative bleibt, halten Sie sich an Folgendes:

- Bleiben Sie an den Rändern und auf den seitlichen Moränen oder suchen Sie nach einem Routenverlauf ohne Seracs und Spalten. Meiden Sie die (Spitze der) Gletscherzungen, da dieses Gelände meistens gefährlich und schwierig ist.
- Auf schneebedeckten Gletschern liegen nicht alle Spalten frei. Wenn möglich, überqueren Sie den Gletscher daher in Zweier-Seilschaften.
- Gehen Sie den Gletscher direkt hoch oder runter und planen Sie eine Route mit den geringsten Risiken und Wahrscheinlichkeiten für Gletscherspalten. Queren Sie den Gletscher lieber parallel zu den Spalten, als diese zu überqueren.
- Gehen Sie nachts oder am frühen Morgen, wenn Schneebrücken und Eis fest gefroren sind.
- Testen Sie mit einem Stock den Untergrund auf Spalten, bevor Sie ihn betreten.
- Gletscherflüsse können riesig sein und strömen manchmal in gewaltige »Bohrlöcher«, die das Wasser geschaffen hat. Seien Sie extrem vorsichtig, wenn Sie Gletscherflüsse durchqueren.
- Für einen besseren Halt können Sie Schutt und kleine Steine auf das Eis streuen.
- Verwenden Sie einen geeigneten Gegenstand, um Stufen ins Eis zu schlagen.

Ich habe rund um die Welt Gletscher überquert, um Berge zu besteigen. Der Gletscher war dabei oft der schwierigste und gefährlichste Teil der ganzen Unternehmung.

Tiefer Schnee

Die Fortbewegung durch tiefen Schnee kann sehr kräftezehrend sein. Wenn möglich, verschieben Sie Ihre Reise, bis die Bedingungen sich bessern und der Schnee fester wird. Schnee sammelt sich gewöhnlich an der Lee-Seite von Erhebungen, ziehen Sie also in Erwägung, sich an die schneeärmere windausgesetzte Seite zu halten.

Treten Sie bergaufwärts mit der Schuhspitze in den Schnee und halten Sie die Ferse etwas höher als die Zehen. Beugen Sie sich leicht vor und machen Sie kleine Schritte. Verlagern Sie Ihr Gewicht langsam und prüfen Sie den neuen Tritt, bevor Sie ihn ganz belasten.

Wenn Sie bergab gehen, gehen Sie tief in die Knie. Halten Sie den Rücken gerade, sodass Ihr Körperschwerpunkt von der Wirbelsäule zu den Fersen verläuft. Halten Sie die Zehen etwas höher als die Fersen.

Wenn Sie sich unterhalb der Baumgrenze befinden, können Sie darüber nachdenken, ein Paar Schneeschuhe zu improvisieren. Immergrüne junge Äste sind biegsam und stark. Wenn Sie Schnur haben, knoten Sie die Zweige zu einer etwa einen Meter langen Schuhform zusammen. Verwenden Sie Schnürsenkel, Schnur, tierische Sehnen oder was auch immer, um ein Gitter in die »Sohle« zu flechten. Mit einer Schnur über die Kappe und entlang der Rückseite der Fersen befestigen Sie die Konstruktion an Ihren Schuhen.

Alternativ können Sie ein paar dünne, immergrüne Zweige mit dichter Belaubung suchen. Binden Sie die abgebrochenen Enden zusammen und nutzen Sie das Blattwerk als Auflagefläche. Improvisieren Sie ein Schuhgeschirr. Falls Sie Ersatzkleidung dabei haben, fertigen Sie mit Streifen daraus ein Geschirr, um die Schuhe auf den Zweigen zu befestigen.

Mit immergrünen Zweigen und Schnur lassen sich Schneeschuhe improvisieren.

Hartes Eis

Hartes Eis lässt sich ohne technische Ausrüstung kaum überwinden. Es stellt eine ernsthafte Gefahr dar, versuchen Sie also, es zu umgehen. Oft hilft es, Split auf die Trittflächen zu streuen. Mit einem Messer oder geeigneten Stein können Sie Stufen auskerben. Verwenden Sie Griffe als Tritte und halten Sie die Abstände klein. Vielleicht gewinnen Sie einen besseren Halt, indem Sie Socken über Ihre Schuhe ziehen.

Steinschlag und Geröllfelder

Steinschlag kann unerwartet auftreten, besonders in Gebieten, die großen Temperaturschwankungen unterliegen, zum Beispiel zwischen sehr kalten Wintern und heißen Sommern. Behalten Sie das Gelände oberhalb von sich im Auge und gehen Sie nicht nahe an oder unterhalb von zerklüfteten Felswänden entlang. Suchen Sie nach Anzeichen von Steinschlag und umgehen Sie solche Zonen möglichst. Passieren Sie große, offensichtlich gefährliche Areale früh am Morgen, wenn die Steine wahrscheinlich noch festgefroren sind. Wenn ein Stein fällt, alarmieren Sie andere und versuchen Sie dann zunächst die Flugbahn abzuschätzen. Weichen Sie so spät wie möglich aus, denn Steine können abprallen und so unvorhersehbar ihre Richtung ändern.

Geröllfelder sind Schneisen kleinerer, zersplitterter Felsen, die sich beim Betreten bewegen können. Manche sind enorm groß. Sie können eine schnelle Passage hangabwärts bieten, wenn die Steine klein genug sind, da sie dann recht angenehm »nachgiebig« sind.

Beim Abstieg über Geröll können sich Steine lösen und weiter unten gehende Personen treffen. Bewegen Sie sich daher beim Ab- wie Aufstieg in weiten Kehren. Jeweils am Wendepunkt wartet der Erste auf alle Nachfolgenden, bevor er den Hang erneut quert. Bleiben Sie stets aufmerksam für das Geschehen oberhalb und rufen Sie »Vorsicht, Stein!«, um andere zu warnen.

Lawinen

Eine Lawine tritt generell dann auf, wenn die Bindungen innerhalb der geschichteten Schneedecke brechen und der Schnee den Berg hinabstürzt. Fast alles kann eine Lawine auslösen: ein Geräusch, die Bewegung eines Tiers, Steinschlag, eine fallende Wechte oder einfach das gesammelte Gewicht des Schnees. Die durch eine Lawine freigesetzte Menge an Schnee, Eis und Schutt kann gewaltig und tödlich sein. Wenn Sie den Aufprall einer Lawine und den folgenden Sturz überleben, können Sie immer noch leicht von den Massen begraben werden und ersticken. Ihre Überlebenschancen stehen gut, wenn Sie innerhalb der ersten 15 Minuten nach Verschüttung ausgegraben werden, danach sinken sie rapide.

Eine Lawine vorherzusagen, ist sehr schwierig, aber es gibt ein paar Warnzeichen und Indikatoren:

- Halten Sie nach Lawinenschäden Ausschau, die auf gefährdete Zonen hinweisen. Sie können aus einer größeren Anzahl beschädigter Bäume bestehen, die alle in etwa dieselbe Richtung umgeknickt wurden. Ein baumfreies Areal innerhalb eines bewaldeten Gebiets zu Füßen eines Schneehangs deutet auf reguläre Lawinen hin, die den Bewuchs verhindern.
- Überall wo starker Schneefall auf einen Hang trifft, können Sie ein erhöhtes Lawinenrisiko annehmen. Lawinen treten bei einem Gefälle von 20 bis 60 Grad auf, am häufigsten jedoch zwischen 30 und 45 Grad.
- In den ersten 24 Stunden nach Schneefall ist die Wahrscheinlichkeit am höchsten.
- Achten Sie auf Lawinengeräusche in der Umgebung. Bei einer erhöhten Lawinenaktivität sind die Verhältnisse allgemein »reif«.
- Signifikante Temperaturunterschiede erhöhen das Lawinenrisiko.

Abwägung des Lawinenrisikos hangabwärts.

- Die schneereiche Lee-Seite von Hängen ist sehr gefährlich.
- Tiefe, schneegefüllte Rinnen sind besonders lawinengefährdet.

Wenn Sie einen lawinengefährdeten Hang passieren müssen:

- Gehen Sie einer nach dem anderen.
- Queren Sie so hoch wie möglich.
- Suchen Sie nach Sicherheitsinseln wie Bäumen und herausragenden Felsen.
- Queren Sie möglichst nicht oberhalb von sehr steilem Gelände oder Steilwänden.
- Falls vorhanden, ziehen Sie ein langes Stück Seil, Schnur oder leuchtende Kleidung hinter sich her.
- Halten Sie sich beim Auf- oder Abstieg an die äußeren Flanken.

Falls Sie einer Lawine beiwohnen:

- Behalten Sie Opfer so lange wie möglich im Auge, um ihre Position besser bestimmen zu können, wenn die Lawine zur Ruhe kommt. Ihre eigene Sicherheit vorausgesetzt, begeben Sie sich so schnell wie möglich zu den verschütteten Personen und fangen Sie an zu graben. Verwenden Sie einen Stock, um ein größeres Areal zu sondieren, falls notwendig.
- Wenn Sie in eine Lawine geraten, sparen Sie sich alle Mühe, bis Sie merken, dass die Lawine stoppt. Formen Sie dann sofort mit den Händen eine Lufttasche vor dem Mund. Kämpfen Sie hart, um näher an die Oberfläche oder zu den Seiten zu »schwimmen«.
- Ich bin schon unter Schnee begraben worden. Das Gewicht auf der Brust erschwert das Atmen. Es ist ein sehr klaustrophobisches Gefühl.

ANHANG

Die Naismith-Regel

William W. Naismith war ein schottischer Bergsteiger, der 1892 folgende Berechnung aufstellte:

Rechne eine Stunde pro drei Meilen in der Ebene und eine halbe Stunde pro 1000 Fuß Höhe.

Auch bei einer Umrechnung in Meter lässt sich diese Faustregel recht gut anwenden. Drei Meilen sind knapp unter fünf Kilometer und 1000 Fuß sind annähernd 300 Meter. Die Genauigkeit der Regel wurde freilich angezweifelt, aber eine Studie der Leeds University von 1998 fand heraus, dass sie auf 25 % der Hauptwanderrouten in Schottland und dem Lake District zutrifft – unabhängig von den Wetterbedingungen, dem Gelände oder dem Fitnesslevel.

Zeit und Distanz

Distanz (m)	Geschwindigkeit (km/h)	Zeit (Minuten)
1000 m	2	30
	3	20
	4	15
	5	12
500 m	2	15
	3	10
	4	7,5
	5	6
100 m	2	3
	3	2
	4	1,5
	5	1,2

Meilen in Kilometer

Meilen	Kilometer
1	1,6
2	3,2
3	4,8
4	6,4
5	8,0
6	9,6
7	11,2
8	12,8
9	14,4
10	16,1
20	32,1
30	48,2
40	64,3
50	80,4
60	96,5
70	112,6
80	128,7
90	144,8
100	160,9

Kilometer in Meilen

Kilometer	Meilen
1	0,6
2	1,2
3	1,8
4	2,4
5	3,1
6	3,7
7	4,3
8	4,9
9	5,5
10	6,2
20	12,4
30	18,6
40	24,8
50	31,0
60	37,2
70	43,4
80	49,7
90	55,9
100	62,1

Kilometer in Fuß

Kilometer	Fuß
0	0,00
0,1	328,083
0,2	656,167
0,3	984,251
0,4	1312,335
0,5	1640,419
0,6	1968,503
0,7	2296,587
0,8	2624,671
0,9	2952,755
1	3280,83
2	6561,67
3	9842,51
4	13123,35
5	16404,19
6	19685,03
7	22965,87
8	26246,71
9	29527,55
10	32808,39
11	36089,23
12	39370,07
13	42650,91
14	45931,75
15	49212,59
16	52493,43
17	55774,27
18	59055,11
19	62335,95
20	65616,79
21	68897,63
22	72178,47
23	75459,31
24	78740,15
25	82020,99
26	85301,83
27	88582,67
28	91863,51
29	95144,35
30	98425,19

Fahrenheit in Celsius

Fahrenheit	Celsius
212	100
203	95
194	90
185	85
176	80
167	75
158	70
149	65
140	60
131	55
122	50
113	45
104	40
95	35
86	30
77	25
68	20
59	15
50	10
41	5
32	0
23	- 5
14	-10
5	-15
- 4	-20
-13	-25
-22	-30
-31	-35
-40	-40
-49	-45
-58	-50
-67	-55
-76	-60
-85	-65
-94	-70
-103	-75
-112	-80
-121	-85
-130	-90
-139	-95
-148	-100

Windchill-Index

Temperatur (°C)

Wind (mph)

Stille	4	2	-1	-4	-7	-9	-12	-15	-18	-21	-23	-26	-29	-32	-34	-37	-40	-43
5	2	0	-4	-7	-10	-14	-17	-21	-24	-27	-30	-33	-37	-40	-43	-47	-49	-54
10	1	-3	-6	-9	-13	-16	-20	-23	-27	-30	-33	-37	-41	-44	-47	-51	-54	-58
15	0	-4	-7	-10	-14	-18	-22	-25	-28	-32	-36	-39	-42	-46	-50	-53	-57	-61
20	-1	-4	-8	-12	-16	-19	-23	-26	-30	-34	-37	-41	-44	-48	-52	-56	-59	-63
25	-2	-5	-9	-13	-16	-20	-24	-27	-31	-35	-38	-42	-46	-50	-53	-57	-61	-64
30	-2	-5	-9	-13	-17	-21	-24	-28	-32	-36	-39	-43	-47	-51	-55	-58	-62	-66
35	-2	-6	-10	-14	-18	-22	-25	-29	-33	-37	-41	-44	-48	-52	-56	-60	-63	-67
40	-3	-7	-10	-14	-18	-22	-26	-30	-34	-38	-42	-46	-49	-53	-57	-61	-64	-68
45	-3	-7	-11	-15	-19	-23	-27	-31	-34	-38	-42	-46	-50	-54	-58	-62	-65	-69
50	-3	-7	-11	-16	-19	-23	-27	-31	-35	-39	-42	-47	-51	-55	-59	-63	-67	-71
55	-4	-8	-12	-16	-19	-24	-28	-32	-36	-39	-43	-48	-52	-56	-59	-63	-67	-72
60	-4	-8	-12	-16	-20	-24	-28	-32	-36	-40	-44	-48	-52	-56	-60	-64	-68	-72

Erfrierungen nach **30** Minuten **10** Minuten **5** Minuten

Beaufort-Skala zur Windstärke

Beaufort-Skala	Mittlere Windgeschwindigkeit		Windgeschwindigkeitsgrenzen		Bezeichnung der Windstärke	Wellenhöhe in Metern*	Maximale Wellenhöhe in Metern*	Seegang	Bezeichnung des Seegangs
	Knoten	m/s	Knoten	m/s					
0	0	0	<1	0–0,2	Windstille	-	-	0	Völlig ruhige, glatte See
1	2	0,8	1–3	0,3–1,5	Leiser Zug	0,1	0,1	1	Ruhige, gekräuselte See
2	5	2,4	4–6	1,6–3,3	Leichte Brise	0,2	0,3	2	Schwach bewegte See
3	9	4,3	7–10	3,4–5,4	Schwache Brise	0,6	1,0	3	Schwach bewegte See
4	13	6,7	11–16	5,5–7,9	Mäßige Brise	1,0	1,5	3–4	Leicht bewegte See
5	19	9,3	17–21	8,0–10,7	Frische Brise	2,0	2,5	4	Mäßig bewegte See
6	24	12,3	22–27	10,8–13,8	Starker Wind	3,0	4,0	5	Grobe See
7	30	15,5	28–33	13,9–17,1	Steifer Wind	4,0	5,5	5–6	Sehr grobe See
8	37	18,9	34–40	17,2–20,7	Stürmischer Wind	5,5	7,5	6–7	Mäßig hohe See
9	44	22,6	41–47	20,8–24,4	Sturm	7,0	10,0	7	Hohe See
10	52	26,4	48–55	24,5–28,4	Schwerer Sturm	9,0	12,5	8	Sehr hohe See
11	60	30,5	56–63	28,5–32,6	Orkanartiger Sturm	11,5	16,0	8	Schwere See
12	-	-	64+	32,7+	Orkan	14+	-	9	Außergewöhnlich schwere See

* 1. Werte beziehen sich auf gut entwickelte Windwellen auf offener See. 2. Es gilt die Zeitverzögerung zwischen zunehmendem Wind und der Auswirkung auf den Seegang zu berücksichtigen.

Für Jane, Ella, Tess und Daisy für ihre Liebe und Unterstützung.

Die englische Originalausgabe mit dem Titel *Outdoor Survival Manual* erschien 2011 bei Haynes Publishing

Bibliografische Information der Deutschen Nationalbibliothek
Die Deutsche Nationalbibliothek verzeichnet diese Publikation in der Deutschen Nationalbibliografie; detaillierte bibliografische Daten sind im Internet über http://dnb.dnb.de abrufbar.

1. Auflage
ISBN 978-3-667-10677-3
Die Rechte für die deutsche Ausgabe liegen beim Verlag Delius Klasing & Co. KG, Bielefeld

Aus dem Englischen von Tina Blase
Lektorat: Niko Schmidt
Fotos:
Guy Harrop: 13, 16, 17, 19 (2), 20 (u.), 21 (o.), 22, 23, 24, 25, 28, 29, 32 (o.), 33 (o.), 34, 35, 36 (u.), 52, 55, 57 (o.), 58, 60 (u.), 61 (o.), 63, 64, 65, 68, 70, 79, 80, 81, 83 (2), 84, 85 (o./u.l.), 88, 89 (u.), 94, 95, 96, 97, 99
Ross Bowyer: 50, 51, 69, 111 (o.r.), 162
Istockphoto.com: 4, 5, 12, 20 (o.), 25, 27, 40, 41, 53, 90, 93, 98, 101 (r.), 102, 103, 106, 107, 111 (u.r.), 112 (o.), 113 (o.r.), 114, 117, 120, 123, 126, 131 (r.), 137 (u.), 138, 139, 150 (o.), 154, 155 (u.), 158, 161
wikimedia commons: 21, 75, 77, 91, 99 (l.), 124 (l.), 150 (u.), 159 (o.l.), 159 (o.r.)
dreamstime.com: 105, 119 (o.), 121
Alle weiteren: Privatarchiv Dave Pearce
Illustrationen: Dominic Stickland
Umschlaggestaltung: Jörg Weusthoff, Weusthoff Noël, Hamburg
Satz: Bernd Pettke · Digitale Dienste, Bielefeld
Druck: Westermann Druck, Zwickau
Printed in Germany 2016

Der Autor dankt folgenden Personen für die Unterstützung:
Ross Bowyer, Dr. Pete Carr, Bear Grylls, Jane Pearce, Andrew »Woody« Wood (www.bushcraftexpeditions.com), The Royal Marine Commandos

Alle in diesem Buch enthaltenen Angaben und Daten wurden von dem Autor nach bestem Wissen erstellt und von ihm sowie vom Verlag mit der gebotenen Sorgfalt überprüft. Gleichwohl können wir keinerlei Gewähr oder Haftung für die Richtigkeit, Vollständigkeit und Aktualität der bereitgestellten Informationen übernehmen.

Warnung!
Einige der im Buch beschriebenen Informationen und Techniken sollten nur in einer ernsthaften Notlage – wenn das Überleben davon abhängt – angewendet werden. Der Autor haftet nicht für etwaige Verletzungen, Beschädigungen, Verluste oder Strafverfolgungen, die aus der (gegebenenfalls falschen oder missbräuchlichen) Anwendungen der beschriebenen Techniken resultieren. Die Rechte privater Landbesitzer sowie die Gesetze zum Tier- und Artenschutz sind zu respektieren.

Delius Klasing Verlag, Siekerwall 21, D - 33602 Bielefeld
Tel.: 0521/559-0, Fax: 0521/559-115
E-Mail: info@delius-klasing.de
www.delius-klasing.de